ROBIN · NAVY SURVIVAL HANDBUCH

Überleben auf See

BERNARD ROBIN

NAVY SURVIVAL HANDBUCH

Einbandgestaltung: Siegfried Horn

Copyright © 1977 by Edition R. Chaix, Paris
Die französische Originalausgabe ist dort erschienen unter dem Titel »Survivre à la dérive«
Die Übertragung ins Deutsche besorgte Hans-Wolfgang Roth

ISBN 3-87943-942-7

© by Pietsch Verlag, Postfach 10 37 43, 70032 Stuttgart
Ein Unternehmen der Paul Pietsch Verlage GmbH + Co
Spezialausgabe: 1. Auflage 2000

Druck und Bindung: Fotolito Longo, Bozen
Printed in Italy

Inhalt

Vorwort

Das Leben ist das Zauberwort für das Ziel, das der Mensch auf Erden verfolgt. Von Geburt an sollte man ihm zwei grundsätzliche Lebensregeln mit auf den Weg geben: Liebe das Leben und bereite Dich auf den Tod vor! Leben und Tod sind die beiden einzigen Dinge, die uns mit Sicherheit widerfahren werden.

Aber wenn jedes Kind auf den Tod vorbereitet werden sollte, wenn jeder Mensch ihm ruhig ins Angesicht schauen sollte, weil der Tod das einzig unabwendbare Ereignis ist, so sollten doch die Gedanken eines jeden von der Liebe zum Leben und dem festen Willen, es solange wie möglich zu bewahren, geleitet sein.

Sie, ich oder irgendjemand anders – wir sind tagtäglich allen möglichen Gefahren ausgesetzt. Diese Gefahren sind so natürlich wie Krankheit, Unfall oder Risiken, die uns die Natur auferlegt: Vulkanausbrüche, Überschwemmungen, Erdbeben. Aber es gibt auch andere Gefahren, deren Ursache im Fortschritt, in der Zivilisation, in der Grausamkeit der Menschen liegt: Autounfälle, Dammbrüche, Grubenunglücke, Mord. Zu letzteren Gefahren, die den Menschen bedrohen und seinem Leben ein unerwartetes Ende bereiten können, zähle ich natürlich auch den Schiffbruch.

Ich habe versucht, die tödlichen Gefahren des Schiffbruchs zu meistern, indem ich gegen die vier Übel ankämpfte, die den Schiffbrüchigen töten, noch bevor er das Ende seiner normalen Widerstandskräfte erreicht hat. Diese vier Übel sind das Ertrinken, an dem man in wenigen Minuten stirbt, die Temperaturschwankungen, die man nur wenige Stunden überlebt, der Durst, den man nur wenige Tage erträgt, und der Hunger, der nach wenigen Wochen das Ende bedeutet.

Nach all diesen Erfahrungen, die ich machen durfte, fand ich heraus, daß es noch ein fünftes Übel gibt, an dem man auch innerhalb weniger Stunden stirbt und das, von Temperaturschwankungen unterstützt, seine Ursache in dem furchtbaren Schock, den ein Schiffbruch darstellt, findet. Dies ist das Übel Angst, Panik, Verwirrung, der Zerfall der Moral. So bin ich denn mit gutem Beispiel vorangegangen und habe mich freiwillig mit der *Hérétique* den Gesetzen des Schiffbruchs gebeugt.

Aber auch andere Menschen haben, freiwillig oder unfreiwillig, angesichts einer feindlich gesinnten Welt, eines widrigen Meeres, schreckliche Heimsuchungen, die Verlassenheit, ein Leben ohne Hoffnung erlitten.

Diese erstaunlichen menschlichen Leben, die alle getragen sind vom Wunsch zu leben, vom Willen zu siegen, vom Tod (nicht vom Sieg über den Tod, denn der ist unabwendbar, aber von der Willensanstrengung, ihm zuzurufen:»Meine Stunde hat noch nicht geschlagen!«), hat Bernard Robin in seinem Buch»Überleben auf See« gesammelt.

Ich habe es verschlungen. Zwar kannte ich einige der Geschichten, andere nicht. Aber diese Ansammlung von verschiedenen Kämpfen um das Überleben hat mir die außergewöhnliche Möglichkeit aufgezeigt, die der Mensch besitzt, um den Tag der Entscheidung noch einmal zu verschieben.

Die Moral ist sicherlich der gemeinsame Nenner, die eigentlich treibende Kraft aller Kämpfe gegen den Tod, die im folgenden zu lesen sind.

Paul Claudel schrieb:»Erinnere Dich, Mensch, Du bist Geist!«, und so zeigt dann auch jede Seite dieses Buches, wie der Geist die Materie besiegt.

Dank diesem Buch und seinem Autor dafür, daß uns durch diese spannenden und leidenschaftlichen Berichte gezeigt wird, daß am Ende eines jeden Kampfes, den der Geist und die Moral allen diesen Menschen diktieren, der (zwar augenblickliche, aber erfolgreiche) Sieg über den Tod steht und daß nach Anstrengung, Leiden und durch Hoffnung das wertvollste Gut des Menschen bewahrt bleibt: *das Leben.*

ALAIN BOMBARD

Einleitung

»Welches Interesse man auch Romanfiguren entgegenbringt, mit wel-chem Geschick der Schriftsteller sie in Beziehung zueinanderzubringen wußte und welche Empfindungen er ihnen auch eingegeben haben mag, so bedauert der Leser doch fast immer, nicht von diesen erdachten Schicksalen gerührt zu werden. Der einzig wahre Weg, ihn zu fesseln, ist jedoch, ihm Helden vor Augen zu führen, die wirklich gelebt haben.«

Eyriés:»Histoire des Naufrages« (1854)

Welcher Seemann hat nicht schon inmitten eines Sturmes mit Schrecken an die Möglichkeit eines Schiffbruchs gedacht?

Welcher Seemann hat schon während der in einem Hafen friedlich verleb-ten Stunden daran gedacht, sich auf einen Schiffbruch vorzubereiten?

Zwei Fragen, die sich seit tausenden von Jahren stellen; seit dem Augen-blick, ab dem der Mensch das Meer befährt und sein Leben Schiffen anver-traut, die zwar ständig verbessert wurden, aber wobei ganz einfach verges-sen wurde, daß die Urgewalten des Ozeans dies wohl kaum berücksichti-gen werden.

Zwei Fragen, die zu einer seltsamen Paradoxie führen, die noch nicht das Stadium ihrer Klärung erreicht hat. Unsere Absicht ist nicht so sehr, einen Beitrag zu dieser Klärung zu leisten, sondern einzig und allein das Interesse der Seeleute für eine Möglichkeit zu wecken, an die sie denken müssen: als Schiffbrüchiger zu leben.

Liest man die Berichte derer, die sich dieser schrecklichen Lage anzupas-sen wußten, kommt man nicht umhin, von einem betroffenen Erstaunen angesichts dieser mit Nachlässigkeiten und schweren Fehlern übersäten Berichte befallen zu werden. Alain BOMBARD, der wohl alles gelesen ha-ben muß, was mit diesem Problem in Zusammenhang steht, schreibt:»Ich bin jetzt vollkommen im Bilde darüber, was man von Büchern zum Nut-zen von Schiffbrüchigen zu halten hat, von kleinen Navigationsratschlä-gen, von Zeichen, die die Annäherung an Land ankündigen, wie Holz-stücke, die auf dem Wasser treiben, wie Schmetterlinge, die über der Wasseroberfläche dahinflattern, wie in der Luft treibende Marienfäden, wie Fliegen oder verschiedene Vogelarten. Die Autoren des *Raft-book* mögen mir folgende Anmerkung erlauben: Der Fregattvogel mag vielleicht nicht die Nacht auf dem Meer verbringen, aber auf jeden Fall fliegt er bis zu 1500 Meilen auf das Meer hinaus. Es wird auch gesagt, daß der Fregattvogel selten selbst fischt. Ich habe jedoch mit eigenen Augen gesehen, wie er im Flug nach Fliegenden Fischen schnappte, die von den mich begleitenden Goldmakrelen aus dem Meer vertrieben worden waren.«

Derartige Feststellungen aus sehr unterschiedlichen Anlässen fielen uns beim Lesen von tausenden von Seiten auf. So kam in uns allmählich der Gedanke auf, Seeleuten einen einzigartigen, aus erlebten Tatsachen erstellten Erfahrungsschatz mitzuteilen, nämlich den derer, die *das Überleben auf dem Meer wirklich erlebt* haben.

Zwar lassen die meisten der Schiffbrüchigen, die einen Bericht ihrer Abenteurer geben, uns die Qualen des Durstes und des Hungers, den Schrecken der Stürme, den Verlust eines Leidensgenossen, die Hoffnungslosigkeit angesichts des Schiffes, das die Schiffbrüchigen nicht erkannt hat, nacherleben, aber nur wenige haben ihr Verhalten auf ihrem Floß im einzelnen aufzuschreiben gewußt oder genaue Angaben über die Hilfsmittel, die sie dem Meer entzogen haben, machen können. Doch kann man aus allen Berich-

ten auswertbare Auskünfte erhalten, viele kleine Einzelheiten, die, wenn man sie miteinanderverbindet, einen beträchtlichen Informationsschatz ergeben.

Ähnlich wie die Arbeitsweise eines Datenrechners haben wir versucht, diese Informationen zu verarbeiten, um einige Regeln ableiten zu können, wobei wir aber vermeiden wollten, wissenschaftlich zu werden oder auf technische Untersuchungen zurückzugreifen, die zu diesem Thema im Labor gemacht wurden.

Dieses Buch setzt sich aus zwei Teilen zusammen.

Im ersten Teil wollen wir 31 Geschichten von Schiffbrüchigen wiedergeben, die wir aufgrund der Informationen ausgewählt haben, die sie uns auf den Gebieten vermitteln, die wir untersuchen wollen. Sicherlich kennt der sich für dieses Thema interessierende Leser einige der Geschichten. Er wird sich auch darüber wundern, daß andere nicht aufgeführt worden sind, auf die wir nicht zurückgegriffen haben, weil sie trotz allen Anscheins eine unnütze Wiederholung wären. Möge man uns auch verzeihen, nicht alles anzuführen und nicht alles zu kennen.

Im zweiten Teil werden wir in einigen Hauptkapiteln alle diejenigen Ratschläge zusammenfassen, die die Bedingungen derer verbessern, die selbst einmal Schiffbruch erleiden könnten.

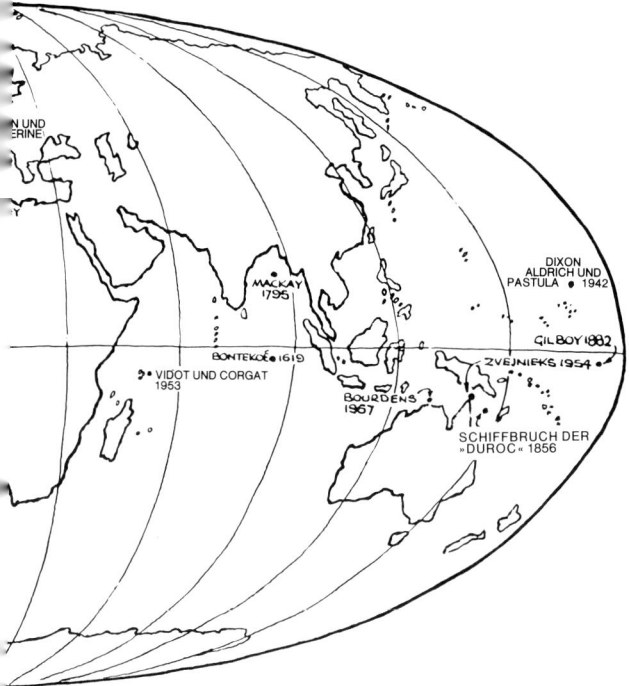

11

Teil I

KAPITEL I

Das Leben des Pietro Quirini und seiner Gefährten als Schiffbrüchige

Am 25. April 1431 verläßt Pietro Quirini, ein venezianischer Kaufmann aus Candia (dem heutigen, an der Nordküste Kretas gelegenen Herakleion), den Hafen der Stadt mit Ziel Flandern. Noch im Mittelmeer schlägt das Schiff leck und muß in Cádiz repariert werden. Erst am 14. Juli kann er die Schiffsreise fortsetzen. Widrige Winde und Probleme mit dem Ruder bringen ihn zuerst in Richtung der Kanarischen Inseln und dann am 29. August nach Lissabon, wo der Schaden in der Ruderanlage behoben wird. Am 14. September sticht sein Schiff wieder in Richtung Flandern in See. Während eines heftigen Sturmes verliert sein Schiff zum zweitenmal das Ruder und beginnt zu treiben. Die Tage vergehen, und die Lebensmittel nehmen rapide ab. Es muß rationiert werden. Das Schiff wird immer weiter nach Norden abgetrieben, als am 17. Dezember, drei Monate nach dem Auslaufen aus Lissabon, ein erneuter Sturm das Schiff überrascht, das sehr schnell in Seenot gerät. An Bord sind 68 Personen; davon finden 47 in einer Schaluppe und 21 in einem Ruderboot Platz. Alles, was sich noch an Wasser, Wein und Lebensmitteln an Bord befand, haben sie untereinander aufgeteilt. Die Nacht trennt beide Boote. Am Morgen des 18. Dezember ist das kleinere Boot von der Oberfläche der immer noch peitschenden Wellen verschwunden. Für die 47 in ihrer Schaluppe zusammengedrängten Menschen hat das Leben als Schiffbrüchige begonnen. Bald haben sie außer ih-

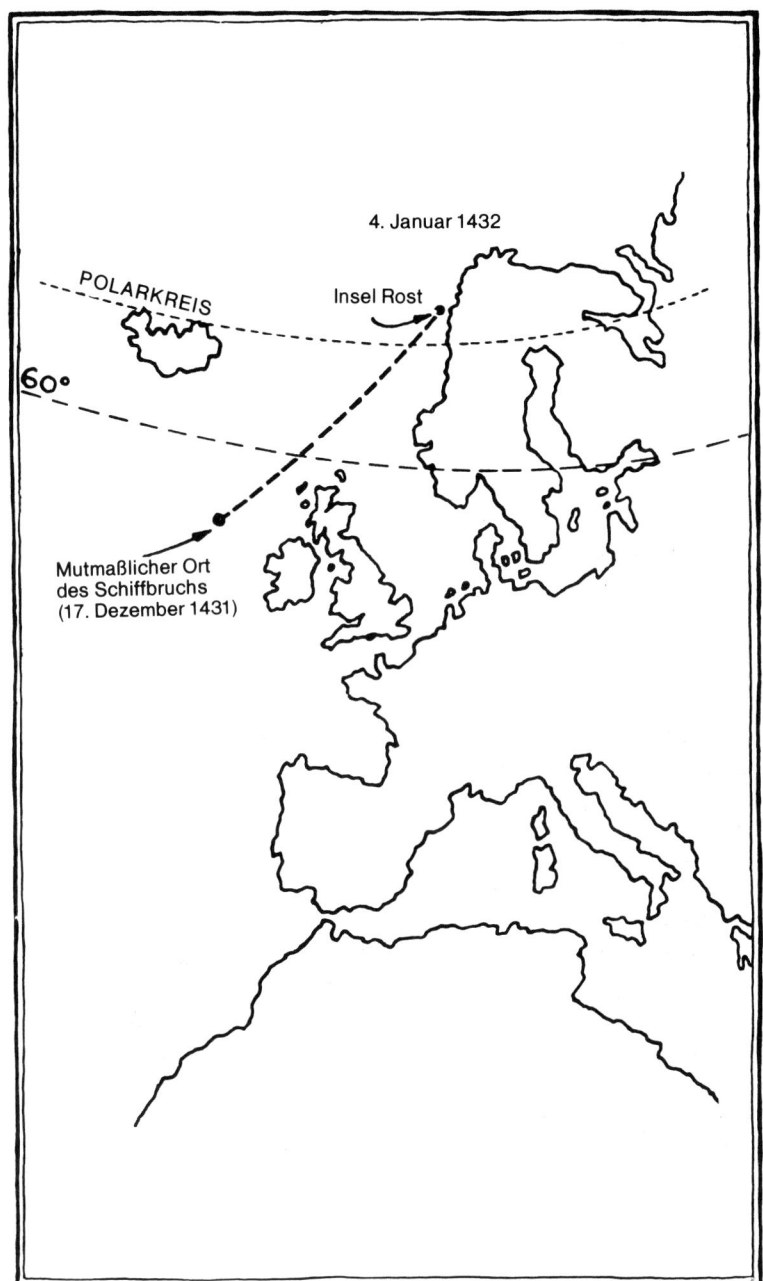

4. Januar 1432

POLARKREIS

Insel Rost

60°

Mutmaßlicher Ort
des Schiffbruchs
(17. Dezember 1431)

rem Leben nichts mehr. Denn ab dem zweiten Tag ist das Meer so unruhig, daß die Gefahr besteht, jeden Augenblick zu kentern. In einem Augenblick der Panik werfen sie, während sie das Boot wie wild ausschöpfen, alle Lebensmittel und sogar die Wasserfässer ins Meer.

Es ist äußerst schwierig, dem Bericht Quirinis zu entnehmen, was das Unerträglichste während der 18 noch folgenden Tage des Leidensweges war. Die Kälte ist das eine in den Breiten der Nordsee im Dezember, und die Schiffbrüchigen bleiben nur ganz selten trocken. Der Durst, der zunächst noch dank eines auf wundersame Weise geretteten und sparsam verteilten Fasses Wein gestillt werden konnte, wird schließlich so groß, daß viele nicht dem Verlangen widerstehen können, Meerwasser zu trinken. Der Hunger ist leichter zu ertragen, aber er trägt zur allgemeinen Erschöpfung bei, und keiner bringt mehr die Kraft auf, auch nur zu versuchen, die Schaluppe zu steuern. Und schließlich die Hoffnungslosigkeit, denn jedes Morgengrauen bringt neue Tote mit sich. Schon 26 Schiffbrüchige sind gestorben, als am 4. Januar 1432 die Schaluppe mit ihrer Fracht erstarrter Sterbender eine mit Schnee bedeckte Insel erreicht.

Hoffnung kommt in den Überlebenden auf, die sich im Schnee dahinschleppen und ihren Durst durch große Mengen Schnee stillen, den sie in ihrem Mund schmilzen lassen. Aber die Insel ist unbewohnt. Es gibt nur eine Hütte, in der es trotz allem möglich ist, ein Feuer zu machen. Algen, Muscheln und andere Schalentiere verhindern, daß die 21 Überlebenden nicht durch die furchtbaren Entbehrungen umkommen, die sie bis zu dem Tag durchmachen, an dem ein riesiger Fisch von etwa hundert Kilo am Strand entdeckt wird. Mit außergewöhnlicher Anstrengung gelingt es den ausgehungerten Menschen sich solange von dem Fisch zu ernähren, bis am 31. Januar 1432 ein Fischer auf ihrer Insel landet und ihnen mitteilt, daß sie nur acht Meilen von der Insel entfernt sind, von der er selbst kommt; der Lofoten-Insel Rost vor der Nordwest-Küste Norwegens 68° nördlicher Breite. Ihre Rettung wurde sofort in Angriff genommen und gelang.

KAPITEL II

Das Leben des Jean de Léry und seiner Gefährten als Schiffbrüchige

Der Bericht, den Jean de Léry von seinem Leben als Schiffbrüchiger abgibt, befaßt sich mit einer ganz besonderen Problematik, die das Überleben auf See an einen stellt: Schiffbrüchiger auf dem eigenen Schiff zu sein. Zwar ergeben sich auch hier die für den Schiffbruch charakteristischen Situationen Tag für Tag neu, aber ein wesentlicher Vorteil bleibt dennoch bestehen; nämlich der Komfort des eigenen Schiffes, der – obwohl zuweilen relativ – niemals zu diesem Extremfall wird, den diejenigen kennenlernen, die das Schicksal in ein enges zerbrechliches Rettungsboot verschlägt.

Am 4. Januar 1558 geht Jean de Léry in dem Hafen, aus dem später Rio de Janeiro werden sollte, an Bord des Schiffes *Jacques*, um nach Frankreich zurückzukehren. Die erste Hälfte der Überfahrt verläuft unter so günstigen Bedingungen, wie sie eine derartige Reise in jener Zeit nur bieten konnte, obgleich launische Winde die Geschwindigkeit des Schiffes erheblich verlangsamen. Monate vergehen, und jedermann an Bord ist sich darüber im klaren, daß Hungersnot den Rest der Reise begleiten wird, wenn diese noch länger andauert. Erste Rationierungsmaßnahmen werden getroffen. Lassen wir jetzt Jean de Léry von der Überfahrt erzählen, die schon dreieinhalb Monate andauert und deren Langsamkeit entmutigend ist: »Wir schrieben den 16. April, und wir hatten noch etwa 500 Seemeilen bis zur französischen Küste. Unsere Lebensmittel waren so geschrumpft, daß die Entscheidung getroffen wurde, die Rationen noch einmal um die Hälfte zu kürzen. Diese strenge Maßnahme verhinderte jedoch nicht, daß gegen Ende des Monats alle Vorräte aufgebraucht waren. Wir waren gezwungen, das Magazin auszukehren, das heißt die geweißte und vergipste Kajüte, in der der Zwieback aufbewahrt wurde. Aber man fand dort mehr Würmer und Rattenkot als Brotkrümel. Jedoch klaubte man das wenige Eßbare, das man fand, heraus und kochte daraus einen Brei, der noch schwärzer war und noch schlechter schmeckte als Ruß. Die Besitzer von Papageien ließen diese ab Anfang Mai schlachten. Es gab auch welche, die soweit gin-

24. Mai 1558

Hier beginnt am
16. April 1558 ihr
Leben als Schiffbrüchige

Rio de Janeiro
4. Januar 1558

gen und ihre Lederumhänge und Lederschuhe aßen. Die Notlage ließ den Gedanken aufkommen, Ratten und Mäuse zu jagen. Man verfolgte sie mit so großem Eifer und den verschiedenartigsten Fallen, daß nur noch ganz wenige übrigblieben. Der Preis für eine Ratte stieg auf 4 Ecus. An Wasser mangelte es auch. Wenn es regnete, breitet man Laken mit einer Kugel in der Mitte aus, um das Regenwasser aufzufangen. Endlich war Gott so vielen Elenden, die bewegungslos auf dem Oberdeck ausgestreckt lagen, gnädig und ließ am 24. Mai 1558 die Küste der Bretagne am Horizont erscheinen.«

Die Lage an Bord war so dramatisch, daß die entkräftete Mannschaft es dem Wind überließ, das Schiff zum Strand zu bringen. Das kann auch an dem Geständnis gemessen werden, das der Kapitän der *Jacques* später Jean de Léry machte:»Hätte unsere Lage auch nur noch einen Tag angehalten, hätte er den Entschluß gefaßt, nicht das Los entscheiden zu lassen, sondern, ohne es jemand zu sagen, irgendeinen von uns ausgewählt, um ihn den anderen als Essen vorzusetzen.«

Wir wissen nicht, wieviele der 47 Personen, die Südamerika verließen, ankamen. Jean de Léry schreibt nur:»Viele starben an Hunger und Erschöpfung«. Er berichtet ferner,»daß etwa 20 an Land starben, weil sie ihren Hunger zu schnell stillten«. Er selbst beendet seinen Bericht mit einer Analyse der zahlreichen Störungen, die in den Tagen nach ihrer Landung in der Bretagne auftraten: Ödeme in der unteren Körperhälfte, Ekel vor Fleisch und Wein, vor allem Seh- und Hörstörungen, die ihn mehrere Wochen lang befürchten ließen, blind und taub zu werden. Dies trat nicht ein, und er erholte sich wieder völlig.

KAPITEL III

Das Leben von Richard Hakluyt und seinen Gefährten als Schiffbrüchige (1583)

Am 21. August 1583 wird die von Kapitän Richard Clarke kommandierte *Delight* während eines Sturmes auf die Untiefen vor der Insel Sable in den Gewässern Neufundlands geworfen. Das Schiff ist unwiderruflich verloren und sinkt. Aber es löst sich ein kleines, mit nur einem Ruder unvollständig ausgerüstetes Beiboot. Die, die des Schwimmens mächtig sind, schwimmen darauf zu, hissen sich an Bord und entreißen dem Wasser alle, die an der Oberfläche um ihr Leben kämpfen. Insgesamt 16 Männer drängen sich schließlich in dem Boot zusammen. Sie stellen mit Erschrecken fest, daß sie weder Trinkwasser noch Lebensmittel haben. Richard Hakluyt erzählt: »Diese Männer konnten nichts anderes tun, als ihr Überleben in Gottes Hände zu legen. Das Boot war sehr klein und überladen, und das Wetter war so unwirsch, daß ein Schiff noch nicht einmal das kleinste Segel hätte setzen können. So verbrachten wir zwei Tage und zwei Nächte auf dem Wasser. Wir stellten fest, daß es Gottes Wille war, daß unser Boot uns gut trug, obwohl unsere einzige Hilfe das eine Ruder war, mit dem wir steuerten und das Gleichgewicht hielten.«

»Unter uns«, fährt Hakluyt fort, »befand sich ein Wachtmeister namens Hedely. ‚Ich sehe, daß es Gott gefällt, daß unser Boot auf den Fluten schwimmt‘, sagte er mir. ‚Wenn es nicht so überladen wäre, würde es Gott vielleicht gefallen, daß einige von uns Land erreichen. Losen wir aus und werfen die vier, die verlieren, über Bord. Unseren Kapitän behalten wir natürlich an Bord.‘ Ich antwortete ihm, daß wir gemeinsam leben oder untergehen würden. Er fragte mich im Anschluß, ob ich eine genaue Vorstellung über unseren Aufenthaltsort hätte. Ich antwortete ihm, daß ich der Vorsehung dafür danke, daß sie mich mit einem guten Gedächtnis ausgestattet habe und daß wir uns zwei oder drei Tage, etwa 60 Seemeilen, entfernt von Land befänden.«

Am dritten und vierten Tag wird die See ruhiger. Im gleichen Maße wie die Angst der Schiffbrüchigen zu kentern abnimmt, machen sich Hunger und Durst bemerkbar. An der Wasseroberfläche treibende Algen werden aufge-

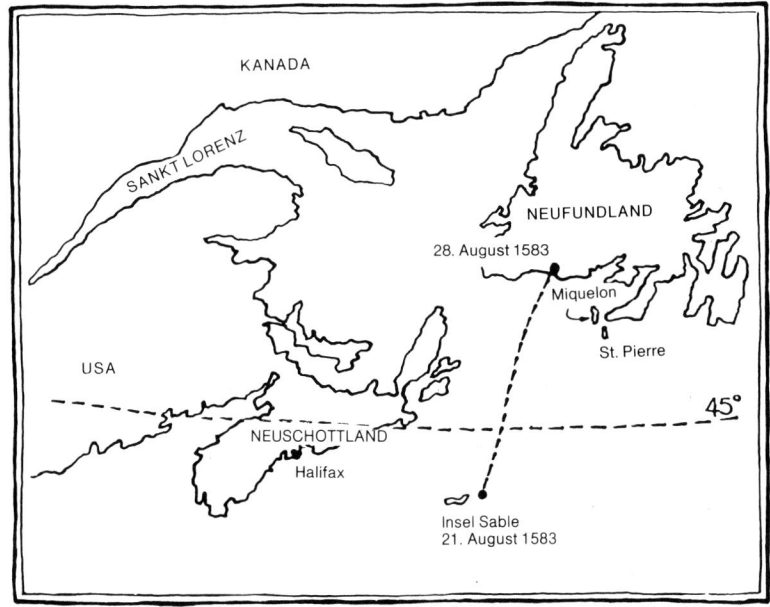

fischt und gegessen. Die meisten Männer stillen ihren Durst mit Meerwasser. Am fünften Tag sterben Hedely und ein anderer. Hakluyt berichtet weiter: »Am sechsten Tag hatte sich unsere Lage kaum verändert. Alle hatten den Wunsch zu sterben; außer mir, der sie tröstete und ihnen versprach, daß sie mit Gottes Hilfe sicherlich an Land kämen. Die Männer hingegen waren voller Leid und zweifelten daran, Land zu erreichen. Am siebten Tag trieb es mich, ihnen zu versprechen, sie sähen bald Land. Wenn nicht, könnten sie mich ins Wasser werfen. Um elf Uhr morgens war dann Land in Sicht, und um drei Uhr nachmittags betraten wir es.«

Das Leben des Guillaume Isbrants Bontekoe und seiner Gefährten als Schiffbrüchige (1619)

Bontekoe ist Kapitän eines Schiffes der Ostindischen Gesellschaft, der *Nieuw Hoorn*, mit 1100 Tonnen und 206 Mann Besatzung. Am 28. Dezember 1618 verläßt er die westfriesische Insel Texel im Norden der Niederlande mit Ziel Sumatra. Er umsegelt, bisher ohne besondere Vorkommnisse, das Kap der Guten Hoffnung und steuert die Insel Sainte-Marie vor Madagaskar an, um Frischwasser und Lebensmittel aufzunehmen. Die *Nieuw Hoorn* legt dort zum letztenmal ab und segelt weiter in Richtung Sunda-Straße, die Java von Sumatra trennt.

Am 19. November 1619, Bontekoe befindet sich gerade auf 5°30′ südlicher Breite (Kapitän Bontekoe gibt in seinen Erinnerungen keine Längengrade an), bricht an Bord ein Feuer aus. Die Lage wird noch kritischer, da die gesamte Mannschaft weiß, daß Pulverfässer in den Laderäumen gelagert sind. Obwohl jeder einzelne seine ganze Kraft zur Bekämpfung des Feuers einsetzen sollte, lassen 87 Mann, zusammengepfercht in einem großen Ruderboot und einer Schaluppe, den Rest der Mannschaft der Gefahr einer Explosion ausgesetzt. Soll man die Feigheit dieser Männer nun verdammen oder ihre Weisheit loben? Wie dem auch sei, die *Nieuw Hoorn* explodiert. Von den 119 Besatzungsmitgliedern, die mutig gegen das Feuer angekämpft haben, können nur noch zwei Schwerverletzte von der Schaluppe und dem Ruderboot geborgen werden, die beide an den Ort des Schiffbruchs zurückkommen, nachdem sie von Ferne die Explosion miterlebt haben. Kapitän Bontekoe ist unter den beiden Schwerverletzten. Trotz seiner Verletzung kümmert er sich bald um eine Ordnung in ihrem Leben als Schiffbrüchige. Die Panik war so groß, daß keiner daran gedacht hatte, sich mit Wasser und Lebensmittel zu versorgen oder Karten und Kompaß mitzunehmen.

Aus ihren Hemden flicken die Schiffbrüchigen behelfsmäßige Segel zusammen, und ihr Kapitän versucht mit all seinem Wissen, sie nach Java oder Sumatra zu führen.

Dank einiger tropischer Regenschauer können sie ein wenig Süßwasser auffangen, aber mangels eines Behälters bekommt jeder von ihnen nur eine ganz kleine Menge ab. Einige trinken Salzwasser, andere ihren Urin. Eines Nachts fallen Fliegende Fische in die Boote. Sofort werden sie roh verschlungen; wie auch eine Schar Möwen, die sich in so großer Zahl auf die Unglücklichen herablassen, daß sie mit der Hand gefangen werden können. Aber von diesen beiden, an Nahrung reichen Tagen abgesehen herrscht größte Hungersnot. Man beginnt bereits, an Kannibalismus zu denken, als die Schwächsten unter ihnen ihre Seele aufgeben. Es bedarf der ganzen Autorität Bontekoes, daß diese Gedanken nicht in die Tat umgesetzt werden.

Am 13. Tag nach ihrem Schiffbruch, dem 2. Dezember 1619, kommt nach einem starken Regen, der den Schwächsten wieder neue Kraft gibt, eine Insel in Sicht. Nach ihrer Landung geht Enttäuschung in Wut über, als sie sich eingestehen müssen, daß es auf der Insel nicht das geringste Vorkommen an Wasser gibt; dafür aber Kokospalmen im Überfluß. Mehrere Tage

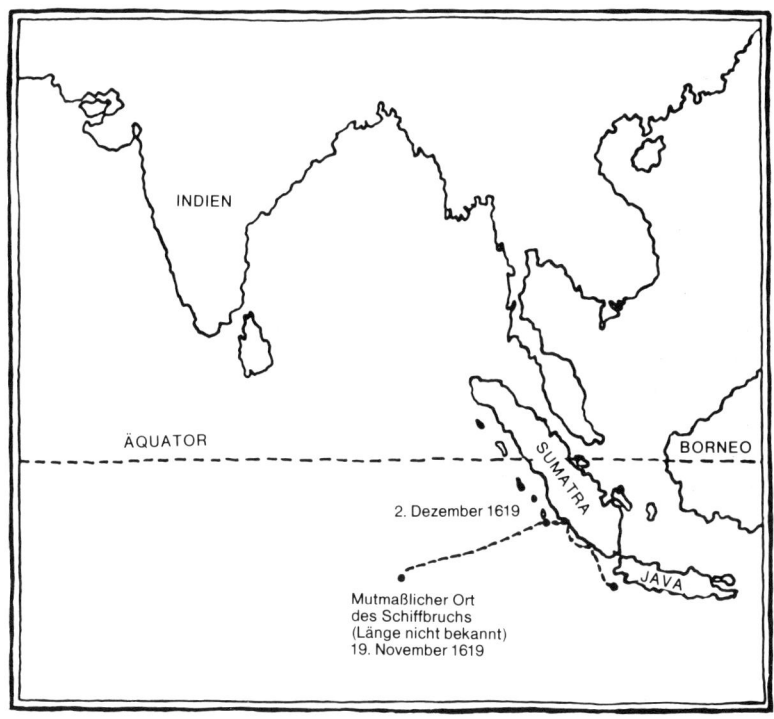

21

lang geben ihnen die Kokosnüsse ihre Lebenskraft zurück, und sie können es wagen, wieder die Boote zu besteigen, um in besserer Verfassung weniger verlassenere Orte anzusteuern. Schon am nächsten Tag ihres erneuten Lebens auf See, das durch die Mitnahme der Kokosnüsse etwas freundlicher geworden ist, gelangen sie, nachdem sie mit einiger Schwierigkeit ein Korallenriff überwunden haben, an die Küste Sumatras. Bontekoe und seine Männer können aber kaum die Küste erkunden, denn eine wahre Armee Malayen greift sie an. Hastig besteigen sie wieder die Schaluppe und das Ruderboot. Sie lassen 16 Mann tot an diesen ungastlichen Gestaden zurück. Viele Tage lang fahren die Schiffbrüchigen die Küste ab. Zuweilen gehen sie an Land, um ihren Kokosnußvorrat aufzufrischen oder um Austern und andere Schalentiere zu sammeln. Sie entdecken sogar den Geschmack von Palmenherzen und Bambusmark. Dabei kommt ihnen die geniale Idee, sich aus Bambus Behälter zu fertigen. Die Segmente langer und dicker Bambusstangen werden bis auf das unterste der Länge nach durchbohrt. Sie füllen die Stangen mit Kokosmilch und erhalten so einen Flüssigkeitsvorrat, mit dem sie viel länger auf offener See bleiben können.

So gelangen sie entlang der Küste Sumatras nach Süden, durchfahren die Sunda-Straße und werden schließlich von einer Flotte von 23 holländischen Schiffen, die auf offener See vor Java kreuzen, geborgen. Es gab 50 Überlebende.

KAPITEL V

Das Leben des William Okeley als Schiffbrüchiger (1644)

Die Geschichte des Schiffbruchs von Okeley und seinen vier Gefährten ist nicht die Geschichte von Schiffbrüchigen im eigentlichen Sinne, sondern die freiwilliger Schiffbrüchiger, wie man feststellen wird. Im Juni 1639 schifft sich William Okeley in Gravesand, einem kleinen Themsehafen in der Nähe Londons, auf der *Mary* ein, um zur Insel Providence, eine der Bahamainseln im Golf von Mexiko zu gelangen. Sechs Tage nachdem die *Mary* die Insel Wight verlassen hat, wo noch einige Reisende zugestiegen waren, wird sie von Berbern gekapert. Die 60 Mann Besatzung und die Passagiere werden nach Algier verschleppt und als Sklaven verkauft.

»So verbrachte ich vier sehr grausame Jahre,« berichtet Okeley. Als er in einer Tuchweberei arbeitet, kommt er auf die Idee, ein Fluchtboot aus Segeltuch zu bauen; ein zerlegbares Boot, das erst im letzten Augenblick zusammengesetzt wird, um keinen Verdacht zu erwecken. Nach monatelanger, heimlicher Arbeit mit noch vier Freunden, wie er Sklaven, ist alles fertig.

In einer kleinen Bucht, eine halbe Meile vor Algier, spannen die fünf Männer am Abend des 30. Juni 1644 eine doppelte Verkleidung aus geteertem und mit Talg bestrichenem Segeltuch über einen aus Hölzern zusammengesetzten Rumpf. Zwei mit Wasser gefüllte Schläuche und etwas Lebensmittel werden mit an Bord genommen. Als Fluchtrichtung schlagen sie Nordkurs ein. Schon bald dringt Wasser in das Boot. Die Arbeitseinteilung, die sie vornehmen, wird bald erschöpfende Monotonie: während vier Mann rudern, schöpft der fünfte das Boot aus. Am dritten Tag ihrer Flucht geht ihnen das Wasser aus; der Rest des vom Salzwasser durchnäßten Proviants ist ungenießbar. Es herrscht sengende Hitze. Obwohl derjenige, der das Boot ausschöpft, die Ruderer mit Wasser benetzt, beginnen sie schnell durch den Flüssigkeitsverlust zu phantasieren.

Am fünften Tag, als sie die Hoffnung schon aufgeben, bemerken sie eine Schildkröte, die schlafend auf der Wasseroberfläche schwimmt. Mit größter Vorsicht nähern sie sich ihr, und es gelingt ihnen, die Schildkröte zu

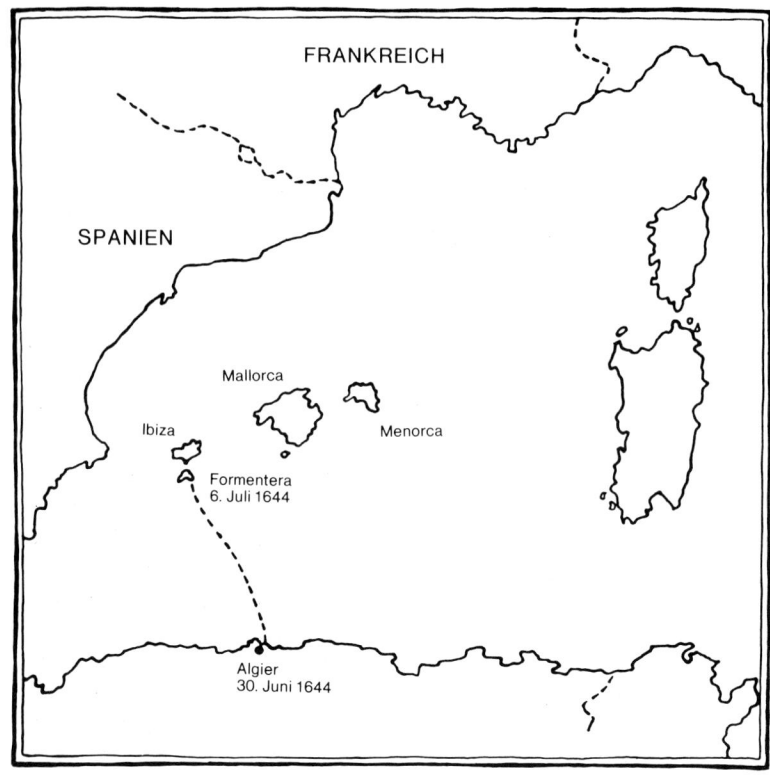

fangen. Nachdem sie ihr den Kopf abgeschlagen haben, trinken sie das Blut, verschlingen die Leber und den größten Teil des Fleisches. So kommen sie wieder zu Kräften und schlafen satt ein. Am nächsten Tag, dem sechsten ihrer Flucht, müssen sie nach dem Erwachen erst einmal lange das Boot ausschöpfen. Voll frischen Mutes rudern sie weiter und landen auf der Baleareninsel Formentera, wo sie nach einem derartigen Erfolg herzlich empfangen werden.

KAPITEL VI

Das Leben von John Dean und seinen Gefährten als Schiffbrüchige (1710)

John Dean ist Kommandant der *Nottingham*, einer Galeote von 25 Tonnen und 6 Kanonen Bewaffnung. Im Dezember 1710 erleidet sein Schiff in Sichtweite der nordamerikanischen Küste Schiffbruch.»Noch bevor das Schiff gewendet werden konnte, lief es auf die Ostspitze eines *Boon Island* genannten Felsen, sieben Seemeilen ostwärts von Piscataka, auf. Die *Nottingham* schlägt der ganzen Länge nach leck und sinkt. Die Mannschaft rettet sich auf die von Dünung gepeitschte Felsbank, wo ihr Dasein als Schiffbrüchige beginnt. Es ist schrecklich kalt. Ein Feuer machen ist unmöglich, denn alles ist naß. Auf diesem ständig vom Wasser überspülten Felsen gibt es keine Vegetation. Man kann allerhöchstens ein Zelt aus Segelfetzen auf ihm errichten, um sich gegen Regen und Gischt zu schützen. Eine Woche lang ernähren sich die 14 Überlebenden nur von Käse, den sie vor dem Untergang retten konnten. Als die See sich beruhigt, bauen sie aus den auf den Felsen gespülten Planken ein Floß; in der Hoffnung, den nahen Kontinent zu erreichen. Aber schon bei der Wasserung wird es von Brechern zerstört. Am 21. Dezember 1710 schreibt John Dean:»Bald sahen wir uns der beklagenswertesten und traurigsten Lage ausgesetzt, die man sich vorstellen kann. Alle warem dem Erfrieren und dem Verhungern nahe. Hände und Füße waren gefroren und fast faulig.«
Sie ernähren sich von Algen und anderen Meerespflanzen sowie von zwei oder drei Muscheln pro Tag. Ihr elendes Leben wird noch verheerender, als eine große Sturmflut ihr Eiland fast völlig überschwemmt. Eines Tages, nachdem sie einen der Männer morgens tot aufgefunden haben, fangen sie eine Sturmmöwe, die sofort von den nun 13 Überlebenden verschlungen wird. Allein an Süßwasser fehlt es ihnen nicht, denn es regnet und schneit fast ununterbrochen. Das Naß, das ihr Überleben sichert, sammelt sich in Ausspülungen im Felsen. Ende Dezember sind sie nur noch zehn. Auch der Zimmermann,»ein dicker Mann von 47 Jahren«, stirbt. Lassen wir Dean selbst erzählen:»Die Männer bedrängten mich, ich solle ihnen den Leichnam ihres Kameraden zum Verzehr überlassen, um ihr Dasein – so

elend es auch war – aufrechterhalten zu können. Ich gestehe, daß nichts, was ich bis zu diesem Zeitpunkt erlitten hatte, mir derart grausam und schrecklich erschienen war wie dieser abscheuliche Vorschlag. Nach reiflichem Abwägen und Überlegen, einerseits der Rechtmäßigkeit eines solchen Handelns, andererseits der dringenden Notlage, in der wir uns befanden, mußten Verstand, Bewußtsein und alle moralischen Erwägungen zwangsweise den Argumenten eines zerfleischenden Hungers weichen. Wir beschlossen also, ihn zu stillen.«

Nachdem der Autor in allen Details mit einer für die Wiedergabe zu abstoßenden Einfalt erzählt, wie er selbst die Zerlegung und Verteilung des Leichnams leitete, fährt er wie folgt fort:»Ich gab jedem eine gleich große Portion, um jeglichen Grund zu Streitigkeiten und Eifersucht auszuschalten. Innerhalb weniger Tage beobachtete ich eine grundlegende Änderung im Wesen dieser Unglücklichen. Dies waren keine friedfertigen Menschen mehr, die voller Kameradschaft zueinander waren. Ihr Blick war blutdürstig und starr, ihr Lachen wild und barbarisch. Anstatt meinen Befehlen willig zu folgen, wie sie es sonst immer taten, stieß mein Bitten und Flehen bei ihnen auf taube Ohren und war nutzlos.«

Glücklicherweise fand dieser Zustand, den die Davongekommenen erleben mußten, am 2. Januar 1711 sein Ende. Eine Schaluppe, die nicht weit von ihnen vorbeifuhr, bemerkte sie, konnte nahe genug an den Felsen herankommen, um ihnen Lebensmittel dazulassen, ihnen etwas zum Feuermachen zu geben und in den folgenden Tagen ihre endgültige Rettung zu organisieren.

Jean Dean entschloß sich, sein Leben als Seemann aufzugeben, und ließ sich in Ostende nieder, wo er 1761 starb.

KAPITEL VII

Das Leben von Madame Dunoyer als Schiffbrüchige (Anfang 18. Jahrhundert)

Monsieur Dunoyer und seine Frau leben in Samana, in der Bucht von Santo Domingo. Zuweilen fahren sie mit ihrem Schoner nach Cap-Français, wo sie Familienangehörige haben. Eine dieser Reisen wird das Leben von Madame Dunoyer für immer kennzeichnen. In Begleitung ihres Mannes und ihrer beiden Söhne – der älteste sieben Jahre, der jüngste noch ein Säugling – schifft sie sich ein. Ihre Negersklavin sowie zwei als Seeleute angeheuerte Engländer nehmen an der Überfahrt teil. In der ersten Nacht an Bord, am Horizont sieht man noch die Lichter von Santo Domingo, ermorden die beiden Engländer Monsieur Dunoyer und bemächtigen sich des Schoners. Um sich der lästigen Zeugen zu entledigen, setzten die beiden Schurken nach 36 Stunden Madame Dunoyer, ihre Sklavin und ihre beiden Kinder in einer als Beiboot zum Schoner gedachten Piroge aus. Das inständige Flehen der Mutter nutzt nichts. Mit einem »faulen Strohsack im Heck der Piroge, vier Zwiebackscheiben, einem Krug mit etwa vier Litern Süßwasser, sechs Eiern und etwas Pökelfleisch« werden die beiden Erwachsenen und die zwei Kinder mitten in der Karibischen See alleine gelassen.

Die erste Nacht bricht an, und mit ihr wächst die Angst der Unglücklichen. Die See wird unruhig. Eine Welle »reißt den Zwieback mit sich, ergießt sich über das Trinkwasser.« Im Morgengrauen wird sich Madame Dunoyer der Lage bewußt und fällt in Ohnmacht. »Die Bemühungen ihrer treuen Sklavin holen sie ins Leben zurück, aber sie sieht dadurch nur das tiefe Elend besser, in dem sie sich befindet. . . Ihre schwachen Hände entbieten den Säugling dem Willen des höchsten Richters.«
Sieben Tage und sieben Nächte vergehen so »im Kampf gegen die Wassermassen, der Unbill des Wetters in der rauhesten Jahreszeit ausgeliefert, ohne Wasser und ohne Nahrung, außer ein wenig Pökelfleisch.«
Als Madame Dunoyer am siebten Tag spürt, daß sie dem Sterben nahe ist, entschließt sie sich, »sich die Vene zu öffnen, um das Leben des kleinen, unschuldigen Kindes, das an ihrer tauben Brust hängt, zu verlängern.«

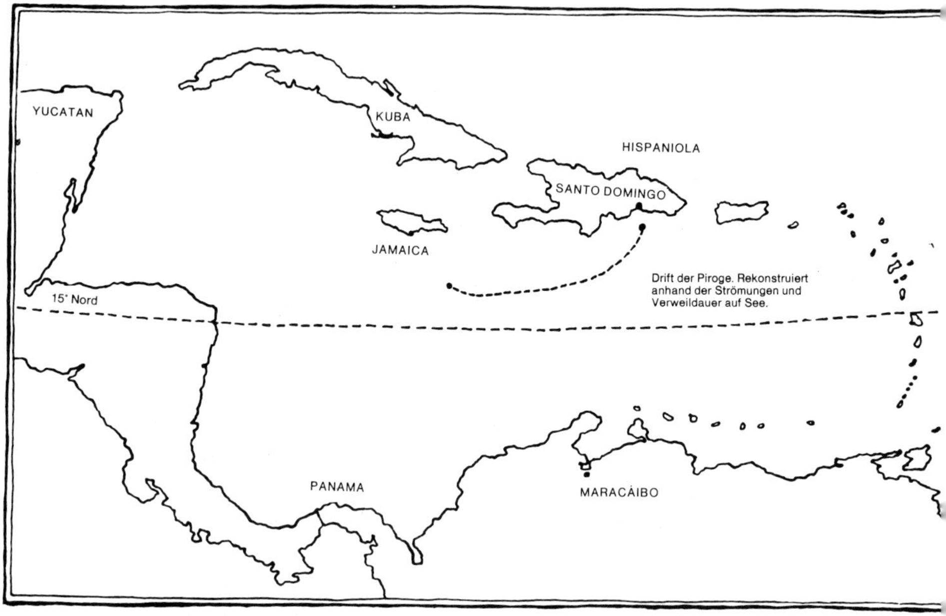

YUCATAN

KUBA

HISPANIOLA

SANTO DOMINGO

JAMAICA

15° Nord

Drift der Piroge. Rekonstruiert
anhand der Strömungen und
Verweildauer auf See.

PANAMA

MARACÁIBO

Zum Glück braucht sie ihre letzten Kräfte dafür nicht aufzuwenden. Ein Rettungsschiff kreuzt ihren Weg, nimmt sie auf, führt sie wieder neuen Kräften zu und bringt sie nach New Orleans. Die Sklavin wurde öffentlich aus der Sklaverei entlassen, »aber das Mädchen antwortete, sie wolle Madame Dunoyer und ihre Kinder bis an ihr Lebensende nie verlassen.«

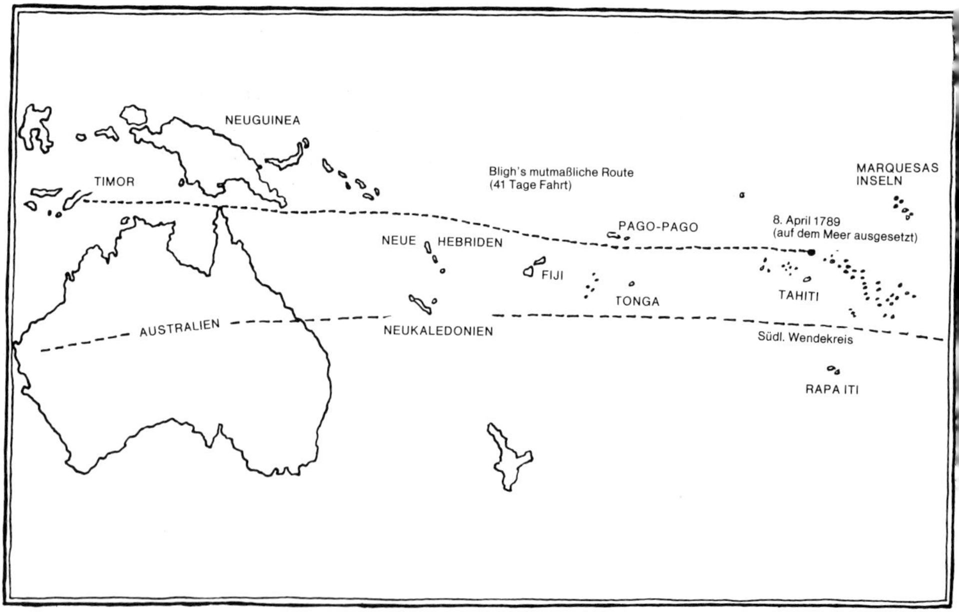

NEUGUINEA

TIMOR

MARQUESAS
INSELN

Bligh's mutmaßliche Route
(41 Tage Fahrt)

PAGO-PAGO

8. April 1789
(auf dem Meer ausgesetzt)

NEUE HEBRIDEN

FIJI

TONGA

TAHITI

AUSTRALIEN

NEUKALEDONIEN

Südl. Wendekreis

RAPA ITI

KAPITEL VIII

Das Leben des Käpten Bligh und seiner Gefährten als Schiffbrüchige (1789)

Wir wollen nicht vergessen, in diesem Buch die berühmte Geschichte der *Meuterei auf der Bounty* zu erwähnen. Nicht so sehr, um von den Meuterern und ihrem Anführer Fletcher Christian zu erzählen, sondern um vielmehr das Leben als Schiffbrüchige, das Käpten Bligh und 18 ihm treu gebliebene Männer zu ertragen hatten, dem Leser zu schildern. Am 8. April 1789, wenige Tage nachdem die *Bounty* Tahiti verlassen hat, bricht an Bord eine Meuterei aus. Bligh und seine 18 Getreuen werden in einem schmalen, sieben Meter langen Boot, das mit ein paar Riemen, einem Mast und einem Segel ausgestattet ist, mitten im Pazifik ausgesetzt. Sie bekommen ein paar Fässer voll Trinkwasser und etwas Proviant mit. Die *Bounty* verschwindet in südliche Gefilde. Den 19 Männern wird eine unglaubliche Tat bevorstehen: mehr als 3000 Seemeilen Fahrt in 41 Tagen bis zu ihrer Landung auf Timor.

Der Verdienst für diese Leistung kommt übrigens Bligh zu, wegen seines Willens, seiner Halsstarrigkeit, seines nautischen Wissens und wegen seines Einflusses, den er auf die ausübte, die ihm treu geblieben waren.

Trotz verschärfter Einschränkungen herrscht sehr bald Wasser- und Proviantmangel. Die gesamte zweite Hälfte dieser außergewöhnlichen Fahrt verläuft unter wirklichen Schiffbruchbedingungen. Bligh verliert trotzdem nur einen einzigen Mann. Dies ist ein ebenso großer Erfolg wie seine Überfahrt, die seiner unbezwingbaren Energie zuzuschreiben ist, die er auch auf seine Gefährten übertragen konnte.

KAPITEL IX

Das Leben des John Mackay und seiner Gefährten als Schiffbrüchige (1795)

John Mackay ist Maat an Bord der *Junon*. Das 450-Tonnen-Schiff wird von Kapitän Alexander Bremmer kommandiert und hat Teakholz geladen. Am 29. Mai 1795 verläßt die *Junon* Rangun mit Ziel Madras. Kapitän Bremmer wird von seiner Frau und seinem Sklaven begleitet. An Bord befinden sich außerdem noch die 53 Mann Besatzung, zumeist Malayen, und einige europäische Passagiere – insgesamt 72 Personen. Am 1. Juni schlägt die *Junon* während eines Sturmes leck. »Ohne Unterscheidung mußte jeder an den Pumpen arbeiten, um das Schiff über Wasser zu halten.« Acht Tage müssen sie pumpen, dann wird die See wieder ruhiger, und es kann eine behelfsmäßige Reparatur durchgeführt werden. »Ein geteertes Segel wurde über das Loch genagelt. Dieser Behelf erwies sich als gut.«

Am 19. Juni wird die See im Golf von Bengalen wieder stürmisch. Das Lecksegel reißt unter den Schlagwellen, die gegen die *Junon* anrollen, und das Leck wird noch größer. Ein Teil des Schiffes ist schon unter Wasser. Der Großmast wird gekappt, damit es leichter wird und nicht so tief im Wasser liegt. Einige Malayen entschließen sich zur Flucht in einem großen Ruderboot und in einer Pinasse mit sechs Riemen. Aber »die Boote waren in schlechtem Zustand und leckten.«

Auf 17°10′ nördlicher Breite beginnt die *Junon* zu sinken. Aber nachdem die Brücke unter Wasser ist, stellt sich ein Gleichgewicht ein. Das Schiff sinkt nicht mehr, und bald schauen aus den entfesselten Wellen nur noch die verbliebenen Maste und die Wanten heraus. »Alle kletterten in die Wanten, stiegen weiter und weiter empor, je mehr die anrollenden Wellen das Schiff immer tiefer ins Wasser zogen.« Drei Tage bläst der Wind mit voller Kraft. Die 72 Schiffbrüchigen hängen in den Wanten, kämpfen gegen das unaufhörliche Schwanken an und widerstehen der Versuchung, in Schlaf zu fallen. Einige lassen jedoch im Halbschlaf die Seile los, fallen und verschwinden in den Fluten, die dann und wann auch die Unglücklichen zu sich hinabziehen, die oben keinen Platz gefunden haben. Andere, die im

Kreuzmastkorb aneinanderkleben, versuchen schwimmend den Fockmastkorb zu erreichen. Auch sie werden von den Wellen fortgetragen, die über der Untiefe tosen, die die *Junon* unter Wasser bildet. Am vierten Tag legt sich der Sturm. Mit einem Mal werden die Überlebenden, die jetzt nicht mehr ihre ganze Kraft für den einzigen Gedanken, sich an den rettenden Wanten festzuhalten, aufbringen müssen, von einer neuen Pein, Hunger und Durst, befallen, die in der jetzigen Stille um so mehr zunimmt, wie die Sonne im Zenith auf sie herabbrennt. »Obwohl die einzelnen Bedürfnisse, die in mir aufkamen,« erzählt Mackay, »unter anderem das Bedürfnis zu trinken, äußerst peinigend waren, so waren sie dennoch nicht so stark ausgeprägt, wie ich es Berichten zufolge gedacht hatte. Ich erinnerte mich daran, im Bericht von Kapitän Inglefield gelesen zu haben, daß die Männer, die mit ihm in seiner Schaluppe saßen, sich der Reihe nach eine im Meer angefeuchtete Decke überlegten und daß das Wasser von den Hautporen aufgenommen wurde, wohingegen das Salz auf der Haut verblieb. Dieses Mittel wandte ich so oft als möglich auch an und befeuchtete von Zeit zu Zeit eine Flanellweste im Meer, die ich dann trug. Mehrere meiner Gefährten folgten meinem Beispiel und fühlten sich erfrischt. Ich bin überzeugt, daß dies unser Leben rettete.«
Am fünften Tag bauen die Kräftigsten unter ihnen ein Floß aus Holzstük-

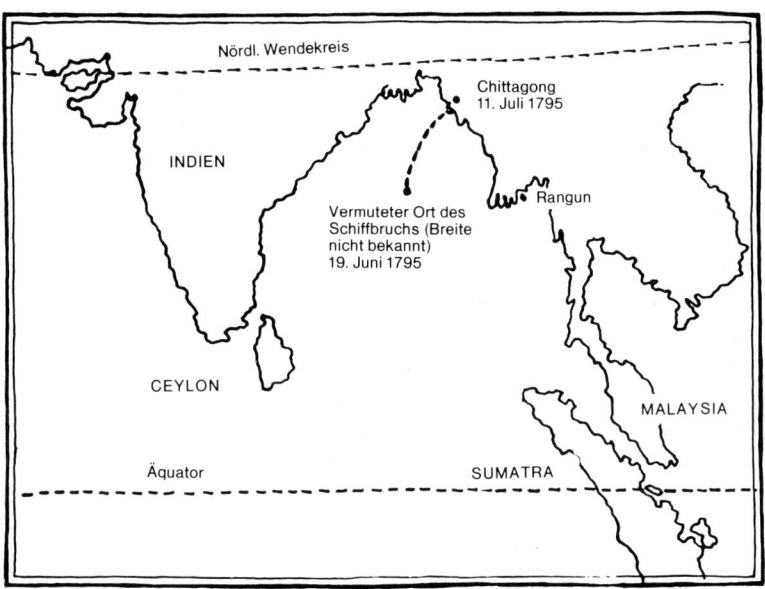

ken. Man muß sich dies Unterfangen, bei dem es als festen Halt nur die über Wasser liegenden Maste und Wanten um sie herum gibt, einmal vorstellen. Zwei Männer, die beim Bau des Floßes, das sie für ihre Rettung halten, mithelfen, fallen ins Wasser und ertrinken. Am sechsten Tag ist das Floß fertiggestellt. Diejenigen, die sich noch etwas Kraft bewahrt haben, verjagen die Schwächsten vom Floß. Mackay gehört zu denen, die glauben, ihr Heil auf dem Floß gefunden zu haben. Aber trotz der Entbehrungen und der Hoffnungslosigkeit wird ihm klar, daß sie auf dieser Holzkonstruktion viel zu zahlreich sind und daß es dadurch dort kein Heil geben kann. So schwimmt er zum Fockmast zurück.

Am 27. Juni – die Überlebenden hängen nun schon seit acht Tagen in den Wanten der *Junon* – erscheint das Floß auf der anderen Seite des Schiffes, wohin es die Strömung getrieben hat. Es sind nur noch wenige auf dem Floß. Viele sind tot, die anderen total erschöpft. John Mackay, der die ganze Zeit in einem Haufen von Holz und Tauen verbracht hat, die aus dem Wasser herausschauen, erzählt:»Ich vermied es solange als möglich, Salzwasser zu trinken. Aber als ich das Feuer, das in meinem Magen und meinen Eingeweiden brannte, nicht mehr aushielt, kletterte ich herab und trank ungefähr zwei große Gläser Meerwasser. Welche Überraschung! Anstatt alles noch zu verschlimmern, erweckte diese ekelhafte Flüssigkeit meine Kräfte und Gedanken von neuem. Trotzdem betrachtete ich es als eine Art Gift und stellte mich auf den beginnenden Todeskampf ein. . . Ich fühlte mich aber immer kräftiger. . .« Kurz darauf befällt Mackay eine heftige Übelkeit.

Am 28. Juni sind die Wanten wieder voll derer, die ihre ganze Kraft dem Floß gewidmet haben, denn ein Sturm mit starkem Regen zieht herauf. Bald beginnen alle das für sie so nötige Wasser aufzufangen. Mehrmals wringen sie ihre Kleidungsstücke, die das Wasser aufgesaugt haben, aus, um trinken zu können. Der tropische Sturm dauert lange genug, damit jeder seinen Durst stillen kann.

Zwei weitere Tage in sengendheißer Sonne vergehen. Die Schiffbrüchigen benutzen ihre Kräfte dazu, ein Stück Segeltuch ins Wasser zu werfen, um es dann angefeuchtet über ihre ausgetrockneten Körper zu legen. Sie haben zuwenig Kraft, um die wie eine Strickleiter verspannten Wanten hinabzuklettern und sich im Wasser aufzufrischen.»Einer starb in den Webeleinen der Wanten, genau unterhalb des Mastkorbes. Der neben ihm versuchte, ihn ins Meer zu werfen. Aber der Körper hing so in den Seilen, daß man ihn nicht herausziehen konnte. So hing der Kadaver zwei Tage lang und verbreitete schließlich einen unerträglichen Gestank.«

Am Morgen des zwölften Tages, dem 1. Juli, macht Kapitän Bremmer in den Armen seiner Frau seinen letzten Atemzug. Mit jedem Tag verringern sich die Widerstandskräfte derer, die schon alle Hoffnung aufgegeben haben. Die Überlebenden in den Mastkörben haben nicht mehr genügend Kraft, von Mastkorb zu Mastkorb »so laut zu reden, um sich auf diese Entfernung verständigen zu können.« Mackays Bericht wird dann weniger detailreich: »Ich wurde mir kaum dessen bewußt, was im weiteren geschah.« Durst quält sie, wohingegen sie Hunger kaum noch verspüren. Alle sind äußerst schwach. In den folgenden Tagen verändern sie die Wanten so, daß ihre Bleibe sicherer wird. Jetzt können sie sich besser ausruhen, obwohl die Ruhe eher einer Agonie gleicht. »Ich bekam kaum mit, was aus denen wurde, die nicht in meiner unmittelbaren Nähe waren.«

In dieser Welt aus Holz und Seilen, die sich über dem Ozean erhebt, spielen sich erschütternde Szenen ab. Gesten der Solidarität, der Freundschaft und des Hasses leben auf und verschwinden wieder durch den Tod eines Beteiligten.

Am Abend des 21. Tages, dem 10. Juli, glauben diejenigen, die am höchsten in den Masten hängen, Land zu sehen. Nach einer langen Nacht, in der sich Hoffnung und Furcht vor einem Trugbild miteinander vermischen, wird es endlich Tag. Das Morgenlicht erhellt die rettende Küste. Die Sonne steigt in den Mittagshimmel und versinkt von neuem am Horizont. So bleibt noch einmal Zeit, das Problem zu überdenken, wie man an Land gelangen soll, wenn das Schiff vorher aufläuft. Am folgenden Tag wird die Drift der *Junon* durch eine Sandbank gestoppt. Die Flut überschwemmt die Brücke. Für alle Geretteten ist es eine wahre Freude, sich von der Flut mitziehen zu lassen und die verkrampften Gliedmaße aufzulockern. Die Mutigsten schwimmen bis zum Strand, wo sie ein Rinnsal aufspüren. Wenig später ist niemand mehr an Bord der *Junon* außer »zwei Frauen, drei Greisen, einem Mann von reifem Alter, der schon einige Tage vor dem Schiffbruch bettlägerig war, einem kleinen Jungen und mir. Diese schwachen Wesen hatten Übel ertragen, die Jüngere und Kräftigere als sie hatten dahinraffen lassen.«

John Mackay kann trotz seiner Schwäche nicht dem Ruf des Landes widerstehen. Er springt ins Wasser. »Kurz vorher noch konnte ich kaum meine Gliedmaße bewegen, aber sobald ich im Wasser war, wurden Arme und Beine wieder geschmeidig.« Er wird von Hindus empfangen, die ihn bis zum Rinnsal bringen und ihm Reis zu essen geben. »Ich füllte meinen Mund damit, kaute ein wenig, aber es war mit unmöglich, ihn herunterzuschlucken.«

Alle Überlebenden des Schiffbruches wurden gerettet. Nach und nach kommen sie wieder zu Kräften und werden nach Chittagong gebracht, das sechs Tagesmärsche von dem Ort entfernt liegt, an dem die *Junon* nach 21 Tagen Drift gestrandet ist.

KAPITEL X

Das Leben der Deserteure von Sankt-Helena als Schiffbrüchige (1810)

Schon seit mehreren Monaten suchen fünf Soldaten der Garnison von Sankt-Helena nach einer Gelegenheit zu desertieren, die sich ihnen dann in Form des sehr verständigen Kapitäns der *Colombia* auftut. Das amerikanische Schiff war Anfang Juni 1810 in den Hafen der Insel eingelaufen. Die Desertion wird vorbereitet. Aus Gründen der Vorsicht wird als Treffpunkt mit der *Colombia* eine einsame Bucht auf der Insel vereinbart. Die fünf Männer können so vollkommen sicher und ohne Risiko für den Kapitän an Bord gelangen. Am 10. Juni 1810 stehlen M'Kannon, Brighouse, Conway, M'Quinam und Parr ein Boot. Sein schlechter Zustand erklärt, warum es verlassen daliegt. Sie zwingen einen Mann, der sie beim Ablegen überrascht, mit ihnen zu kommen, und steuern auf den Treffpunkt zu. Sie führen ein Faß Wasser, 25 Pfund Brot und einen Kompaß mit sich. Bald erreichen sie die Bucht, in der sie die *Colombia* treffen soll. Sie warten lange. Dann müssen sich die Deserteure eingestehen, daß der Kapitän nicht Wort gehalten hat. Jetzt, wo ihre Desertion schon bemerkt worden sein muß, gibt es kein Zurück mehr. Die fünf Deserteure und ihr Gefangener sprechen sich ab und beschließen, Kurs auf die Insel *Ascension* zu nehmen.

Ein Ruder dient als Mast und zusammengeflickte Tücher als Segel. Jedoch müssen die sechs Männer bald erkennen, daß sie keinerlei Erfahrung mit dem Meer haben. Ihr schwer steuerbares Boot ist schnell eine Beute der Strömung. Der Gedanke, *Ascension* zu erreichen, wird aufgegeben. Sie wollen sich statt dessen der Drift anvertrauen, die sie an die Küsten Südamerikas bringen soll. In den ersten Tagen ist für diese entschlossenen Männer nichts unmöglich. Das aus Tüchern bestehende Segel reißt; ein neues wird gemacht, diesmal aus ihren Hemden.

Am zehnten Tag, dem 20. Juni, besteht ihr Proviant nur noch aus »drei Pfund Brot und etwa einem Krug Wasser.« Es wird noch strenger rationiert. So hält der Proviant bis zum 28. Juni. Mit einem Bootshaken fängt Parr am 29. einen kleinen Delphin, der sie seit Beginn ihrer Drift begleitete.

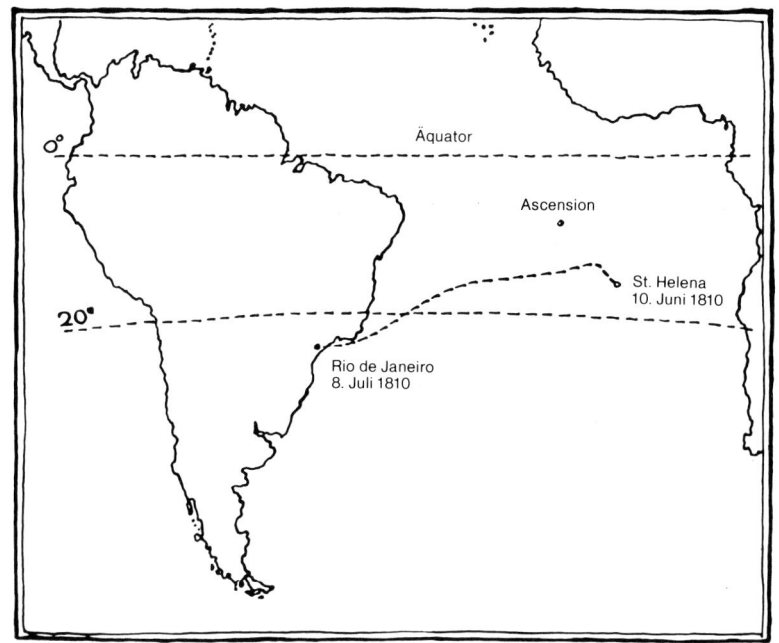

Es gelingt ihnen, den Delphin mit Wippbewegungen in ihr Boot zu bringen. Vier Tage ernähren sie sich von seinem Blut und seinem Fleisch. »Dann kam der Hunger zurück, diesmal schlimmer als zuvor.« Tage vergehen. Es regnet selten und wenn, dann nur kurz. Sie versuchen, mit dem Bootshaken zu fischen, aber ohne Erfolg. Nach und nach beobachtet jeder seinen Nächsten mit Gier und Mißtrauen. M'Kannon ist der erste, der davon spricht, daß sich einer von ihnen opfern solle, um den anderen das Überleben zu ermöglichen. Hoffnungslosigkeit, Durst und Hunger sind so groß, daß der Gedanke schließlich akzeptiert wird. »M'Kannon brach sechs Holzstücke aus dem Boot heraus und ritzte in jedes einen Namen ein. Er schüttelte sie in seiner Hand, näherte sich Parr und bedeutete ihm, eins zu nehmen. ,Nein‘, sagte Parr, ,nicht ich‘. Jeder weigerte sich, Schicksal zu spielen. M'Kannon beugte sich über den Bootsrand und ließ die Holzstückchen mit den Namen eins nach dem anderen ins Wasser fallen. Ein einziges blieb übrig. Er las es und, ohne zu erbleichen, sagte er: ,Ich bin es! Möge Gott, der mein Leben nimmt, das Eure erretten.‘ Nachdem er sich bekreuzigt hatte, stieß er sich ein Messer ins Herz. Alle starrten bestürzt auf den Körper, der vor ihnen lag. Wer soll-

35

te den anderen ein Beispiel sein und als erster mit diesem traurigen Mahl beginnen? Zwei Stunden der Hungerqualen vergingen noch. . .« Acht Tage liefert ihnen der Leichnam Nahrung, dessen Verwesungsprozeß durch Salzwasser aufgehalten wird.

Der Morgen des 8. Juli, dem 28. Tag ihrer Drift, ist voller Dramatik. Die fünf Überlebenden beraten erneut über die Regeln, ein neues Opfer auszulosen. Dank Gott zeigt sich am Horizont ein Relief, das keinen Zweifel aufkommen läßt. Land in Sicht! Die fünf Männer raffen ihre letzten Kräfte zusammen und rudern. Plötzlich trifft ein Wellenschlag das Boot. Es kentert.

Nur drei der Männer erreichen die Küste. M'Quinam und Brighouse finden den Tod in dem Augenblick, in dem sie sich gerettet glauben.

Die drei Überlebenden gehen nicht weit von Rio de Janeiro an Land. Sie lassen sich in Brasilien nieder.

KAPITEL XI

Das Floß der Medusa (1816)

Sowohl wegen der grauenvollen Geschehnisse und des Kannibalismus als auch durch das berühmte Gemälde von Géricault, das ihn unsterblich machte, wurde der Schiffbruch der *Medusa* zu einem der bekanntesten Dramen des Meeres.

Wir möchten hier anmerken, daß wir nur aus chronologischen Erwägungen dieses Drama im Anschluß an den Bericht über die Deserteure von Sankt-Helena anführen, die sechs Jahre zuvor auch das Problem des Kannibalismus zu bewältigen hatten.

Die *Medusa* ist eine Fregatte mit 44 Kanonen, 1816 von Frankreich ausgesandt, die im Frieden von Paris von England zurückgegebenen Territorien des Senegal in französischen Besitz zurückzuführen. Unter dem Kommando von Fregattenkapitän Duroy de Chaumareix, einem adligen Auswanderer, der nach 20 Jahren seinen Dienst wiederaufgenommen hat, legt die *Medusa* am 17. Juni in Rochefort ab.

Die Fahrt der *Medusa* verläuft abenteuerlich. Am 4. Juli läuft sie auf der Arguin-Bank, etwa 60 Seemeilen südlich des Kap Blanc, nicht weit von der Nordküste Mauretaniens, auf. Alle Manöver, sie wieder freizubekommen, schlagen fehl. Duroy de Chaumareix entschließt sich, sein Schiff aufzugeben. Da die Schaluppen nur 240 der 400 Passagiere aufnehmen können, soll ein großes Floß gebaut werden, das 200 Personen tragen kann. Es herrscht totales Chaos und Anarchie, als schließlich 147 Personen, darunter eine Frau, auf dem Floß Platz finden, das von sechs Rettungsbooten zur Küste geschleppt wird.

So sind auch die Zeugenaussagen sehr widersprüchlich, die in dem 1817 in Rochefort stattfindenden Prozeß gemacht werden.

Als sich der Schleppkonvoi kaum zwei Meilen vom Wrack der *Medusa* entfernt hat, reißt das Schlepptau – oder es wird gekappt. Letztere Vermutung scheint zuzutreffen, denn die Schaluppen machen weiter Fahrt und überlassen das Floß seinem schrecklichen Schicksal. Voll den Winden und den Strömungen ausgeliefert – ohne Mast und Segel, um die noch in Sicht befindliche Fregatte wieder zu erreichen – treiben die 147 Schiffbrüchigen

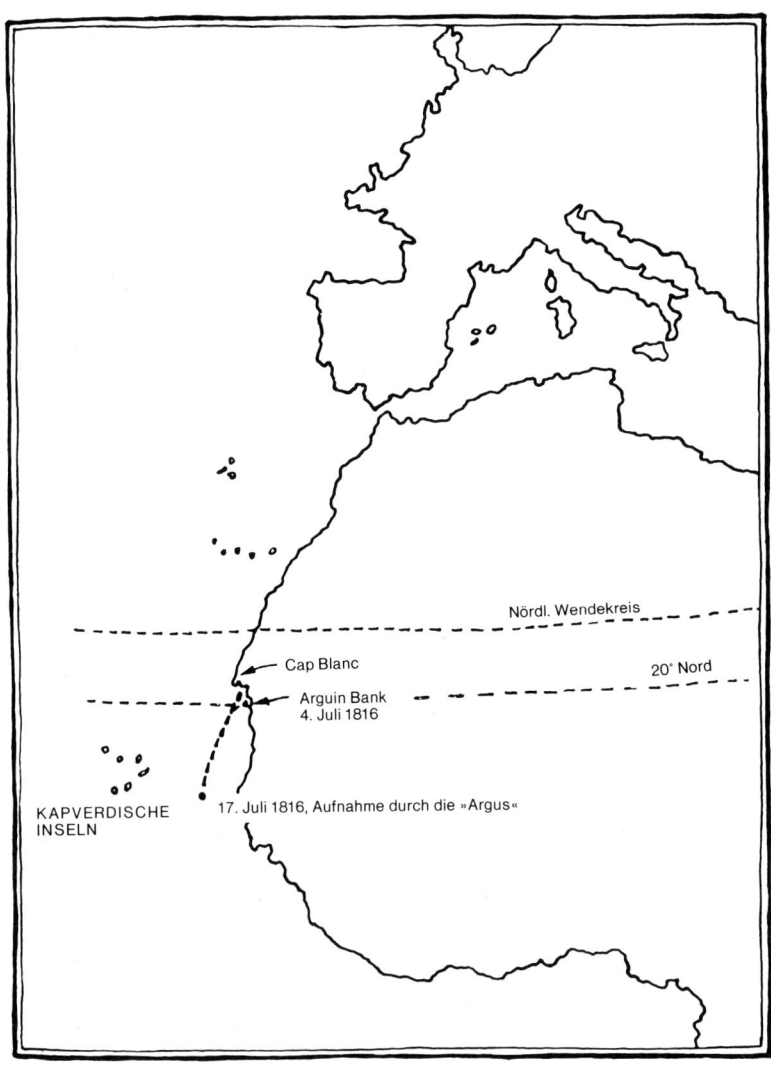

Nördl. Wendekreis

Cap Blanc

20° Nord

Arguin Bank
4. Juli 1816

17. Juli 1816, Aufnahme durch die »Argus«

KAPVERDISCHE
INSELN

mit nur zehn Kilo Zwieback, einigen Zwiebeln und Zitronen, einigen Fässern Wein und mehreren Tonnen Trinkwasser auf den offenen Ozean hinaus. Chaos und Anarchie haben schon die Fahrt, den Schiffbruch und den
Bau des Floßes der *Medusa* begleitet; jetzt fahren sie auch auf dem Floß
mit. Die Menschen auf ihm sind sehr unterschiedlich: einige Marineoffi-

ziere, viele Soldaten und einige Passagiere, die alle niedergeschmettert sind von dem Schicksalsschlag, der sie getroffen hat. Nicht einer besitzt wirklich die Autorität, ihr Überleben in geordnete Bahnen zu lenken. Und das Ergebnis läßt nicht lange auf sich warten.

Schon in der ersten Nacht reißt die leicht stürmische See das Floß in zwei Teile. Zahlreiche Schiffbrüchige werden zwischen den sich durch Wellen auftürmenden und wieder auseinanderklaffenden Bohlen des Floßes zerquetscht. Andere werden von den Wellen mitgerissen und ertrinken. Mit den ersten Schreckensszenen, hervorgerufen durch Gefühlserregungen und Schock, kommt Raserei auf, die von nun ab das Floß beherrschen wird. Ein Faß Wein wird geöffnet, dann ein weiteres. Die Überlebenden betrinken sich sinnlos. Die Betrunkenheit weckt die niedrigsten Instinkte einiger Soldaten, die meutern und einen Offizier ins Meer werfen. Die Nacht zieht über dem Floß voller Wahnsinniger auf. In der Dunkelheit beginnt nun eine wahre Schlacht, die etliche Opfer fordert, um die sich die Haie streiten.

Mit dem Licht des dritten Tages kehrt auch Ruhe wieder ein. Die Überlebenden zählen sich – 67 sind übrig. Es gibt kein Wasser und keine Lebensmittel mehr. Kann man nach einem dreitägigen Fasten schon sagen, daß der Hunger unerträglich wird? Sicherlich nicht. Jedoch geschieht es an diesem dritten Tag, »daß einer der Männer damit anfing, einen Leichnam zu zerschneiden. Wenige Augenblicke später waren es etwa zehn, die sich wie Wölfe um ihre Beute stritten.« Einer der Überlebenden erzählt später: »Als man sah, daß diese schreckliche Nahrung denen, die davon gegessen hatten, Kraft gab, machte man den Vorschlag, sie zu trocknen, damit sie weniger ekelerregend würde.« Tag folgt auf Tag. Jeden Morgen bringt die Sonne einen Waffenstillstand und beruhigt die Gemüter. Aber neuer Groll und Haß staut sich im Verlauf des Tages an und kommt jede Nacht erneut zum Ausbruch. Sowohl Streitigkeiten als auch Entbehrungen verringern die Zahl der Überlebenden. Am sechsten Tag sind sie nur noch 15. Am neunten Tag »ließ sich ein weißer Schmetterling von einer in Frankreich weit verbreiteten Art auf dem Floß nieder und gab ihnen Hoffnung.« Vier Tage später, am 13. Tag ihrer Drift, nimmt die *Argus* 13 stumpfsinnige Überlebende auf.

Wir können diesen Bericht nicht einfach stillschweigend vergessen, obwohl er nicht viel zu unserer Untersuchung beiträgt. Es läßt sich nur eine einzige Information daraus gewinnen: die Panik. Sie hat letztlich das Drama bestimmt. Was auch immer die Gründe dafür sein mögen, für Schiffbrüchige ist sie das Schlimmste aller Übel.

KAPITEL XII

Das Leben des Kommandant Houiste als Schiffbrüchiger (1826)

Nach einer Geschichte, die der Marine kaum zur Ehre gereicht, was wohl auch durch unsere sehr kurze Zusammenfassung verdeutlicht wird, kommen wir nun mit dem höchst außergewöhnlichen Bericht des Kommandanten Houiste zu gehaltvolleren Berichten zurück. Houiste ist stellvertretender Kommandant der *Nathalie*, einem französischen Schiff, das am 25. April 1826 in Granville die Segel in Richtung Neufundland setzt. Die 74 Männer an Bord der *Nathalie* wollen in diesen Gewässern Kabeljau fischen. Auf 51° nördlicher Breite und 56° westlicher Länge kollidiert die *Nathalie* am 29. Mai mit einem Eisberg und sinkt. Nur 17 Mann finden in einem Ruderboot Platz.

»Ich versank mit den anderen,« erzählt Houiste. »Aber bald kam ich wieder an die Wasseroberfläche. Es war Vorsehung, daß ich ganz in meiner Nähe zwei Holzstücke fand. Auf diesem behelfsmäßigen Schwimmkörper war schon der Matrose Potier. Ich fand dort neben ihm Platz... Bald bemerkten wir eine Eisscholle. Wir hielten auf sie zu, und es gelang uns, nach langen und großen Mühen auf sie zu klettern.« Sie sind von ihrem langen Aufenthalt im eisigen Wasser wie gelähmt. Jetzt beißt sie ein mit Schnee durchzogener Wind bis unter die nassen Kleider. Die ganze Nacht gehen sie auf der Eisscholle auf und ab, um nicht zu erfrieren. Mit dem aufkommenden Tag entdecken sie in der Ferne die Umrisse von vier Menschen, Schiffbrüchige wie sie, die auf Bruchstücken des Eisfeldes treiben. Aber in der Nähe der vier schwarzen Punkte ist ein Dreimaster, der sich anschickt, die vier zu retten. Soweit es ihre treibende Eisscholle zuläßt, unternehmen die beiden alles, um die Aufmerksamkeit auch auf sich zu lenken. Nichts geschieht, obwohl der Dreimaster den ganzen Tag in diesen Gewässern kreuzt und nach möglichen Überlebenden sucht. Es wird wieder Nacht. Die Schiffbrüchigen verbringen die zweite und die folgende Nacht in Regen und Eis; »von Kälte geschüttelt und vom Hunger gepeinigt.« »Tagsüber bereitete der Hunger die größte Pein. Nachts konn-

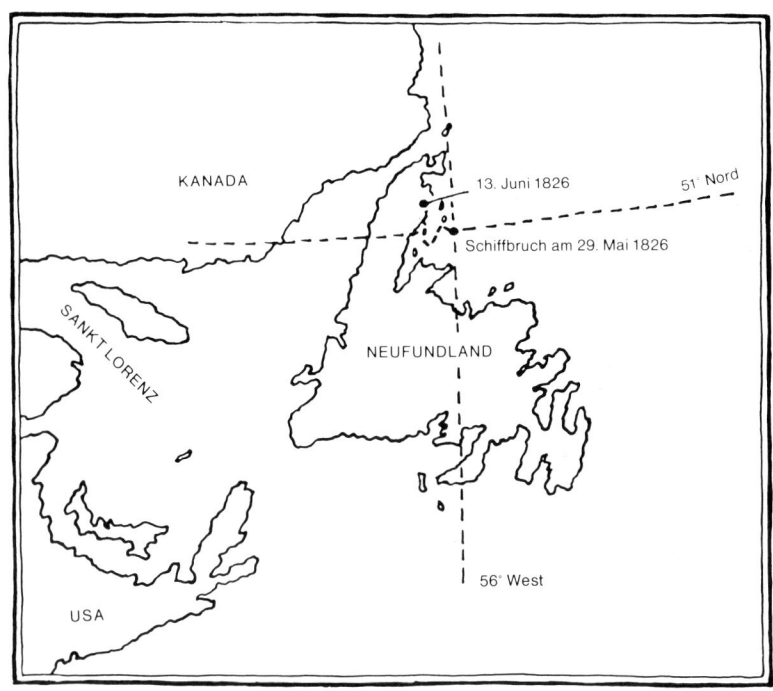

ten wir wegen der Kälte nicht einen Augenblick Ruhe finden.« Am Morgen des 1. Juni – sie haben seit drei Tagen nicht gegessen und nicht geschlafen, ihren Durst nur durch Eisstücke gestillt, die sie gelutscht haben – entdecken sie einen Mann, der in den Trümmern der immer noch aus dem Meer ragenden *Nathalie* hängt. Sie beschließen, ihm zu Hilfe zu kommen und ihn auf ihre Insel aus Eis zu holen. »Ganz in unserer Nähe war eine kleine Eisscholle, die einen Mann tragen konnte. Ich wagte es hinüberzugelangen. Mit Potiers Messer schnitt ich eine Einkerbung in den Rand, in die ich unser Ruder klemmte. (Das Ruder haben sie, kurz bevor sie auf ihre Eisscholle klettern, im Wasser gefunden.) So diente mir das Eis als Boot, mit dem ich zu den Trümmern gelangen wollte. . . Ich fischte einen Hühnerkäfig aus dem Wasser, in dem vier ertrunkene Hühner waren. Meine Freude war unaussprechlich, als ich dies bemerkte.«

Der Mann in den Wanten der *Nathalie* kann auf das Rufen von Houiste nicht mehr antworten. Er ist erfroren. Wieder auf ihrer Eisscholle essen Houiste und Potier ein rohes Huhn. »Wir versuchten vergeblich, es zu rupfen.«

41

Mit seinem *Boot* aus Eis rudert Houiste zwischen den Überresten des Schiffbruchs herum und findet so ein paar leere Fässer sowie eines mit Apfelwein, der mit Salzwasser vermischt ist. So haben sie ein einigermaßen genießbares Getränk. Alles, was auf dem Wasser treibt, ist für die beiden Männer ein wertvoller Schatz. »Um Nägel zu bekommen, zogen wir von allen Fässern, die wir auffanden, den Reif ab.« Bei einer dieser Entdekkungsfahrten stoßen sie auf eine Schaluppe. »Sie war voll mit Wasser. Als wir sie bestiegen, reichte es uns bis zum Gürtel. In diesem Zustand hätte nur etwas mehr Gewicht ausgereicht, und sie wäre ganz gesunken.« Dann entdecken sie einen Mann, der wie sie sein Leben einer großen Eisscholle verdankt. Houiste und Potier rudern eineinhalb Stunden in ihrer Schaluppe voll Wasser, bis sie zu ihrem neuen Gefährten gelangen. Zu dritt gelingt es ihnen, das Boot auf das Eis zu hieven und die Lecks mit Planken zuzunageln. Für Houiste ist die Auffindung der Schaluppe und die Rettung des Mannes namens Joret ein Zeichen dafür, daß sie noch eine Überlebenschance haben, wenn sie sich nur Mühe geben. Ihre Chance ist Neufundland, wohin sie zu fahren beschließen.

Die jetzt drei Mann besteigen ihre geflickte Schaluppe und rudern abwechselnd. Zwei Tage fahren sie langsam durch immer dichter werdendes Treibeis, das sich schließt und die unbeweglich gewordene Schaluppe gefangenhält. Vier weitere Tage des Wartens auf ein Brechen des Eises und die Befreiung der Schaluppe vergehen. »Ein in drei Teile zerlegtes Stück Huhn war unsere Nahrung für einen ganzen Tag.«

Am 6. Juni zeigt ihnen die Sonne ein Schauspiel, das in ihnen unsagbare Hoffnung aufkommen läßt. Am Horizont sind die Umrisse von etwa 30 Fischerbooten zu sehen. Schnell nehmen sie eine Planke, die ihnen als Brücke von Eisstück zu Eisstück dienen soll. Die drei Männer verlassen ihre Schaluppe und machen sich über das Eis auf den Weg zu den Fischern. »Nachdem wir etwa den halben Weg zu den Schiffen zurückgelegt hatten, blies ein so starker Nordwest, daß das Eis brach und zersplitterte.« Jetzt sind sie aufs Neue entmutigt, dem Tod ausgesetzt, den die Kälte still und leise herbeiführen muß, allein auf einer neuen Eisinsel. Ihre totale Schwäche gewinnt die Oberhand über ihre Entscheidung zu überleben.

In diesem Stadium des Hinübergleitens in die nahe Agonie bemerkt Houiste am 10. Juni, daß das Eis sich wieder zusammenfügt. Etwa 10 Seemeilen entfernt scheint Land in Sicht. Er schüttelt seine beiden Gefährten. Es gelingt ihm, sie zu einem letzten Kampf zu überreden. In den folgenden 48 Stunden, in denen sie sich gegenseitig ermutigen, finden sie die Kraft, sich bis auf etwa einen Kilometer der Küste zu nähern. Aber zwischen Land und Treibeis ist freies, eisiges Wasser, das sie nicht überwinden können. In ihrem Zustand wäre das ihr sicherer Tod. Ihre Körper weisen schon Erfrierungen auf; ihre Gliedmaßen sind taub, und der Hunger quält. Ihnen bleibt nicht anderes übrig, als sich Gott anzuvertrauen und eine treibende Eisscholle zu besteigen. Die Strömung bringt sie in Küstennähe. Viermal steigen sie von einer Eisscholle auf eine andere. Am 13. Juni gegen 17 Uhr betreten sie Land, fallen in das mit Schnee bedeckte Gras und sinken in einen tiefen Schlaf, der bei der Kälte das Ende sein kann.

Die Sonne des 14. Juni erwärmt und weckt die drei ausgestreckten Körper. Joret ist blind, und Potier gelähmt. Nur Houiste findet die Kraft, sich zu erheben. Er sammelt einen Hut voll Muscheln. Diese geben ihnen, die seit sieben Tagen nichts gegessen haben, neue Kraft. Am 17. Juni gewinnt Joret sein Augenlicht zurück. Er sieht als erster einen englischen Schoner, der die Küste entlangfährt. Sie werden an Bord geholt und sind gerettet. Trotz ihrer sehr schweren Erfrierungen genesen alle drei wieder.

KAPITEL XIII

Die Geschichte der Schiffbrüchigen der »Duroc« (1856)

Das Echo, das in jener Zeit der Schiffbruch der *Duroc* verursachte, war gewaltig. Die Zeitungen druckten fette Schlagzeilen und lieferten ihrer Leserschaft so viele Einzelheiten, daß auch noch heute dieses unwahrscheinliche Abenteuer rekonstruiert werden kann: Fünf Tage nachdem die *Duroc* Neukaledonien mit Ziel Java verlassen hat, läuft sie am 13. August 1856 auf eine Korallenbank auf, die nicht weit von einer kleinen Koralleninsel entfernt liegt und die Kapitän de La Vayssière de Lavergne in seinen Karten als *Mellish-Riff*, etwa auf einem Drittel der Strecke zwischen Neukaledonien und der Torresstraße, verzeichnet findet. Die *Duroc* ist, auf Korallen aufgespießt, verloren. Sie wird aufgegeben. Mit einer kleinen Schaluppe soll das *Mellish-Riff*, eine kleine Korallenerhöhung aus dem Meer ohne Vegetation, aber voller Seevögelnester, erreicht werden.

Bevor wir mit diesem zuweilen dramatischen Bericht fortfahren, muß gleich zu Beginn die bedeutende Rolle unterstrichen werden, die die Frau des Kapitäns, Madame de La Vayssière, und ihre Tochter Rosita spielen werden. »Voller Zuneigung und Ergebenheit zu ihrem Kapitän, den die Mannschaft als einen Vater ansah, suchten sie nach allen Mitteln, um ihm zu beweisen, daß sie ihm mehr als nur Respekt entgegenbrachten. Sie fanden diesen Beweis in Gestalt von Madame de La Vayssière und Rosita, denen sie besonders gefällig sein wollten.

Zwischen der *Duroc* und dem *Mellish-Riff* wird nun inmitten von Haien, die die Matrosen mit Bootshaken auseinandertreiben, ein reger Pendelverkehr eingerichtet, mit dem soviel Lebensmittel wie möglich, Wasserfässer und andere verschiedene Gegenstände an Land, oder besser auf diesen blendendweißen Korallensand, gebracht werden. All diese Dinge sollen noch zu Himmelsgeschenken für die 31 inmitten des Korallenmeeres verlorenen Schiffbrüchigen werden.

Schon in den ersten Tagen beschließt Kapitän de La Vayssière ein großes Boot zu bauen, das alle in gastlichere Gefilde bringen soll. Zelte werden

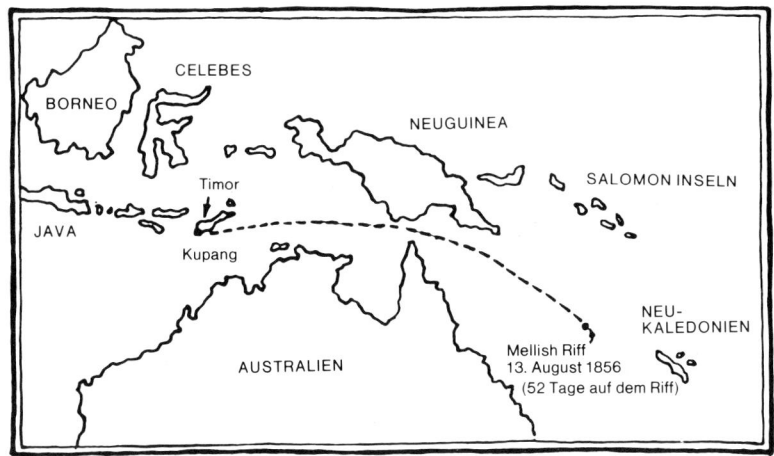

aufgebaut, um sich gegen die Hitze der Sonne zu schützen. Bei 40° im Schatten wird mit Hilfe der von der *Duroc* herübergebrachten Schmiede eine richtige Schiffswerft aufgebaut. Nach einigen Tagen stellt sich heraus, daß der Schiffsbau sehr lange dauern wird. Das gerettete Trinkwasser und die Lebensmittel werden wohl nicht ausreichen. So wird streng rationiert. Das Trinkwasser wird durch Hinzugabe von etwas Meerwasser gestreckt.

In einem Artikel vom 23. Juni 1857 über alle Details des Lebens der Schiffbrüchigen weiß die Tageszeitung *Le Moniteur* zu berichten, daß der in der Schmiede arbeitende Matrose Givaudan 6000 Kupfernägel, Zapfen, Bolzen und sogar einen Anker schmiedete. Matrose Francis Robert, ein wahrer Herkules, hatte den Appetit von zweien seiner Art. Da die Lebensmittel rationiert waren, griff er zu folgendem Notbehelf: »Als sich herausstellte, daß die Haie einen Fischfang verhinderten und daß die Tölpel genannten Seevögel bei denen, die davon aßen, Übelkeit hervorriefen«, briet er im Öl des Kessels Moose, die einzigen Pflanzen, die auf der kleinen Insel wuchsen, und würzte sie mit Sägespänen aus der Tischlerei.

Sie brauchen 52 Tage zum Bau des großen Ruderbootes, das sie *Délivrance*, die Erlösung, die Rettung, taufen. Sie warten keinen Tag mehr, ruhen sich auch nicht aus. Mit den wenigen Lebensmitteln und dem bißchen Wasser, das übriggeblieben ist, besteigen die 31 Überlebenden ihr neues Boot.

Der Dichter Méry gibt als Chronist des Schiffbruches folgende Beschreibung der ersten Tage der Fahrt: »Auch die stärkste Phantasie würde hinter diesem Schauspiel zurückbleiben, das diese Nußschale inmitten unendli-

cher Wellen bot; nur nach den Sternen und dem Lauf der Sonne gesteuert mit 31 halbtoten Schiffbrüchigen an Bord, die alle durch Hunger, Durst und Schlaflosigkeit am Ende ihrer Kräfte sind und jeden Morgen ihrer eigenen Auferstehung teilhaftig werden.«
Der Windstille folgen Stürme. Die Lebensmittel sind aufgebraucht oder verdorben. Der Wasseraufbereitungsapparat, den sie glücklicherweise auch retten konnten, erzeugt nur noch Brackwasser, das den Durst noch verschlimmert, wenn es mit den ausgetrockneten Schleimhäuten in Berührung kommt. Einige tropische Regenschauer schaffen für einige Tage Abhilfe. Sie durchfahren die Torresstraße und nähern sich Timor. Hoffnung kommt in den Sterbenden auf. Dann schlägt die *Délivrance* leck. Die tödliche Gefahr, die dieses Leck heraufbeschwört, wird fast teilnahmslos aufgenommen. Nur Francis Robert, der Herkules, handelt. In den darauffolgenden Tagen wendet er seine ganze Kraft dafür auf, ständig mit der Pumpe zu lenzen. Dank seiner Anstrengung erreicht die *Délivrance* nach einer Fahrt von fast 2200 Seemeilen die Gegend von Kupang.

Wir wissen nicht, ob es an den Leiden, die die Überlebenden ertragen mußten, oder an der Unvollständigkeit der damaligen Berichte liegt, daß wir nicht angeben können, wieviele Tage dieses Martyrium andauerte.

KAPITEL XIV

Das Leben des Maschinisten Tice als Schiffbrüchiger (1857)

Die Erinnerung an die Odyssee der Schiffbrüchigen der *Duroc* ist noch frisch, als sich am 12. September 1857 ein anderes Drama auf See ereignet. Das amerikanische Passagierschiff *Central America*, das am 8. September Havanna verlassen hat, gerät in einen Hurrikan.

Ein Leck ist im Maschinenraum, der schnell voll Wasser läuft. Am 12. nimmt mittags eine kleine Brigg aus Boston, die *Marine*, mehr Leute an Bord, als sie eigentlich ohne Sicherheitsrisiko einschiffen kann. Mit dem Revolver in der Hand überwachen die Offiziere des Passagierdampfers das Umbooten der Frauen und Kinder bei stürmischem Seegang. Mehr als 450 Männer, Besatzungsmitglieder und Passagiere, müssen an Bord der *Central America* bleiben und sich ihrem Schicksal ergeben. Sie haben nur ihre Schwimmwesten. Gegen 19 Uhr sinkt die *Central America*. Von denen, die stundenlang umherschwimmen und nach Überresten suchen, an denen sie sich festhalten können, werden 442 spurlos verschwinden. Ein norwegisches Schiff, das die Unglücksstelle passiert, nimmt 49 Schiffbrüchige an Bord. Die anderen sind in diesem stürmischen Seegebiet so weit verstreut, daß sie von den Rettern nicht entdeckt werden. Tice, der 2. Maschinist der *Central America*, schwimmt nicht weit von dem norwegischen Schiff entfernt, das ihn aber nicht sieht. Er hält sich an einer Planke fest, die er im Augenblick des Unterganges der *Central America* ergreifen konnte.

Zweiundsiebzig Stunden lang erlebt er den Todeskampf derer, die in seiner Nähe schwimmen. Jede einzelne Stunde ist gekennzeichnet vom letzten Flehen eines Mannes, den die Hoffnungslosigkeit übermannt und die Kräfte verlassen. Dann ist Tice alleine. Als das Meer sich wieder beruhigt hat, entdeckt er ein leeres Rettungsboot. Später wird er nicht einmal mehr wissen, wie er es geschafft hat, seine Planke loszulassen und zum Ruderboot zu schwimmen, wie er es erreicht hat und sich an Bord hievt, um kurz danach in Ohnmacht zu fallen.

Zwei lange Tage folgen. Seit dem Schiffbruch hat er weder gegessen noch getrunken. Aber die Ohnmacht hat ihm seine Kräfte wiedergegeben, mit denen er jedoch nichts anfangen kann, denn an Bord sind keine Ruder. Er kann nichts anderes tun, als dem Willen der Strömung zu folgen. Am 17. September entdeckt er zwei andere Schiffbrüchige, das Besatzungsmitglied Alexander Grant und den Passagier Dawson, die sich seit fünf Tagen an einer Bohle festklammern. Er kann sie an Bord ziehen. Drei weitere Tage sollen noch vergehen, bis die drei von einer Brigg aufgenommen werden, die den Weg ihres driftenden Bootes kreuzt. Sie sind vor Durst und Erschöpfung halbtot.

KAPITEL XV

Das Leben Armstrongs als Schiffbrüchiger (1867)

Am 16. Juli 1867 läuft die *John T. Ford*, eine 6,85 Meter lange, als Ketsch aufgetakelte Jolle mit Brücke, aus Halifax aus. Die *John T. Ford* ist eine Sonderfertigung, die für die Überquerung des Atlantik gebaut wurde und auf der Weltausstellung in Paris gezeigt werden soll. An Bord befinden sich vier Mann: Kapitän Gould, sein 1. Offizier Shering, unser Held Armstrong und ein junger Mann namens Murphy. Es ist für die Jahreszeit schon fast zu spät, um den Nordatlantik zu überqueren. Aber die *John T. Ford* kommt gut voran; zumindest bis zum 5. August. An diesem Tag wird die Jolle von einem Sturm übel zugerichtet. Eine Wellenwand bringt sie zum Kentern. Glücklicherweise ist sie sehr stabil ausgelegt und richtet sich wieder auf. Die vier Männer sind naß bis auf die Haut und schlottern vor Kälte. Sie beschließen, die Befestigungsplanken für den Ballast zu entfernen, um damit ein Feuer zu machen, mit dem sie sich aufwärmen und etwas kochen können. Dieser Beschluß wird drei Männern das Leben kosten, denn am 19. August um 22 Uhr 30 bringt mitten in der Nacht eine neue, gewaltige Welle die *John T. Ford*, die sich schon der Küste Südirlands nähert, erneut zum Kentern. Jetzt hält keine Befestigungsplanke mehr den Ballast fest. Ein Teil rutscht sogar durch das einzige Luk der Brücke ins Wasser. Die *John T. Ford* legt sich kieloben.

Nachfolgende Zeilen entnehmen wir dem Buch *Atlantic Adventures* von Humphrey Barton, der diese Geschichte als Segelfachmann erzählt:»Es gelang ihnen, sich die ganze furchtbare Nacht und den folgenden Vormittag an dem kieloben schwimmenden Rumpf festzuhalten. Manchmal riß das Meer sie los, und sie mußten gegen die Wellen ankämpfen, um wieder zu ihrem Halt zurückzukehren. Dann ließen nach und nach die Kräfte des 1. Offiziers, des Jungen und des Kapitäns Gould nach. Aber Armstrong hielt durch. Er klammerte sich 87½ Stunden, drei Tage und vier Nächte, an das Boot. Er hatte ein Ruder aufrecht aufgestellt, nachdem er ein Stück Segeltuch daran befestigt hatte. Am 23. August um vier Uhr morgens sah die *Aerolite* aus Liverpool sein Notzeichen und eilte ihm zu Hilfe. Der Arme war total am Ende, fast ohnmächtig.«

KAPITEL XVI

Das Leben des Bernard Gilboy als Schiffbrüchiger (1882)

Bernard Gilboy ist der erste Segler, der allein und ohne Zwischenhalt den Pazifik von Ost nach West überquert hat. Er ist stets auf seinem Boot geblieben, aber dessen Ausmaße, die Havarien, die er erlebt hat und die sein Boot zu einem Floß machten, die Leiden, die er durch Hunger und Durst ertragen mußte, ließen ihn zu einem richtigen Schiffbrüchigen werden. Urteilen Sie selbst.

Für diese mehr als 7000 Seemeilen lange Überfahrt steht ihm die *Pacific*, ein sechs Meter langes und zwei Meter breites Boot mit einer vollständigen Brücke, zur Verfügung. Ein Querschott teilt, was Gilboy seine zwei Kajüten nennt, von denen jede eine dichte Lukenkappe hat. Die *Pacific* trägt die Takelage eines Schoners. Lebensmittel für vier Monate in den nicht gerade perfekten Verpackungen der damaligen Zeit wie auch 560 Liter Wasser in 14 Fässern werden an Bord genommen.

Am 18. August um 13 Uhr verläßt die *Pacific* San Francisco.

Über die ersten Monate der Fahrt gibt es nicht viel zu berichten, außer daß Gilboy sich sehr schnell bewußt wird, daß er die Dauer der Überfahrt zu optimistisch eingeschätzt hat und daß er seine Lebensmittel rationieren muß. Er stellt auch fest, daß er es unterlassen hat, außer einer Harpune irgendetwas zum Fischen mitzunehmen. Mit der Harpune kann er jedoch einige Thunfische erjagen, die die *Pacific* begleiten. Schildkröten, die seine Nahrung aufbessern und vor allem seine Vorräte schonen, fängt er an den Paddeln. Wir wollen jedoch hier erwähnen, daß er das Blut der Schildkröten nicht auffängt, sondern es ins Meer gießt. Dadurch lockt er eines Tages einen riesigen Hammerhai an, den sogar Revolverschüsse nicht einschüchtern. Beste Fleischstücke und Thunfischfilets verderben ihm, da sie, wie er erzählt, die tropische Hitze nicht vertragen. Zwar denkt er daran, sie einzupökeln, aber es fehlt ihm das Salz. Es durch Verdunstung des Meerwassers zu gewinnen, bereitet im größte Schwierigkeiten. Jedoch sind seine Lebensbedingungen noch nicht kritisch. Verschwendungen bleiben für ihn noch ohne Folgen. Aber er wird dies noch zu bereuen haben.

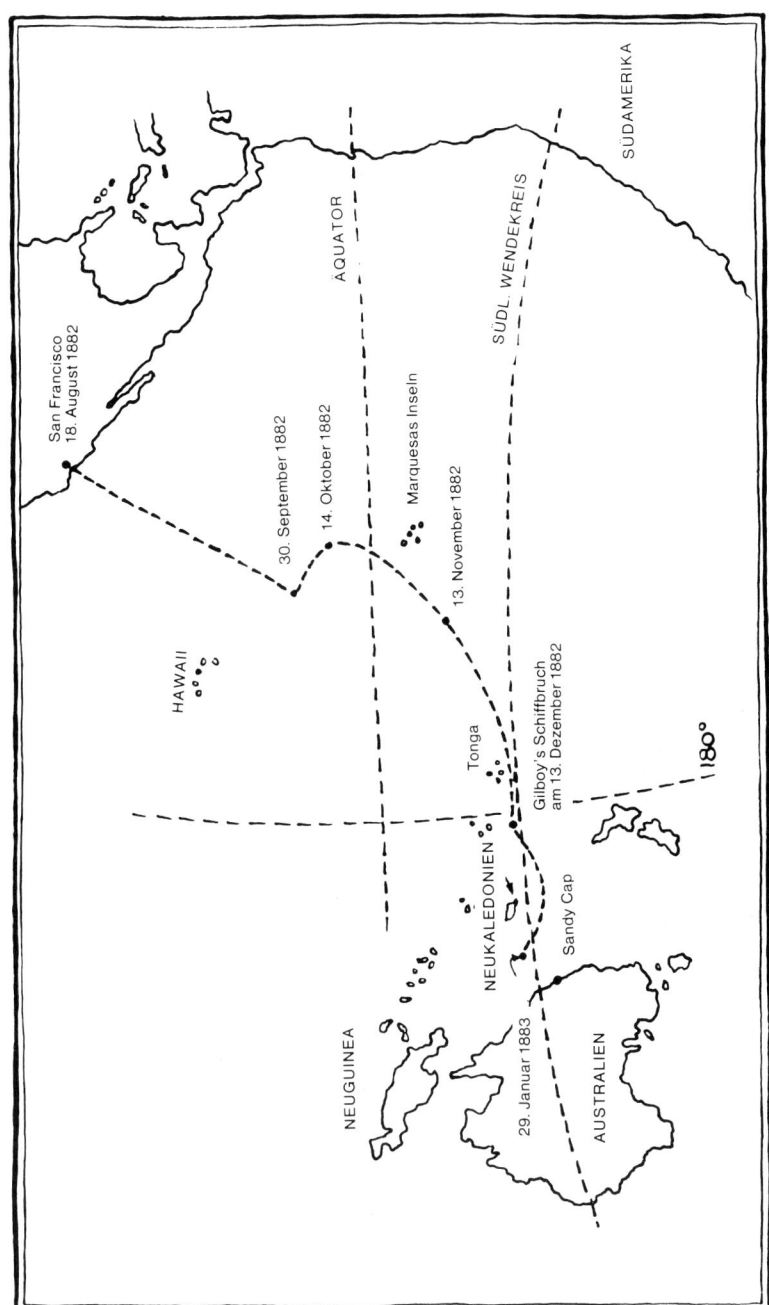

San Francisco
18. August 1882

ÄQUATOR

SÜDL. WENDEKREIS

SUDAMERIKA

30. September 1882

14. Oktober 1882

Marquesas Inseln

13. November 1882

HAWAII

Tonga

Gilboy's Schiffbruch
am 13. Dezember 1882

180°

NEUKALEDONIEN

Sandy Cap

NEUGUINEA

29. Januar 1883

AUSTRALIEN

Am 13. Dezember, fast vier Monate nachdem er San Francisco verlassen und gerade den 180. Längengrad passiert hat, trennen ihn noch 1430 Seemeilen von Australien. Da beginnt das Drama. Eine Riesenwelle schleudert ihn ins Meer. Als Gilboy wieder an die Oberfläche kommt, findet er nun die *Pacific* leewärts, kieloben. Unter Ausnutzung all seiner Kräfte schwimmt er zu seinem Boot, klammert sich mit einer Hand daran fest. Mit der anderen zieht er sich aus, macht ein Bündel aus seinen Kleidern, befestigt es am Tau des Treibankers und versucht sein Boot aufzurichten. Aber das Meer schlägt nicht genug Wellen, um seine Bemühungen zu unterstützen. Mérien beschreibt in seinem Buch für Einhandsegler das Manöver, das Gilboy inmitten des Pazifischen Ozeans nun ausführt:»Er ergreift das Tau des Treibankers, bringt es luvseits, zieht es über den Kiel und wartet auf der anderen Seite auf eine starke Welle.« Es mißlingt. Dann packt er es besser an, weiß eine bessere Welle abzuwarten. Es gelingt ihm, den Kiel um 45° zu kippen. Er klettert schnell auf ihn, indem er sich an einem Tau hinaufzieht. Jetzt hat er Erfolg. Die Wanten sind an der Wasseroberfläche. Mit einer kaum vorstellbaren Kraftanstrengung und ohne richtigen Halt zieht er den Mast aus dem Mastbock heraus, nachdem er die Wanten erst lee dann luv gekappt hat. Das gleiche macht er mit dem Fockmast. Endlich richtet sich die *Pacific* wieder auf.

Jetzt muß er nur noch die Masten und die Spieren aufnehmen. Er vertäut sie fest am Boot, das er am Treibanker läßt. Ohne sich nach diesen übermenschlichen Anstrengungen Ruhe zu gönnen, macht sich Gilboy daran, sein Boot mit einem Ösfaß auszuschöpfen. Stundenlang kämpft er wie besessen gegen das Meer an, das seine Wassermassen durch die offengelassene Luke drückt.

Der Morgen des 14. Dezember 1882 erhebt sich über ein Boot, das zwar nicht voll Wasser, aber verunstaltet und auch nicht mehr als nur die schwimmende Insel eines Schiffbrüchigen ist. In der Nacht sind der Großmast und das Großsegel wie auch seine Kleidung, in der sich seine Uhr befand, verloren gegangen. Das Boot hat kein Steuerruder mehr. Die meisten Lebensmittel und Wasserfässer liegen auf dem Grund des Ozeans. So beginnt Bernard Gilboy 1430 Seemeilen vor Australien sein Leben als Schiffbrüchiger.

Aus einem durch eine Spiere verstärkten Ruder baut er sich ein Steuer. Der zum Glück noch verbliebene Fockmast wird Großmast und bekommt ein Behelfssegel. Erst jetzt kann Gilboy sich Ruhe gönnen.

Am nächsten Tag, dem 15. Dezember, stößt ein Schwertfisch sein Schwert in die Bootswand, zappelt und schlägt mit dem Schwanz, um sich zu befreien. Die *Pacific* hat ein Leck. Kaum von den Strapazen seines ersten Schiffbruches erholt, muß der unglückliche Gilboy erneut mit aller Kraft solange lenzen, bis er auf der Höhe des Lecks ist, durch das Wasser in das Boot strömt. Es gelingt ihm, das Leck abzudichten.

Die Tage vergehen. Die *Pacific* treibt in einem beklagenswerten Zustand im Wasser. Gilboy rationiert seine Lebensmittel bis auf das äußerste. Er wird von Tag zu Tag schwächer. Am 27. Dezember wird der Schiffbrüchige durch einen Schlag geweckt. Sein zum Floß gewordenes Boot ist auf ein Korallenriff aufgelaufen. Da seine Drift nur gering war, hat es keinen Schaden genommen. In der folgenden Nacht wird Gilboy wieder aus dem Schlaf gerissen. Aber jetzt driftet die *Pacific* nicht mehr. Sie hat ein Korallenriff überwunden und schwimmt ruhig in der Lagune des Mathew-Atolls, dessen Insel öde und ohne Wasser ist. Aber Vögel sind in großer Zahl vorhanden. Gilboy kann einige von ihnen fangen. Er bereitet sich ein Festmahl, denn er hat noch einen Viertelliter Petroleum für seinen Kocher und kann die Vögel kochen.

Am 7. Januar 1883 hat er nur noch zwei Pfund Rindfleisch und sieben Gallonen Wasser. Am 13. hat er das Rindfleisch aufgegessen. Seine Mahlzeiten bestehen jetzt nur noch aus wenigen Vögeln und einigen Fliegenden Fischen. Am 15. verliert er das Ruder, das ihm als Steuer diente. Aus einigen Planken kann er sich ein neues bauen. Der Hunger quält ihn mehr und mehr, wird teuflisch beim Anblick der vielen Fische, die die *Pacific* begleiten. Er macht sich zwei Haken aus den umgebogenen Spitzen des Stechzirkels. Aber er hat kein Glück, oder es fehlt ihm die Ausdauer, er fängt nichts.

Am 21. Januar – nicht ein einziger Fliegender Fisch, den er von der Brücke hätte auflesen können – bleibt Gilboy nichts anderes übrig, als das Fleisch der Entenmuscheln, die sich am Schiffsrumpf unterhalb der Wasserlinie festgesetzt haben, zu sich zu nehmen. Er kaut es aber nur und schluckt es nicht. Der Morgen des 22. schenkt ihm zwei Fliegende Fische. Am 23. fängt er nur einen, dann am 24. zwei. Der 25. Januar ist ein Glückstag. Vier Fliegende Fische und einen Vogel, die er sich auf einem Feuer aus lauter Streichhölzern zubereitet, denn er hat kein Petroleum mehr. In den nächsten 48 Stunden hat er gar nichts zu essen. Erst wieder am 28. landet ein fünf Zoll langer Fliegender Fisch auf dem Deck, den Gilboy roh verschlingt.

Der Morgen des 29. kommt; Gilboy ist verzweifelt. Nicht ein einziger Fisch landet auf dem Wrack, das dennoch Meile für Meile seinem Ziel näher kommt. Dann kommt Hoffnung auf. Ein Schoner, die *Alfred Vitteng*, nähert sich und nimmt den Schiffbrüchigen an Bord. Es ist sein 164. Tag auf dem Meer, seitdem er San Francisco verlassen hat, und sein 47. Tag als Schiffbrüchiger. Bei seinem Abenteuer verlor Gilboy fast 20 Kilo an Gewicht.

KAPITEL XVII

Das Leben des Howard Blackburn als Schiffbrüchiger (1883)

An Biographien über Howard Blackburn fehlt es nicht. Sie haben einer ungläubigen Welt gezeigt, wie weit der Überlebenswille eines Mannes gehen kann. *Le Mutilé de l'Atlantique*, wie Mérien ihn in dem ihm gewidmeten Buch nennt, ist ein junger Seemann von 25 Jahren, der Fischer an Bord des Schoners *Grace L. Fears* unter Kapitän John A. Griffin ist. Die *Grace L. Fears* ist im Gebiet der Grand-Banc vor Neufundland auf Kabeljaufang. Wie an jedem Morgen so werden auch an diesem 25. Januar 1883 die mit zwei Mann besetzten, Dorie genannten Flachboote für den Kabeljaufang zu Wasser gelassen. Die Dorie verteilen sich auf dem Wasser. Das Meer ist ruhig. In einem dieser Flachboote freuen sich Howard Blackburn und sein Kamerad Tom Welch, denn der Fang ist gut.

Am Nachmittag kündigen sich die Vorboten des heraufziehenden Dramas in Form eines Nordwestwindes an, der sie drei Seemeilen leewärts und aus der Sicherheit des Schoners abtreiben läßt. Der Wind nimmt zu, starkes Schneetreiben kommt auf. Die beiden Männer werden unruhig. Schnell setzten sie sich an die Ruder. Mit voller Kraft rudern sie auf die *Grace L. Fears* zu. Aber sie erkennen schnell, daß ihre Anstrengungen keinen Erfolg versprechen. Sie verausgaben sich nur nutzlos. Daher beschließen sie, einen Dregganker auszuwerfen. Mit der in diesen Breiten früh einbrechenden Nacht wird die Sicht besser. Die Feuer des Schoners sind die einzigen Fixpunkte, nach denen sie sich richten können. Sie beginnen wieder zu rudern, aber wie bereits zuvor bewirken ihre verzweifelten Anstrengungen nichts gegen den Gegenwind. Der Anker wird noch einmal ausgeworfen, aber er hakt nicht fest. Die Drift zieht sie immer schneller mit. Ihr Dorie wird durch festfrierendes Eis immer schwerer. Das Meer wartet darauf, sie zu verschlingen. Die ganze Nacht über ösen sie, brechen das Eis ab und werfen ihren schönen Fang über Bord. Sie behalten nur einen zehn Pfund schweren Kabeljau zurück.

Am frühen Morgen des 26. Januar ist auf dem tosenden Meer – soweit ihr Auge reicht – kein Schoner mehr zu sehen. Im Westen, etwa 100 Seemeilen

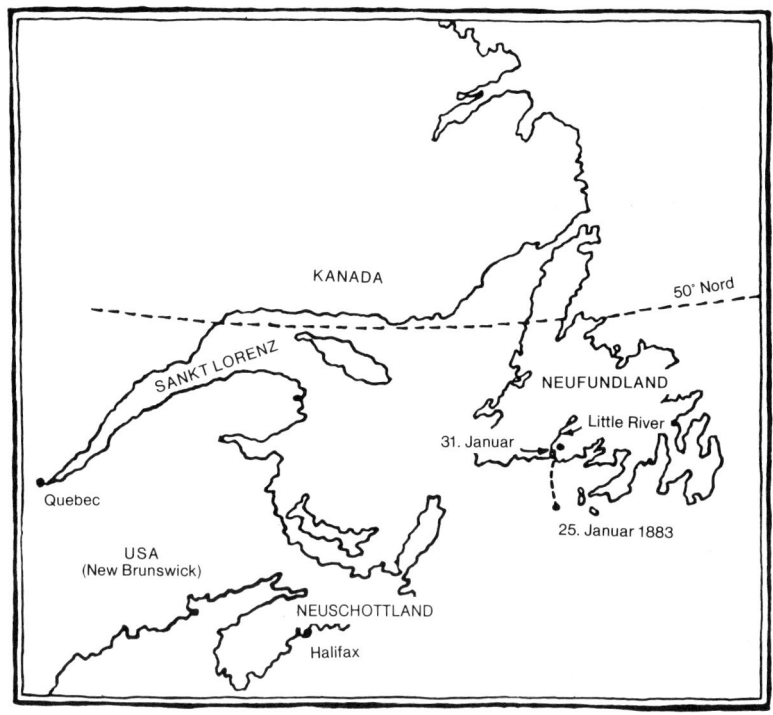

KANADA

50° Nord

SANKT LORENZ

NEUFUNDLAND

31. Januar

Little River

Quebec

25. Januar 1883

USA
(New Brunswick)

NEUSCHOTTLAND

Halifax

entfernt, liegt Neufundland. Wie schon viele Fischer vor ihnen, die das gleiche Schicksal erlitten haben, beschließen sie, diese Richtung einzuschlagen. Jedoch widersetzt sich das Meer ihrem Vorhaben. Sie müssen quer durch die Wellen. Während Welch mit den Rudern das Flachboot stabilisiert, zieht Blackburn seine Fausthandschuhe aus und baut einen behelfsmäßigen Treibanker. Der Treibanker wird ins Wasser gelassen und bringt ein wenig Ruhe. Mit einem Kübel beginnt Welch zu ösen. Mit einer einzigen unbedachten Bewegung verschlimmert Welch die Situation. Blackburns auf dem Boden des Dorie schwimmenden Fäustlinge werden durch eine Schöpfbewegung ins Meer geworfen. Als Blackburn bemerkt, daß seine Hände gefühllos werden, rafft er seinen ganzen Mut zu einer übermenschlichen Tat zusammen, die Geschichte machen wird: »Wenn meine Hände erfrieren, kann ich kein Ruder mehr halten. Welch müßte alleine an Land rudern. Auch wenn meine Hände verloren sind, so sollen sie uns doch zumindest ein wenig von Nutzen sein.« Er umgreift dann die Ruder, umschließt mit seinen Fingern fest den eiskalten Griff und wartet darauf, daß die Kälte ihr schreckliches Werk vollbringt. Innerhalb von 20 Minuten hat die Kälte seine Hände in der Form erstarren lassen, daß er sie über die Ruderschaftenden streifen kann. Dann umfaßt er mit seinen hakenförmigen Handstümpfen den Kübel und macht sich daran, zu ösen und Eis abzuschlagen. In der folgenden Nacht beginnt Welch zu fiebern. Am Morgen des 27. Januar ist er vor Kälte und Erschöpfung gestorben. Blackburn, der seit drei Tagen weder etwas gegessen noch getrunken noch geschlafen hat, ist jetzt mit einem steifgefrorenen Leichnam allein. Er öst den ganzen Tag und die folgende Nacht. Nur selten gönnt er sich Augenblicke der Ruhe; er achtet darauf, sich nicht vom Schlaf überwinden zu lassen, denn das wäre sein sicherer Tod. Am 28. bessert sich das Wetter. Blackburn holt den Treibanker ein und rudert in Richtung Land. Von seinen Händen löst sich die Haut, aber er verspürt nichts, denn sie sind durch die Erfrierungen abgestorben. Dagegen beginnt sein rechter Fuß, der nackt im Stiefel ist, jetzt zu erfrieren. Mit den letzten Sonnenstrahlen des 28. Januar entdeckt er eine kleine, felsige Insel, die mit Schnee bedeckt ist. Am Morgen des 29. ist sie noch genauso weit von ihm entfernt, denn heftig umspringender Wind zwang ihn, den Treibanker auszuwerfen. Stunde folgt auf Stunde. Gegen Mittag des 29. Januar ist Land in Sicht. Er bring seinen ganzen Willen auf. Seine erfrorenen Hände rudern wie wild. Am Nachmittag erreicht er die Mündung eines Flusses, den er hinaufrudert. Am Abend legt er an einer verlassenen Hütte an und verbringt dort die Nacht. Er streckt sich aus, will Ruhe finden. Aber ist das wirklich Ruhe, wenn man Minute für Minute gegen den Schlaf ankämpft und weiß, daß Einschlafen in diesem Zustand nie wieder Aufwachen heißt? Am 30. besteigt er wieder sein Flachboot und fährt weiter flußaufwärts. Seit sechs Tagen hat er weder gegessen noch getrunken. Der Kabeljau, den er noch hat, ist ein Eisblock, in den er noch nicht einmal beißen kann. Es hat keinen Sinn, sich auszuruhen und sich vom Schlaf besiegen zu lassen. Also zieht er auch in der Nacht vom 30. auf den 31. Januar weiter an seinen Rudern. Der Vollmond unterstützt ihn, indem er ihm den Flußlauf ausleuchtet. Am Morgen des 31. ist sein Martyrium beendet. Er erreicht *Little River*, ein kleines Fischerdorf, wo man ihn aufwärmt, ihm etwas zu trinken und zu essen gibt. Aber es gibt dort weder einen Arzt noch Medikamente. Die Natur macht das, was auch ein Arzt gemacht hätte: in den nächsten beiden Monaten fallen ihm alle Finger sowie das zweite Glied an beiden Daumen, alle Zehen am linken Fuß und der vordere Teil des rechten Fußes ab. Nachdem er drei Monate in *Little River* verbracht hat, bringt man ihn erst nach Burges und dann am 4. Januar 1883 nach Gloucester in Massachusetts, seiner Geburtsstadt.

KAPITEL XVIII

Franz Romers Atlantiküberquerung (1928)

Im Jahre 1928, vierundzwanzig Jahre vor Alain Bombard, hat sich Franz Romer, ein Long-Liner-Kapitän der *Hamburg-Amerika-Linie* lange genug mit dem Überleben auf See beschäftigt, um auf einzigartige Weise den Beweis anzutreten, daß man dem Ozean in einem zerlegbaren Boot die Stirn bieten kann. Seine Wahl fällt auf ein kajakartiges Klepper-Faltboot deutscher Konzeption und Bauweise, das Ähnlichkeit mit Eskimobooten hat.

Dieses Kajak, mit Namen *Deutscher Sport*, besteht aus einem mit Kautschuk beschichteten Segeltuch, das über einen Rahmen gespannt ist. Der Rumpf hat bis auf einen kleinen Einstieg ein geschlossenes Verdeck. Romer takelt sein Faltboot mit einer Yawl-Besegelung von 5m² und baut sich die Steuerung so, daß sein Boot nur mit den Füßen dirigiert wird. Aus Sicherheitsgründen bringt er mit Luft gefüllte Schwimmkörper sowie ein System aus mit komprimiertem Kohlensäuregas gefüllten Tanks an, die sich automatisch aufblasen. Die mit 600 Litern Wasser, Lebensmitteln und viel Gerät beladene *Deutscher Sport* ist an der Grenze ihrer Schwimmfähigkeit. Ihr Tiefgang übersteigt die klassischen 25 cm für ein Boot von 6,55 m Länge und 0,91 m Breite um einiges.

Man kann sich zwar denken, daß Romer seine Überlebenschancen gut vorbereitet hat, aber man möge sich auch einmal diesen in seinem Kajak halb vermummten Mann vorstellen, der ständig sitzend die Atlantiküberquerung vollbringen will. Man muß zugeben, daß es zahlreiche Schiffbrüchige besser getroffen haben. Aus diesem Grund verdient seine Reise hier erzählt zu werden.

Er läßt sein Boot am Kap Sankt Vinzent in Portugal zu Wasser. Während der 580 Seemeilen bis zu den Kanarischen Inseln will er sich mit seinem Boot vertraut machen, bevor er mit der Überquerung des Atlantik beginnt, die er als einzigen Beweis für seine Theorien ansieht. Für jeden anderen wären die elf Tage, die diese erste Etappe dauert, schon sehr bemerkenswert; zum einen wegen der Kürze der Reise, zum anderen wegen des Vor-

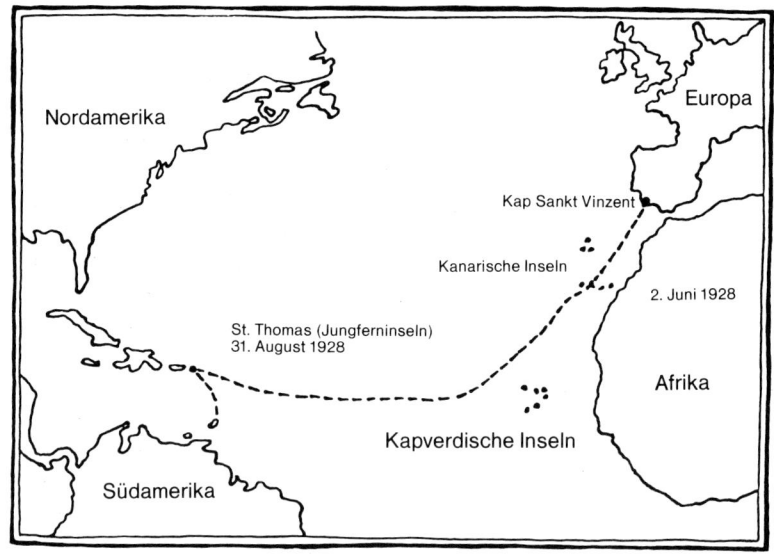

Nordamerika

Europa

Kap Sankt Vinzent

Kanarische Inseln

2. Juni 1928

St. Thomas (Jungferninseln)
31. August 1928

Afrika

Kapverdische Inseln

Südamerika

geschmacks, den jeder mit einem derartigen Vorhaben erhält. Ständig muß das Meer beobachtet werden, denn jede Welle könnte das Boot zum Kentern bringen. Es gibt kaum Schlaf, nach dem es einen immer stärker verlangt. Tage und Nächte müssen in einer unerträglichen Stellung zugebracht werden, was eine äußerst schmerzhafte Gelenkversteifung verursacht. Durch einen einzigen Steuerfehler kann eine Welle die Bespannung reißen und das Boot voll Wasser laufen lassen... Nichts dergleichen tritt ein. Der Beweis, den er antreten will, ist bereits erbracht. Aber für ihn, wie auch später für Bombard, zählt nur die Atlantiküberquerung.

So verläßt er am 2. Juni 1928 im Vertrauen auf seine Erfahrung und gut ausgeruht Las Palmas. Wir wollen gleich voranschicken, daß seine Leidensgeschichte drei Monate, genauer gesagt 88 Tage, andauert. Er erreicht am 31. August die Insel St.-Thomas, eine der amerikanischen Virgin-Inseln, wo er sofort in ein Krankenhaus gebracht wird. Er ist unfähig zu stehen.

Für Mérien ist dies in seinem Buch über Einhand-Segler »die übermenschlichste seefahrerische Prüfung, der sich je ein Mann freiwillig ausgesetzt hat.« Denn drei Monate muß Romer starr sitzend verharren. Die untere Hälfte seines Körpers führt praktisch keine Bewegungen aus. Seine Beine sind ständig versucht, auf die Fußhebel zu treten, die sein Ruder steuern. Im Bootskörper ist es feucht-heiß. Die obere Körperhälfte wiederum ist der Gischt und vor allem der sengendheißen Sommersonne der tropischen Breiten ausgesetzt.

Drei Monate lang erträgt er das wilde Flattern der reißenden Bespannung, die seinen bedauernswerten Körper immer mehr entblößt und dem fressenden Salz aussetzt. Drei Monate lang lebt er voller Furcht vor Haien und Walen, die von seinem langen, spindelförmigen Kajak angezogen werden, sich daran reiben und ihn so ständig der Gefahr des Kenterns oder eines Risses in der Bespannung aussetzen. Er kann nichts anderes dagegen tun, als sie durch Schläge auf eine leere Konservendose oder nachts mit dem Licht seiner Taschenlampe zu erschrecken und zu vertreiben. Aber das Licht der Taschenlampe zieht auch Fliegende Fische an, die dann mit ihm zusammenprallen.

Drei Monate lang muß er sich zum Lenzen des eingedrungenen Wassers drehen und winden, um das anfällige Kajak nicht aus dem Gleichgewicht zu bringen. Drei Monate lang muß er sich zur Vermeidung des Schlimmsten dazu zwingen, »nur ein Auge beim Schlafen zu schließen.« Er erzählt, daß er sich angewöhnt hat, die wenigen Sekunden zwischen gefährlichen, ihn ständig bedrohenden Wellen für einen kurzen Schlaf zu nutzen.

Die einzigen Qualen, die ihm in diesen drei Monaten erspart bleiben, sind Hunger und Durst. Zwar sind dies die schwersten Prüfungen für Schiffbrüchige, die Erfahrung, die Romer auf allen anderen Gebieten sammelt, ist jedoch so gewaltig, daß sie hier exemplarisch erzählt werden mußte.

KAPITEL XIX

Das Leben des Roy Widdicombe und des Robert Tapscott als Schiffbrüchige (1940)

In ca. 500 Seemeilen Entfernung von den Azoren wird in der Nacht des 21. August 1940 das englische Frachtschiff *Anglo-Saxon* von einem feindlichen Uboot torpediert. Um keinen Zeugen seiner gemeinen Tat zurückzulassen, bekämpft das Uboot das schnell sinkende Frachtschiff weiter und verschont auch die mit Überlebenden besetzten Rettungsflöße und Rettungsboote nicht.

Jedoch gelingt es in dieser Nacht sieben Männern eine 5,50 m lange Schaluppe zu besteigen und sie auf der dem Uboot entgegengesetzten Schiffsseite zu Wasser zu lassen. Unbemerkt können sie sich vom Ort des Schreckens entfernen.

Das Morgengrauen des 22. August erhebt sich über einem einsamen Ozean. Dieser neue Tag wird der Anfang eines noch schrecklicheren Geschehens sein als das der vergangenen Nacht. Kommandant Denny, 2. Kapitän der *Anglo-Saxon*, befindet sich an Bord der Schaluppe und übernimmt auch hier das Kommando. Er organisiert ihren ersten Tag als Schiffbrüchige. Zunächst müssen die Verwundeten versorgt werden. Das linke Bein des Funkers Pilcher ist durch Splitterwirkung weggerissen. Seine Wunde wird mit Meerwasser ausgewaschen. Er wird im Bug der Schaluppe untergebracht. Auch die zerfetzte rechte Hüfte des Kanoniers Richard Penny und der halb durchtrennte Knöchel des Hilfskochs Leslie Morgan werden mit viel Meerwasser ausgewaschen und von Verunreinigungen gesäubert. Diese beiden Verwundeten kommen ebenfalls zu Pilcher in den Bug. Die Verwundungen der anderen vier Schiffbrüchigen, neben Kommandant Denny noch der 3. Ingenieur Leslie Hawkes sowie die beiden Matrosen Roy Widdicombe und Robert Tapscott, sind schmerzhaft, aber nicht gefährlich. Die vier vergessen ihre Schmerzen, beginnen zu ösen und setzen dann ein Segel. Vorher haben sie schon gemeinsam beschlossen, die etwa 3000 Seemeilen entfernten Antillen anzusteuern.

Als Proviant haben sie drei Dosen zu je drei Kilo Hammelfleisch, elf Dosen Kondensmilch, 15 Kilo Schiffszwieback und 18 Liter Süßwasser. Dazu

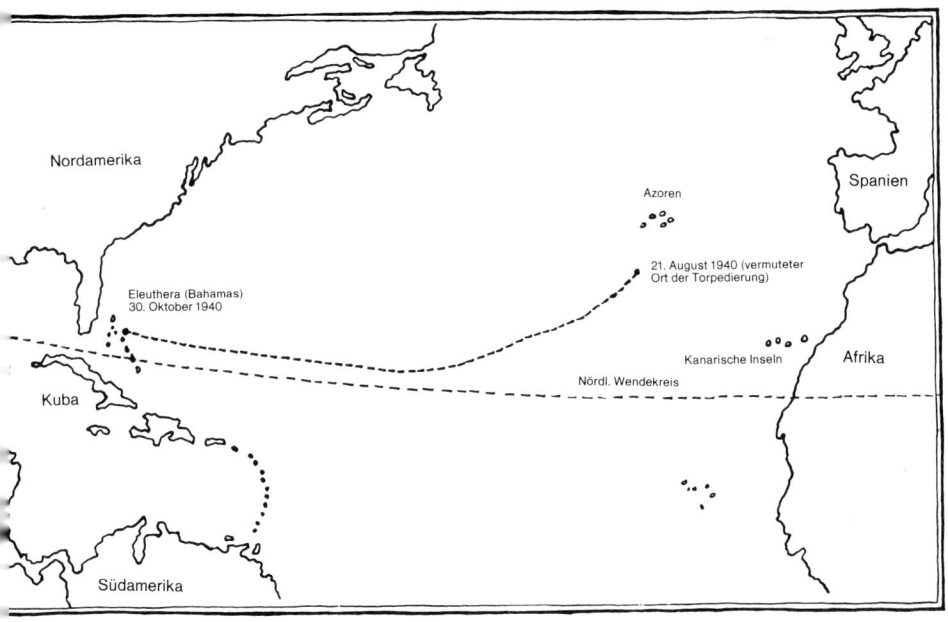

kommen noch ein Rasiermesser, ein Beil, ein Pfund Tabak, eine Pfeife und die Funkunterlagen Pilchers (die vor allem als Zigarettenpapier Verwendung finden sollen). Das ist eine ziemlich magere Bilanz für sieben Männer, die dazu verdammt sind, Wochen auf dem Meer zu verbringen. Deshalb beschließen sie gleich am ersten Tag, weder zu essen noch zu trinken. Ab dem 23. August wird als Tagesration morgens und abends eine halbe Kelle Wasser, dazu ein wenig Kondensmilch und ein halber Zwieback pro Person festgesetzt. Bei einer solchen Einschränkung stellen sich schnell Wasserverlust und Stoffwechselstörungen ein. Nach ein paar Tagen verschlimmert sich ihre Lage durch abflauenden Wind. Die Schaluppe schwimmt ruhig auf einem Meer, das noch nicht einmal Kräuselwellen zeigt. Die Hitze wird immer unerträglicher. Die beiden Schwerstverwundeten, Pilcher und Morgan, stehen Höllenqualen aus. In der windstillen und drückenden Luft verbreitet sich dazu noch ein übler Gestank. Es ist der Gestank des Wundbrandes. Die noch kräftigen vier Männer bespritzen die Verwundeten zur Erfrischung mit Meerwasser. Sie selbst baden sich im Meer und verspüren dabei eine große Linderung. Sie achten aber darauf, den Kopf immer über Wasser zu lassen, um sich nicht der Versuchung hinzugeben, von dieser, ihnen so erfrischend scheinenden Flüssigkeit zu trinken. Der Zustand der Verwundeten verschlimmert sich. Vor allem für Pilcher wird die Lage immer ernster: »Es schien, daß eine Amputation die

61

einzige Möglichkeit war ihn zu retten. Das einzige Werkzeug, das man dazu benutzen konnte, war ein verrostetes Beil mit einer stumpfen Schneide. Es gab nichts zur Desinfektion oder zur Betäubung. Pilcher war bei Bewußtsein und sehr schwach. Mutig stimmte er dem Vorhaben zu. So sehr sich der 2. Kapitän auch im Griff hatte, er brachte es doch nicht fertig. ‚Halte aus‘, sagte er zu Pilcher, ‚wir werden bestimmt morgen gerettet. Und dann haben wir einen Arzt, der dich versorgen wird.‘ Pilcher deutete ein Lächeln an und schloß die Augen. Er verlangte, daß man seine Wasserration dem gäbe, der sie nötiger habe als er. Am nächsten Morgen gegen acht Uhr starb er in aller Stille. Die anderen starrten sich ungläubig an. So schnell! Das war doch nicht möglich! Sie verharrten sprachlos im Gefühl ihrer Ohnmächtigkeit und bedrückt vom schrecklichen Schicksal des Todes. Es blieb nur noch eines zu tun; Tapscott und der Schiffsingenieur hievten den Leichnam über die Bordkante und ließen ihn langsam ins Wasser gleiten. Sie hatten nichts zum Einhüllen des Toten, auch kein Gewicht, um ihn zu beschweren. So wurde er von einer leichten Drift davongetragen. Die Männer verfolgten ihn mit ihren Augen, bis sie ihn nicht mehr sahen.«

Am 4. September, dem 14. Tag nach dem Unglück, kommt Wind auf und bringt sie gut voran. Mittags wird die letzte Wasserration verteilt. Kommandant Denny, der bis zu diesem Tag das Leben der Männer so angenehm als möglich gestaltet hat, indem er sich Spiele und Wettkämpfe zur Aufrechterhaltung ihrer Moral ausgedacht hatte, ist am Ende seiner Kräfte. »Seine Haut schien selbst an den von der Sonne verbrannten Stellen farblos und ohne Leben.« Er ist so schwach, daß er am Steuerruder zusammenbricht. Der Kanonier Penny übernimmt trotz seiner Hüftverwundung das Ruder. Aber wenige Augenblicke später reißt ihn eine Welle mit. Er stürzt ins Meer. Jetzt sind sie nur noch zu fünft. Am 16. Tag ist Denny weniger apathisch. Als eine starke Welle die Schaluppe ins Schaukeln bringt und ihm das Steuer entreißt, öffnen sich seine geschwollenen und farblosen Lippen. »Ich springe über Bord«, sagt er. »Wer kommt mit?« – »Ich!« antwortet der Schiffsingenieur.

»Kommandant Denny wandte sich zu seinen Männern. Alle, einer nach dem anderen, schüttelten den Kopf. Sie waren voller Schrecken bei dem Gedanken an das, was sie sehen würden. Sie sahen die beiden Männer, die sich selbst zum Tode verurteilt hatten, mit festem Blick an.« – »Einen Augenblick noch«, sagt da der Schiffsingenieur fast fröhlich. »Ich will noch etwas essen und trinken.« Er füllt seine Konservendose mit Meerwasser und trinkt gierig. Dann taucht er einen Zwieback in das salzige Wasser und ißt ihn.

Der 2. Kapitän zieht seinen Siegelring ab und gibt ihn Widdicombe: »Geben Sie ihn meiner Mutter... wenn Sie hier heil herauskommen. Und jetzt, auf zu neuen Ufern!«

Mit großer Anstrengung erklimmen der 2. Kapitän und der Schiffsingenieur den Dollbord und lassen sich ins Wasser fallen.

So sind noch drei Schiffbrüchige übrig, ohne verwertbare Lebensmittel, denn sie haben kein Süßwasser mehr – und was soll man mit Schiffszwieback ohne Süßwasser? Morgan phantasiert die meiste Zeit über. Tapscott und Widdicombe sind zu schwach, um länger als eine Stunde das Steuerruder zu halten. Sie klammern sich trotzdem mit aller Energie an ihr Leben und schonen die wenige Kraft, die ihnen noch verblieben ist.

An einem Morgen verläßt Morgan seinen Platz im Bug, auf dem er ausgestreckt gelegen hat, und sagt mit klarer, freier Stimme: »Ich glaube, ich gehe 'mal runter an die Ecke, um etwas zu trinken.« Dann eilt er zum Heck und wirft sich über Bord.

Sein Körper kommt wieder an die Oberfläche und wird von einer Welle davongetragen. Er bewegt sich nicht und gibt keinen Laut von sich. Tapscott und Widdicombe sehen sich wortlos an.

Robert Georges Tapscott, 19 Jahre alt, und Wilbert Roy Widdicombe, 21 Jahre alt, sind jetzt allein.

Von den zwei oder drei folgenden Tagen behalten sie keine Erinnerung zurück. Jedoch kämpft ihr Organismus weiter gegen den Wasserverlust an, der in diesem Endstadium ihr Bewußtsein betäubt. In dieser Phase erhebt sich Tapscott plötzlich. Auch er hat sich entschlossen, diesem höllischen Leben ein Ende zu setzen. »Ich springe über Bord. Kommst Du mit?« Mit einem schwachen Nicken des Kopfes stimmt Widdicombe zu. Aber kaum ist er gesprungen, hält er sich an der Reling fest. Dann springt Tapscott. Er schwimmt an der Wasseroberfläche. Die Kälte des Wassers dringt in ihn und bewirkt, daß er wieder ein wenig Mut bekommt. Er öffnet die Augen und sieht, daß er sich einige Meter hinter der Schaluppe befindet. Widdicombe klammert sich immer noch an die Reling. »Komm, laß los!« ruft Tapscott. Aber Widdicombe scheint nicht zu hören und bewegt sich nicht. Tapscott beginnt zu schwimmen – und ist überrascht, daß er es überhaupt kann. Als er das Boot fast erreicht hat, fragt er noch einmal: »Warum läßt Du nicht los?« Widdicombe schüttelt heftig den Kopf. Tapscott beginnt wütend zu werden, weil sein Gefährte nicht mitmacht. Jetzt greift auch er nach der Reling. Beide klammern sich an ihr fest, und ein Gespräch kommt auf. Tapscott ist entschlossen, alles aufzugeben, aber nicht ohne Widdicombe. Dessen Leiden sind durch die Kühle des Wassers wie verschwunden. Er fühlt sich besser. »Wenn Du genug Kraft zum Schwimmen aufbringst,« bemerkt er zu Tapscott, »dann hast Du auch genug Kraft, um noch ein bißchen länger durchzuhalten.«

Tapscott sieht ein, daß Widdicombe recht hat, und läßt sich überzeugen. Mit großer Anstrengung klettern sie wieder an Bord und legen sich unter eine Plane. Sie haben den Eindruck, einen neuen Vertrag mit ihrem Leben geschlossen zu haben.

Später hat Tapscott die Idee, den Alkohol im Kompaß zu trinken. »Sie schütten diese kostbare Flüssigkeit in zwei leere Konservendosen. Jeder bekam die Menge eines großen Glases. Sie setzten sich auf eine Bank und tranken, als ob sie einen Drink in einer Bar zu sich nähmen. Der Alkohol brannte in ihren ausgedörrten Kehlen, war wie Feuer in ihren Eingeweiden, aber er war flüssig! Nach mehreren kräftigen Schlucken hatten sie die Gefahr und die Leiden vergessen. Sie machten Witze, lachten, gaben sich gegenseitig Püffe und stießen gutturale Laute aus. Sie taumelten auf den Boden der Schaluppe und schliefen ein.«

Ein lauter Donnerschlag holt sie Stunden später aus dem tiefen Schlaf, in den sie durch die Wirkung des Alkohols gefallen sind. Das so ersehnte Wunder ist da. Es regnet! Es ist der 22. Tag ihrer Odyssee, der 12. September. Vor acht Tagen haben sie zum letzten Mal einen Schluck Wasser getrunken. Die über zwei Bänke gespannte Plane ist voller Wasser. Das Salz, das sie steinhart werden ließ, hat sich aufgelöst und ist abgewaschen worden. Nachdem sie ihren Durst gänzlich gestillt haben, können sie immer noch etwa 30 Liter in ein Faß gießen. »Nachdem sie keinen Durst mehr hatten, verspürten sie zum erstenmal seit Tagen bewußt richtigen Hunger. Sie tauchten Schiffszwieback in das Wasser und aßen. Leben kam in sie zurück, doch blieben sie sehr schwach.«

Am Morgen des 18. September, sechs Tage später, ist ihr Wasservorrat aufgebraucht. »Dies bekümmerte sie jetzt weniger als vorher. Die Leiden waren ihnen nicht mehr unbekannt. Am 20. fiel frühmorgens Regen. Sie spannten die Plane aus, um das Regenwasser aufzufangen. Sie tranken etwas davon, füllten den Rest in das Faß und weichten jeder sechs Stück Schiffszwieback auf.«

Am 24. September, dem 34. Tag ihres Überlebenskampfes, ist wieder alles in Frage gestellt, denn der letzte Schluck Wasser ist getrunken. Die Zwiebackdose enthält nur noch Krümel. Perioden der Hoffnung und der Hoffnungslosigkeit folgen aufeinander, werden durch die zum Glück immer häufiger fallenden Regengüsse rhythmisch untermalt. Der Wind bringt sie in eine Gegend, in der wohltuende Regenfälle ihr Überleben verlängern. Gleichzeitig ist auch der Ozean wohlwollender. Fliegende Fische verfangen sich in ihrem Segel. Sie verzehren sie mit den Gräten roh. In den Mägen der Fische finden sie kleine Krebse, Krabben und kleine Muscheln. Sie lesen eine Menge davon auf, aber es braucht viele Stunden Arbeit, bis sie daraus eine Mahlzeit zusammenstellen können.

Die 49. Kerbe, die sie mit dem Rasiermesser ihres Gefährten Pilcher in die Bordkante schnitzen, sagt ihnen, daß die Sonne des 9. Oktober über dem Horizont steht. Es ist ein Tag, an den sie sich erinnern werden. Ein Schiff passiert sie mit weniger als einer Seemeile Abstand. Doch trotz des Segels und aller Zeichen, die sie mit den Rudern geben, werden sie nicht gesehen. »Tapscott und Widdicombe sanken niedergeschlagen auf ihren Bänken zusammen. Ihre Herzen klopften wie wild. Sie keuchten. Ihren Kehlen entronnen immer wieder Schluchzer.«

Um den 53. Tag bringt ihnen ein Sturm außer viel Trinkwasser auch eine neue Erfahrung für ihren Kampf ums Überleben. Zwei Tage und zwei Nächte verbringen sie mit Ösen. Bei jeder Welle müssen beide den Riemen halten, der seit dem Tod von Denny als Steuer dient, um zu verhindern, daß die Schaluppe sich querlegt. »Nach dem Sturm gab das Meer nur noch wenig her. Ein schrecklicher Hunger überkam die Schiffbrüchigen. Sie rissen sich die Haut ab, die sich von ihren Körpern schälte, und aßen sie. Sie zerrissen die mit Kautschuk überzogene Fütterung des Tabaksbeutels des Funkers und kauten darauf herum. Dann begannen sie zu phantasieren und fanden in Streitereien eine Ablenkung für ihre Erregtheit.«

Die beiden letzten Wochen ihres Ringens mit dem Tode lassen in ihnen keine Erinnerung zurück, außer der, daß sie eines Morgens einen Fliegenden Fisch entdecken. Als sie ihn essen, entdecken sie Land. Später erfahren sie, daß es der Morgen des 30. Oktober 1940 ist. Siebzig Tage sind seit dem Torpedoangriff auf die *Anglo-Saxon* vergangen. Sie erreichen den Strand von Eleuthera, eine der Bahama-Inseln, ostwärts der Südspitze Floridas.

Die Ärzte, in deren Obhut sie gebracht werden, haben größte Schwierigkeiten, sie physisch und psychisch wieder herzustellen. Jedoch genesen sie und erzählen ihre Geschichte, die uns von Guy Pearce Jones übermittelt wurde.

Widdicombe hat den Bericht seiner Odyssee nie gelesen. Am 18. Februar 1941 wurde das Schiff, das ihn in die Heimat zurückbringen sollte, versenkt. Dieses Mal gab es keine Überlebenden.

KAPITEL XX

Das Leben des Harold Dixon, Gene Aldrich und Anthony Pastula als Schiffbrüchige (1942)

Wie der vorhergehende Bericht ist die Geschichte von Harold Dixon, einem 41-jährigen Piloten eines US-Navy-Torpedoflugzeuges, und seiner beiden Kameraden, dem 22-jährigen Funker Gene Aldrich und dem 24-jährigen MG-Schützen Anthony Pastula, eines der schrecklichen Geschehnisse des 2. Weltkrieges. Ihre Geschichte spielt im Pazifischen Ozean.

Am 16. Januar 1942 startet das Torpedoflugzeug Dixons zu einem Überwachungsflug. Plötzlich gerät es in einen Platzregen und verliert den Kontakt zu seinem Flugzeugträger. Kurze Zeit später geht der Treibstoff aus. Es muß wassern und beginnt gleich zu sinken. Die drei Flieger haben gerade noch Zeit, das 2,50 auf 1,25 m große Rettungsfloß aufzublasen und nach ihren Schwimmwesten, einer Pistole, einem Taschenmesser und einer Zange zu greifen.

Für die drei Männer beginnt der schwere Tribut, den die US-Navy im Krieg gegen Japan zahlen muß, unter härtesten Bedingungen. Weder Wasser noch Nahrung gibt es auf dem Rettungsfloß. Jedoch ist in den ersten Stunden die größte Sorge der drei Schiffbrüchigen, nicht in die Hände der Japaner zu fallen.»Den ersten Tag verbrachte ich damit, mir das Verhalten des Floßes genau anzusehen. Mit seinem flachen Tiefgang machte es bei Rückenwind gute Fahrt. Um eine Abdrift bei Südwestwind zu verhindern, benutzte ich meine Schwimmweste als behelfsmäßigen Treibanker. Ich hatte sie an ein gut 1 cm dickes Tau gebunden, das mit primitiven Mitteln um das Floß gelegt und verzurrt worden war. Dank diesem Provisorium betrug unsere stündliche Abdrift weniger als einen Knoten, wohingegen der Wind mit 16 Knoten blies. Ich kannte unsere Position und zusammen mit unserer Driftgeschwindigkeit und dem Stand der Sterne wußte ich in etwa, in welche Richtung wir getrieben wurden. Auf einer Schwimmweste skizzierte ich eine Karte. Zum Glück hatte ich wie alle Piloten einen kleinen Winkelmesser aus Zelluloid bei mir, mit dem ich unsere Route messen konnte.«

Noch bevor Hunger und Durst sich bemerkbar machen, lernen die Schiffbrüchigen eine der anderen zahllosen Unannehmlichkeiten einer solchen Lage kennen: die extreme Enge, die jedes wirkliche Ausruhen unmöglich macht. Sie können sich nämlich auf ihrem Floß nicht alle gleichzeitig lang ausstrecken. So müssen sie sich abwechseln. Jeder wartet auf den Moment, in dem er seine schmerzhaften Glieder ausstrecken kann. Aber auch dann leiden sie unter den ständigen Schlagwellen, die gegen das Floß anrollen und jeden Schlaf verhindern.

»Etwa um den fünften Tag machte sich das Fehlen des Trinkwassers stark bemerkbar. Der Wind hatte uns zwar mit schneller Fahrt in die allgemeine Richtung Süd getrieben, uns aber keinen Regen gebracht. Wir waren der sengenden Sonne ausgesetzt und warteten auf sich nähernde Regenwolken, die sich dann aber wieder auflösten, ohne sich über uns abgeregnet zu haben. Da Haie das Floß umschwammen, wagten wir nicht, zur Erfrischung ins Meer zu springen. Wir begnügten uns damit, unsere Kleidungsstücke von Zeit zu Zeit in das Meerwasser zu tauchen und sie dann so wieder überzuziehen.« In dieser unglücklichen Lage erinnern sie sich wieder an die Gebete ihrer Kindheit. Und sie werden erhört, denn am Ende des fünften Tages in Durst und Hunger geht eine wahre tropische Sintflut herab, die aber nur wenige Minuten anhält. Zu wenig, um ihren Durst richtig zu löschen, denn sie haben nichts, um dieses erquickende Naß aufzufangen. Aber es reicht aus, sie so aufzumuntern, daß sie ihr Martyrium weiter ertragen können.

Der siebte Tag ist ein Glückstag! Am Morgen durchbohrt Aldrich, der sich über den Außenwulst des Floßes gebeugt hat, mit seinem Taschenmesser eine großen, dicken Fisch, den er ins Floß zieht. Der Fisch wird gleich zerschnitten und roh gegessen. Am Nachmittag bringt ihnen ein Regenschauer Wasser, und einige Stunden später fangen sie einen Albatros. »Der Vogel hatte sich hinten auf dem Floß niedergelassen. Vorsichtig beugte Gene sich nieder, griff nach der Pistole und schoß ganz nah an meinem Ohr vorbei. Wir zerlegten das Tier. Nachdem wir Leber und Herz gegessen hatten, wickelten wir den Rest mit den Überresten des Fisches in Tücher. Es heißt, daß es Unglück bringt, einen Albatros zu töten. Während der Nacht sollte dieser alte Aberglauben wieder in unsere Erinnerung gerufen werden. Gegen Mitternacht entdeckte ich vorne auf dem Floß ein seltsames, silbrigblau schimmerndes Licht. Es kam aus dem Bündel mit unserem Proviant. Groß war mein Erstaunen, als ich das Bündel öffnete und sah, wie das Floß und das es umgebende Wasser von einem hellen Licht bestrahlt wurden, das vom Kadaver des Vogels ausging. Vor allem sein

Schwanz leuchtete wie eine Glühbirne. Wir schrieben dieses Phänomen der Wirkung des Phosphors zu, der sich in der Nahrung des Albatros befand. Aber da wir uns auf keinen Fall von diesem Phantombild bescheinen lassen wollten, warfen wir den Vogel und den Fisch über Bord.«

In den folgenden Tagen herrscht Windstille. Aus den dicken Gummisohlen seiner Pilotenstiefel bastelt Dixon Paddel. Über Stunden paddeln er und seine Kameraden abwechselnd in südwestliche Richtung, wo sich Freundinseln befinden. Die Tage vergehen. Die einen bringen Regen und eine für ein so kleines Floß schnell zur Gefahr werdende hohe See mit sich; die anderen Durst und sengende Hitze bei einer spiegelglatten See. Dixon kann in seinem Bericht keine genauen Daten, sondern nur noch bezugspunktartige Ereignisse angeben: »Ich kann mich noch genau erinnern, wie Aldrich ein Haifischbaby von einem Meter Länge fing. Er spießte es mit seinem Messer in Höhe der Kiemenöffnungen auf und hievte es an Bord. Seine Haut war so hart, daß Tony den Schwanz und Gene den Kopf ganz fest halten mußten, damit ich ihm den Bauch aufschlitzen konnte. Zuerst aßen wir die Leber. Dann öffneten wir den Magen, der zwei, etwa 15 cm lange Sardinen enthielt. Die eine bekam Aldrich, der den Hai gefangen hatte. Tony und ich teilten uns die zweite. Ich habe noch nie zuvor etwas so schmackhaftes gegessen. Wir aßen auch die restlichen Eingeweide des Haies. Dann hielten wir seinen Schwanz und seinen Kopf hoch und fingen in der hohlen Hand das in der Mitte seines nun gebogenen Körpers herausfließende Blut auf. Es roch stark. Aber dies hinderte uns nicht, davon zu trinken. Zum Schluß stopften wir uns mit seinem Fleisch solange voll, bis wir richtig satt waren. Es sei hier noch kurz angemerkt, daß dieses barbarische Gelage wie ein Abführmittel auf unseren Organismus wirkte. Während der ganzen 34 Tage auf dem Meer war dies der einzige, an dem unsere Verdauung funktionierte. In der darauffolgenden Nacht tauchte Aldrich seine Hand in das Wasser, um die Strömungsrichtung zu überprüfen. Unglücklicherweise lauerte dort ein Hai, der sich in Aldrichs Finger verbiß. Gene zog seine Hand mit einem so großen Ruck aus dem Wasser, daß der daranhängende Hai das Floß in hohem Bogen richtiggehend überflog, um auf der anderen Seite wieder ins Meer zu fallen. Seine furchtbaren Zähne hatten den Zeigefinger Aldrichs angebissen und den Fingernagel an zwei Stellen durchtrennt. Die anderen Finger waren fast bis auf den Knochen durchgebissen. Später begann der verletzte Nagel zu eitern, und ich mußte die Bißwunden erweitern, damit der Eiter leichter herausfließen konnte.«

Nach den Aussagen seiner Kameraden hätten sie nie ohne Aldrich überlebt. Mit einer unendlichen Geduld lauert er mit seinem Messer in der Hand unermüdlich Fischen auf, die unter dem Floß schwimmen. Dabei ist er immer darauf bedacht, nicht die Gummiwülste des Floßes zu beschädigen. Dixon dagegen spezialisiert sich auf Vogelfang. Nach dem Albatros fängt er nun Seeschwalben. »Ihr Fleisch ist zart und wohlschmeckend.« Von Zeit zu Zeit bereichern in der Strömung treibende Kokosnüsse ihren Speisezettel und lassen sie gleichzeitig hoffen, daß die Inseln, in deren Richtung sie aufs Geratewohl treiben, nicht mehr so weit entfernt sind. An einem Tag durchqueren sie von Tigerhaien unsicher gemachtes Gebiet. »Die Tiere waren so aggressiv, daß ständig die Gefahr bestand, sie könnten unser Floß zum Kentern bringen. Einmal mußten wir einen von ihnen mit Faustschlägen auf die Schnauze vertreiben. Einen anderen konnten wir mit einem Schuß aus der Pistole töten, obwohl der Rost unsere einzige Feuerwaffe langsam unbrauchbar zu machen drohte.«

Sie sind sehr stark geschwächt, als ihnen am 33. Tag eine letzte Prüfung in Form eines Orkans auferlegt wird. »Riesige, sich aufbäumende Wellen schienen unser Floß im Sturmangriff nehmen zu wollen. Wir hatten kaum die Kraft oder auch nur den Willen, das Wasser zu ösen, das wir aufnahmen. Um größere Bewegungsfreiheit zu bekommen, entledigten wir uns unserer Kleidung. Immer höher werdende Wellen bauten sich donnernd vor uns auf. Plötzlich kenterte das Floß. Alles, was sich darauf befand, versank mit Ausnahme einer einzigen Schuhsohle in den Tiefen. So waren wir vollkommen nackt und ohne Waffen, um gegen einen Ozean anzukämpfen, der sein Wüten noch verdoppelte. Dann kam wieder die Sonne zum Vorschein. Unsere Knochen standen aus unseren verbrannten Körpern hervor. Unsere Haut hörte nicht auf zu brennen und schälte sich in der Sonne immer mehr. In uns machte sich das Gefühl breit, den Kampf aufzugeben. Jedoch rafften wir uns noch einmal zusammen und setzten unsere Route fort.« »In der Nacht preßten wir unsere Körper aneinander, um uns gegenseitig aufzuwärmen. Der Gedanke an den Tod nahm langsam und feierlich von uns Besitz.«

Am nächsten Tag, dem 19. Februar 1942, zeigt sich am Horizont die für die flachen Inseln des Pazifik typische Silhouette der Kokospalmen. Den ganzen Tag paddeln sie ohne Pause mit ihrer einzigen Schuhsohle. Erst am Abend trägt sie eine Welle über das Riff und setzt sie in der Stille einer Lagune ab. »Wir konnten uns kaum auf unseren Beinen halten, aber mit festen Schritten und in militärischer Ordnung gingen wir an Land. Sollte es in dieser Gegend Japaner geben, so sollten sie uns nicht kriechen sehen. Aber es gab keine Japaner. Es war eine Freundinsel. Wir verbrachten die Nacht in einer Hütte. Am Morgen wurden wir von einem Eingeborenen entdeckt, der die Behörden benachrichtigte.«

KAPITEL XXI

Das Leben des Poon Lim
als Schiffbrüchiger (1942)

Am 23. November 1942 wird das englische Frachtschiff *Ben Lomond* auf
0°30′ nördlicher Breite und 38°45′westlicher Länge von einem Torpedo getroffen. Kurz nach Beginn der Rettungsmaßnahmen explodiert der Frachter und sinkt schnell. Bald darauf gibt es an der Oberfläche des Ozeans kein
einziges Überbleibsel dieses Kriegsdramas mehr.
Jedoch gibt es da noch einen Mann, der am Leben geblieben ist und sich an
ein Holzstück klammert. Poon Lim, ein chinesischer Matrose, ist mit seiner Schwimmweste in der Hand ins Wasser gesprungen, als das Schiff ex-
plodierte. Zwei Stunden lang hat er Zeit genug, sich darüber klar zu werden, daß er inmitten des Ozeans ganz allein ist und daß jetzt die gierigen
Haie auf ihn warten. Hoffnung kommt in ihm erst wieder auf, als er ein
Rettungsfloße entdeckt. Es ist eines dieser Rettungsflöße, die Frachter auf
der Brücke mit sich führen und die sich bei Schiffbruch selbsttätig aus ihrer
Befestigung lösen. Mit kräftigen Zügen schwimmt er auf das Floß zu, klettert hinein, richtet sich auf und entdeckt in der Ferne ein anderes Rettungsfloß, auf dem sich drei Männer befinden. Aber der Typ Rettungsfloß, auf
dem er sich befindet, verfügt über keinerlei Navigationsmittel und wird
einzig von der Drift bewegt. So können sich die beiden Flöße nicht näher-
kommen. Die Drift treibt sie langsam auseinander. Jedes verschwindet auf
seiner Driftseite nach Osten.
Jetzt nachdem Poon Lim ganz sicher ist, daß er als Schiffbrüchiger allein
ist, macht er sich daran, sich das Rettungsfloß näher anzusehen. Ein kleiner Laderaum enthält einige Lebensmittel, etwas Trinkwasser, eine kleine
Apotheke und einige Notsignalraketen. Er wird schnell Gebrauch von diesen Raketen machen, denn in einer der folgenden Nächte sichtet er die
halb getarnten Lichter eines Schiffes. Er schießt die gut funktionierenden
Raketen ab. Unmöglich, daß die Wachhabenden, die in Kriegszeiten sicherlich besonders aufmerksam sind, ihn nicht bemerken. Aber es herrscht
ein Krieg, in dem alle möglichen Fallen gestellt werden. Das Schiff ändert
seinen Kurs nicht. In den darauffolgenden Tagen sichtet er noch mehrere

70

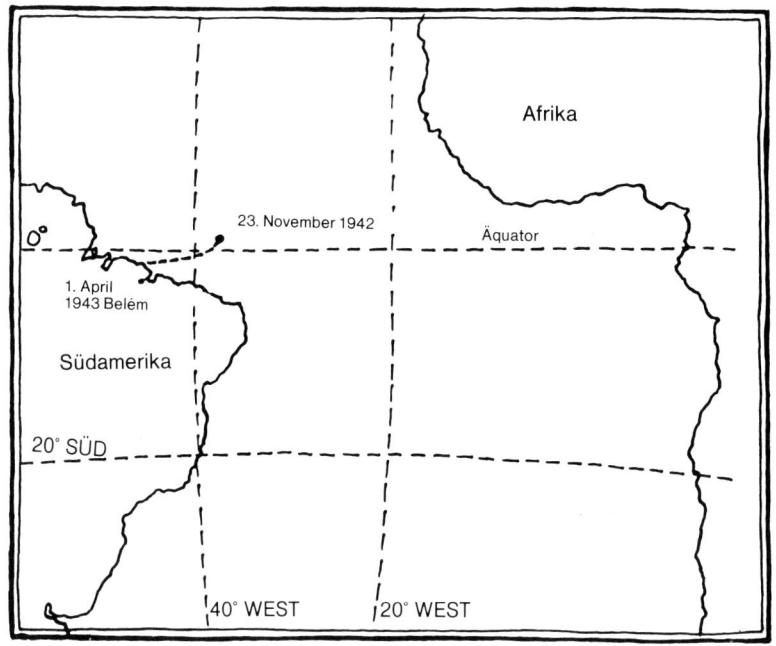

Afrika

23. November 1942

Äquator

1. April
1943 Belém

Südamerika

20° SÜD

40° WEST   20° WEST

Schiffe, aber alle Signale und alles Winken von Poon Lim bewirken nichts. Von Anfang an hat er seine wenigen Lebensmittel streng rationiert. Probleme mit Trinkwasser hat er nicht, denn in diesem Teil der Roßbreiten bringen ihm häufige, wolkenbruchartige Regenfälle viel Süßwasser. Er fängt es auf, indem er seine Schwimmweste als eine Art Trichter benutzt.
Am fünften Tag seiner langsamen und einsamen Drift ißt er trotz der von Menschen seiner Rasse wohl bekannten Genügsamkeit die letzten Lebensmittel. Er denkt daran zu fischen. Rund um das Floß ist ein Kranz von Tauen angebracht, an dem sich Schiffbrüchige, die auf dem Floß keinen Platz gefunden haben, im Wasser schwimmend festhalten sollen. Eine Angelschnur hat er also. Er braucht viel Zeit, denn es ist schwierig, die einzelnen Taue loszumachen, die von Salz und Sonne hartgewordenen Litzen abzustreifen und die Taue dann in Seile zu trennen, die er aneinanderbindet. Als Haken benutzt er einen verzinkten Nagel, den er unter großen Schwierigkeiten aus dem Floß zieht und dann mit seinen Zähnen krummbiegt. Als Köder opfert er ein Stück seines letzten Zwiebacks, aus dem er mit Speichel eine Paste macht, die er in der Sonne trocknen läßt.
Mit diesem Notbehelf gelingt es ihm, seinen ersten Fisch zu fangen. Un-

geachtet seines Hungers ißt er ihn nicht, sondern verwendet ihn als Köder für noch größere Fische. Er hat wieder Erfolg, und von nun ab lebt er von rohem Fisch. Später verbessert er seinen eintönigen Speisezettel durch einige Seevögel, die sich auf seinem Floß und manchmal sogar auf seinen unbeweglichen Schultern ausruhen.

Wochen vergehen. Aufgrund der rudimentären Navigationskenntnisse, die er besitzt, weiß er, daß die kaum wahrnehmbare Drift ihn Tag für Tag der südamerikanischen Küste näherbringt.

Seine Kleidung hängt ihm in Fetzen vom Leib. Sie bietet gegen das Zusammenwirken von Sonne, Salz und Wind keinen Schutz mehr. So ist er der Sonnenglut ausgesetzt. Auf seinem Körper bilden sich unzählige Hitzeblasen, die auch in der Nacht nicht abheilen. Jedoch verliert der mit der Weisheit seiner Rasse ausgestattete Poon Lim nicht die Hoffnung. Selbst um den hundertsten Tag, als er kein Wasser mehr hat, wartet er mit stoischer Ruhe auf Regen. Dieser läßt noch fünf lange Tage auf sich warten. Schließlich regnet es. Poon Lim kommt wieder zu neuem Leben.

Um den 120. Tag herum überfliegt ihn ein Flugzeug und macht ihm durch Lageveränderungen klar, daß es ihn gesichtet hat. Dann entfernt sich dieser Hoffnungsbote wieder. Lim glaubt sich gerettet. Sicherlich wird auch die Suche nach ihm aufgenommen, aber sie bleibt erfolglos. Denn erst zehn Tage später, am 1. April 1943, dem 130. Tag nach dem Untergang der *Ben Lomond*, retten ihn Fischer zehn Seemeilen vor der Küste Brasiliens.

Er liegt total entkräftet auf seinem Floß, denn er kann sich weder aufrichten noch laufen. Seit Tagen hat er nicht einmal die Kraft gehabt zu fischen.

Zum Erstaunen der Ärzteschaft des Krankenhauses in Belem wird aus dem schon zum Skelett abgemagerten Körper nach 14 Tagen Krankenhausaufenthalt wieder der Poon Lim, wie er es wenige Monate zuvor war.

Mit seinen 130 Tagen hält Poon Lim den Rekord im Überleben auf See. Das ist eine unvorstellbare Dauer in Anbetracht der geringen Mittel, die ihm am Anfang zur Verfügung standen.

KAPITEL XXII

Das Leben Alain Bombards
als »freiwilliger Schiffbrüchiger« (1952)

Es ist unmöglich, die Geschichte des »freiwilligen Schiffbrüchigen«*, ein Name, unter dem Alain Bombard wohl der Nachwelt erhalten bleiben wird, zusammenzufassen. Wenn es auch von jenen, deren Geschichten wir hier erzählen, mehr oder weniger vollständige und detaillierte Berichte gibt, so sind diese doch im Nachhinein erstellt worden. Zwar sind sie für das Thema, mit dem wir uns befassen, äußerst lehrreich, aber sie sind im Grund nur die Berichte erlebter Ereignisse. Im Erfahrungsbericht von Alain Bombard ist das anders. Er ist Arzt, ein Wissenschaftler, der sich jahrelang mit einem genau umrissenen Problem beschäftigt, alle gewonnenen Daten auswertet, eine Anzahl von Hypothesen daraus ableitet und dann, um seine Arbeit abzuschließen, eine experimentelle Studie praktisch durchführt, die den Beweis für die grundsätzliche Anwendung seiner Schlußfolgerungen liefern soll.

Seine Gedankengänge und die sie ergänzende Ausführung machen es fast unmöglich den Bericht über die Atlantiküberquerung zusammenzufassen. Jede Seite, jede Zeile seines Berichtes ist voller Informationen. Wir werden im 2. Teil dieses Buches oft darauf zurückgreifen.

Für den Moment wollen wir jedoch den Versuch starten, eine knappe, aber getreue Analyse seiner Erfahrungen zu geben.

Am Vormittag des 25. April 1952 beginnt etwa zehn Seemeilen vor Monaco für Alain Bombard und seinen Gefährten Jack Palmer die Zeit als Schiffbrüchige. In den ersten Stunden haben sie die gleichen Schwierigkeiten wie richtige Schiffbrüchige. Furcht und Angst überkommen sie. Sie sprechen mit leiser Stimme. Aber bald gewinnt ihre Entschlossenheit die Oberhand. Und dies ist der erste Sieg – einer der wesentlichsten!

In ihrem Schlauchboot, das in der ganzen Welt jetzt einen Namen hat, gibt es weder Wasser noch Lebensmittel (mit Ausnahme derer, die versiegelt sind und die sie trotz der in manchen Augenblicken wahren Tantalusqua-

---

* A. d. Ü.: Im Original »Naufragé volontaire«, Titel des gleichnamigen Buches
  von Alain Bombard.

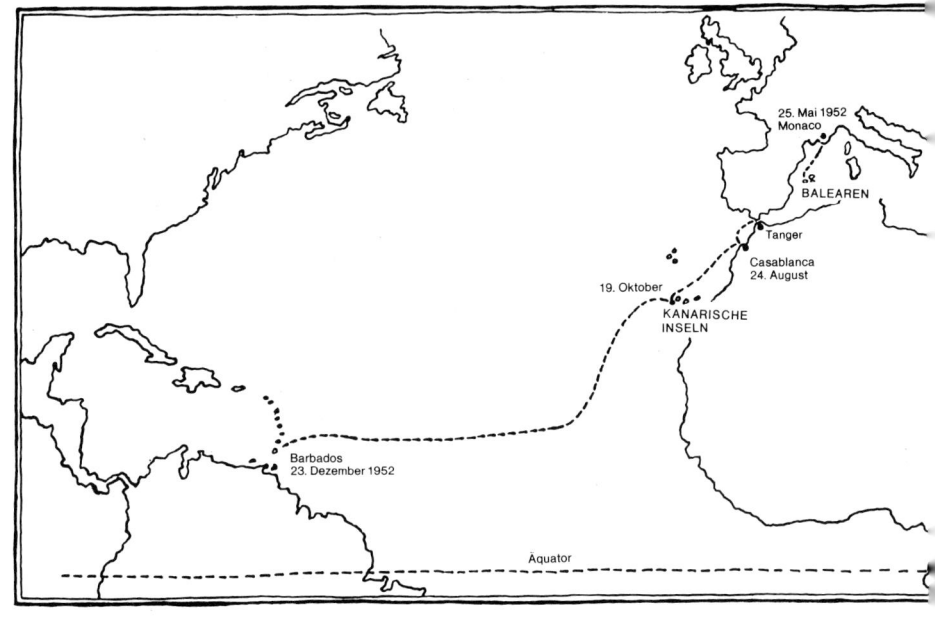

len auch nicht anrühren, so schwer es ihnen auch fällt). Schon ab dem ersten Tag trinkt Bombard Meerwasser. Die Menge hat er auf etwa 800 ml pro Tag festgesetzt, die er in mehrere Schluck aufteilt. Palmer hingegen will noch warten. Am zweiten Tag beginnt Palmer schon unter Durst zu leiden, während Bombard noch nichts dergleichen verspürt. Dies veranlaßt Palmer, auch Salzwasser zu trinken, bevor der Wasserverlust so groß wird, daß das Trinken von Meerwasser nutzlos, ja sogar gefährlich wird. In den folgenden Nächten schlägt sich Kondenswasser auf der Zeltplane und auf dem Bootsboden, der noch nicht von Salz verunreinigt ist, nieder. Etwa anderthalb Liter Süßwasser können sie mit einem Schwamm aufnehmen. Am neunten Tag fangen sie einen Riesenzackenbarsch von etwa vier bis fünf Kilo. An ihm können sie eine andere Art der Süßwassergewinnung ausprobieren. Sie schneiden den Rücken des Tieres ein, aus dem eine nichtsalzige Flüssigkeit fließt. Jeden Tag werfen sie das Planktonnetz aus und fischen sich so ein aus etwa zwei Suppenlöffeln bestehendes, wohlschmeckendes und sehr vitaminreiches Mahl zusammen. Der Fischfang im Mittelmeer ist nur mäßig. Bombard erkennt, daß dieses Meer für das Überleben äußerst ungünstig ist. Jedoch erreichen sie trotz der Stürme, aus denen das Boot gut herauskommt (bei Sturm legen sie sich unter die Gummizeltplane, verschließen mit ihr das Boot von vorne bis hinten und werden

74

so von über dem Boot zusammenschlagenden Wellen nicht behelligt), trotz der Gefahren, die sich bei der Navigation im verkehrsreichen Mittelmeer ergeben (bei Nacht beleuchten sie ihr Segel mit einer elektrischen Taschenlampe, um so auf sich aufmerksam zu machen), und trotz der Anfangsschwierigkeiten, die man bei noch so viel Erfahrung auf diesem Gebiet noch hat, die Balearen.

Ab Tanger wird Alain Bombard seine Fahrt alleine fortsetzen. So schwer die Anfänge, die sie erlebten, auch waren, Bombard haben sie in seinem Vorhaben gestärkt, Palmer jedoch entmutigt. Bombard fährt also allein nach Casablanca weiter. Er hat bei der Durchfahrt durch die Straße von Gibraltar große Schwierigkeiten, denn widrige Strömungen hindern sein Vorankommen. Am 24. August verläßt er Casablanca, um elf Tage später die Kanarischen Inseln zu erreichen. Das ist eine sehr gute Zeit, wenn man bedenkt, daß er die meiste »Freizeit« mit dem Erlernen der Instrumentennavigation fern aller Küsten, mit dem Herausfinden aller Möglichkeiten seines Bootes, es steuerlos auf Kurs zu halten, und natürlich mit Fischfang verbringt, von dem er sich ernährt. Fischblut hilft seinen Flüssigkeitsbedarf zu stillen.

In Wahrheit beginnt die große Erfahrung, die Alain Bombard macht, aber erst ab dem 19. Oktober, dem Tag an dem er Las Palmas verläßt. Zwar hat er mit den drei Etappen Monaco–Balearen, Tanger–Casablanca und Casablanca–Kanarische Inseln schon jedem Seemann neue Überlebensmöglichkeiten auf See aufgezeigt, aber man weiß, was Presse und Rundfunk daraus machten. So blieb Bombard nichts anderes übrig, als der fast überall herrschenden Verständnislosigkeit ein neues Opfer zu bringen und den indiskutablen Beweis seiner Theorien anzutreten. Er beginnt damit am 19. Oktober unter noch drakonischeren Bedingungen, denn sogar das Angelzeug liegt jetzt versiegelt unter Verschluß. Jedoch muß man sich darüber im klaren sein, daß Fischfang für Bombard auf Dauer das einzige Mittel ist, sich Essen und Trinken zu verschaffen.

Erst am 11. November gibt es zum erstenmal Regen; 24 Tage nach seinem Auslaufen aus Las Palmas. Während dieser 24 Tage hat Bombard anfänglich nur Salzwasser, dann Fischblut getrunken. Als Schwierigkeit kam hinzu, daß er Fische fangen mußte, ohne das Siegel an seinem Angelzeug zu brechen.

Mit einem Riemen als Amboß biegt er die Schneide eines Messers zum Haken und befestigt mit einer gewöhnlichen Schnur den Messergriff am Riemenende. Mit diesem provisorischen Fischhaken und mit viel Geduld fängt er am 25. Oktober die erste einer ganzen Reihe von Doraden. Zum erstenmal seit sechs Tagen kann er sich endlich am Fischblut laben und essen. Darüber hinaus hat er jetzt einen Vorrat an Ködern und einen ausgezeichneten, natürlichen Haken, denn hinter dem Kiemendeckel der Doraden befindet sich ein kleiner, wie ein Angelhaken gebogener Knochen (es muß sich wohl um Große Goldmakrelen handeln). Er folgt dem Beispiel der prähistorischen Menschen, die sich ebenfalls dieses Knochen bedienten, den man in ihren Grabstätten neben anderen Gebrauchsgegenständen fand.

Von nun ab wird der Fischfang, der im Mittelmeer nur ganz selten von Erfolg gekrönt war, fast zu einem Kinderspiel. Fische sind im Überfluß vorhanden und begleiten die ihnen immer vertrauter werdende *Hérétique*.

Hinzu kommt noch, daß jeder Morgen Bombard fünf bis fünfzehn Fliegende Fische beschert, die in der Dunkelheit durch das Segel der *Hérétique* in ihrem Flug über die Wasseroberfläche gestoppt wurden. Sein Hemd benutzt er, um aus den Fischen das Blut herauszupressen. Er braucht jetzt kein Meerwasser mehr zu trinken. Um die Drift seines Bootes nicht zu verlangsamen, fischt er nur noch eine halbe Stunde täglich nach Plankton; gerade so viel, wie er für seinen täglichen Vitaminbedarf für nötig hält. Beim ersten Regen, am 11. November, nimmt er sich die Zeit, erst einmal die Zeltplane, die die Gischt in 24 Tagen mit einer Salzkruste bedeckt hat, sorgfältig abzuwaschen. Danach kann er 15 Liter sauberes, klares Wasser auffangen, das er in das aufblasbare Sitzpolster füllt, welches ihm auch als Kopfkissen dient.

Ab diesem Tag regnet es oft genug, so daß er ständig einen Trinkwasservorrat hat. Die Regenfälle werden sogar so stark, daß er sich zum Schlafen in das geschlossene Boot legen muß, wobei er alle Viertelstunde das sich in einer Kuhle in der Zeltplane ansammelnde Regenwasser entfernen muß. Die Wasserversorgung ist also problemlos, aber der fehlende Schlaf zeigt seine Spuren.

Wenn man die vorausgehenden Zeilen liest, könnte man fast glauben, es handele sich hier um eine Vergnügungsfahrt. Aber wenn Bombard seinen Erfahrungsschatz auch in vorzüglicher Weise auf die jeweilige Lage anzuwenden wußte, so mußte er doch tagtäglich die Bekanntschaft neuer Probleme und Schwierigkeiten machen, die ihren Ursprung nicht so sehr in den menschlichen Urbedürfnissen hatten, sondern im Geist des Schiffbrüchigen. Kurz gesagt, ist der Bauch einmal voll, so ist es die Vorstellung dessen, was noch passieren kann, die einem das Leben schwer macht. Dies ist nebenbei bemerkt eine Gesetzmäßigkeit, die tagtäglich auch auf das Leben an Land anzuwenden ist. Aber die größte Sorge gilt dem Material. Alle sich an der Gummizeltplane reibenden Teile bewirken eine unglaublich schnelle Abnutzung. Aus diesem Grund muß das Material stets so fest verzurrt sein, daß es keinen Kontakt mit der *Hérétique* bekommt. Jeden Morgen untersucht Bombard die Luftkammern des Bootes, sucht nach Abriebstellen und klebt richtiggehend mit seinem Ohr am Gummi, um das pfeifende Geräusch entweichender Luft an einer möglichen Schadstelle zu hören. Morgens muß er etwas Luft aus den Kammern lassen, denn die Hitze des Tages würde die darin enthaltene Luft sich stark ausdehnen lassen, und dies könnte zu einem Schaden führen. Abends muß er dann im Gegenzug die Kammern wieder aufpumpen. Er hat nur ein einziges Segel, das oft zerreißt und das er viele Mal wieder zusammenflickt. Schon der Gedanke allein, beim nächsten Mal das zerrissene Segel nicht mehr flicken zu können, macht ihn krank. Und dann ist da noch das Problem der Feuchtigkeit, die natürlich seine ständige Begleiterin ist. Sie verursacht auf seiner Haut einen höllisch juckenden Ausschlag, der jeden anderen als Bombard oder Männer seiner Willenskraft verrückt machen würde.

Medizinische Probleme sind für einen Arzt noch um so beunruhigender, da das Wissen um diese Probleme – und das ist klassisch – von Pessimismus beeinträchtigt wird, wenn es sich um die eigene Gesundheit handelt. Neben Hauterkrankungen hat er Probleme mit den Augen in Form einer Bindehautentzündung, die durch die Reflektion der Sonnenstrahlen auf der Wasseroberfläche verursacht wird. Er hat Schwächeanfälle, die er sich nicht erklären will (und die doch so erklärbar bei jedem anderen Schiffbrüchigen sind). Er leidet unter starkem Durchfall, der ab dem 30. November von Darmblutungen abgelöst wird.

Dazu kommt noch die Angst vor den Haien, die ihn umschwimmen. Wenn sie mit ihren Körpern am Boot entlangstreifen, hört es sich an, als ob die Bootswand zerrisse. Furcht bereitet ihm auch ein Schwertfisch, der zwölf Stunden lang für ihn insofern eine Bedrohung darstellt, daß er sein Schwert in die *Hérétique* stoßen könnte.

Eingangs erwähnten wir schon, daß eine Zusammenfassung der 65 Tage auf See – so lange brauchte Bombard für die Fahrt von Las Palmas bis Barbados, das er am 23. Dezember erreichte – äußerst schwierig ist. Aber diese 65 Tage haben die Geschichte und das Leben von Schiffbrüchigen verändert.

KAPITEL XXIII

Das Leben des Antoine Vidot und des Selby Corgat als Schiffbrüchige (1953)

Am 31. Januar 1953 liegt in einem Haus in Port Victoria, der Hauptstadt von Mahé, einer der Seychellen-Inseln, eine alte Frau im Sterben. Ihr letzter Wunsch ist, vor ihrem Tod noch einmal ihre Tochter zu sehen, die 21 Seemeilen entfernt auf der Insel Praslin lebt. Der Respekt vor dem letzten Wunsch einer Sterbenden ist stärker als die Angst bei stürmischem, von einem Nordwest aufgepeitschten Meer die Überfahrt anzutreten. So willigt Théodore Corgat, Eigner einer zehn Meter langen, von einem Automotor angetriebenen Barkasse mit Namen *Marie-Jeanne*, nach langem Zögern ein, nach Praslin hinüber und wieder zurück nach Mahé zu fahren. So sind es schließlich sechs ständig zu einem Risiko bereite Männer, die gegen elf Uhr in See stechen, ohne den Hafenkommandanten benachrichtigt zu haben. Außer Théodore Corgat sind noch ein alter Seebär, Louis Laurence, der 17-jährige Enkelsohn der Sterbenden, Joachim Servina, sein 18-jähriger Vetter Auguste Lavigne und der 20-jährige Maschinist Antoine Vidot dabei. Im letzten Augenblick bittet Selby Corgat, der Sohn des Eigners seinen Vater so inständig, daß dieser schließlich einwilligt ihn mitzunehmen. Er ist noch ein Jugendlicher von 15 Jahren.

Die 21 Seemeilen lange Fahrt verläuft nicht ohne Schwierigkeiten. Dreimal hat das Schiff eine Motorpanne. Sie brauchen 13 Stunden anstelle der sonst üblichen vier für die Überfahrt zur Insel Praslin.

Wegen des Seegangs wird die Rückfahrt auf Sonntag, den 1. Februar, neun Uhr vorverlegt. An Bord der *Marie-Jeanne* befinden sich jetzt zehn Passagiere: Jules Lavigne, der 17-jährige Bruder von Auguste, 2 etwa 60 Jahre alte Frauen, Ange Finesse und Frau Arrisol sowie der 25-jährige Noël Rondeau, der einem seiner auf Mahé wohnenden Freunde eine Kiste mit Papayas und Mango-Früchten bringen möchte und für den die vorverlegte Rückfahrt der *Marie-Jeanne* eine günstige Gelegenheit ist.

Die Kulisse ist aufgebaut, die Akteure stehen auf ihrem Platz, das Drama kann beginnen.»Der alte Automotor lief bis etwa acht Seemeilen vor ihrem Zielpunkt regelmäßig. Nach einigen Aussetzern ging er dann vollends

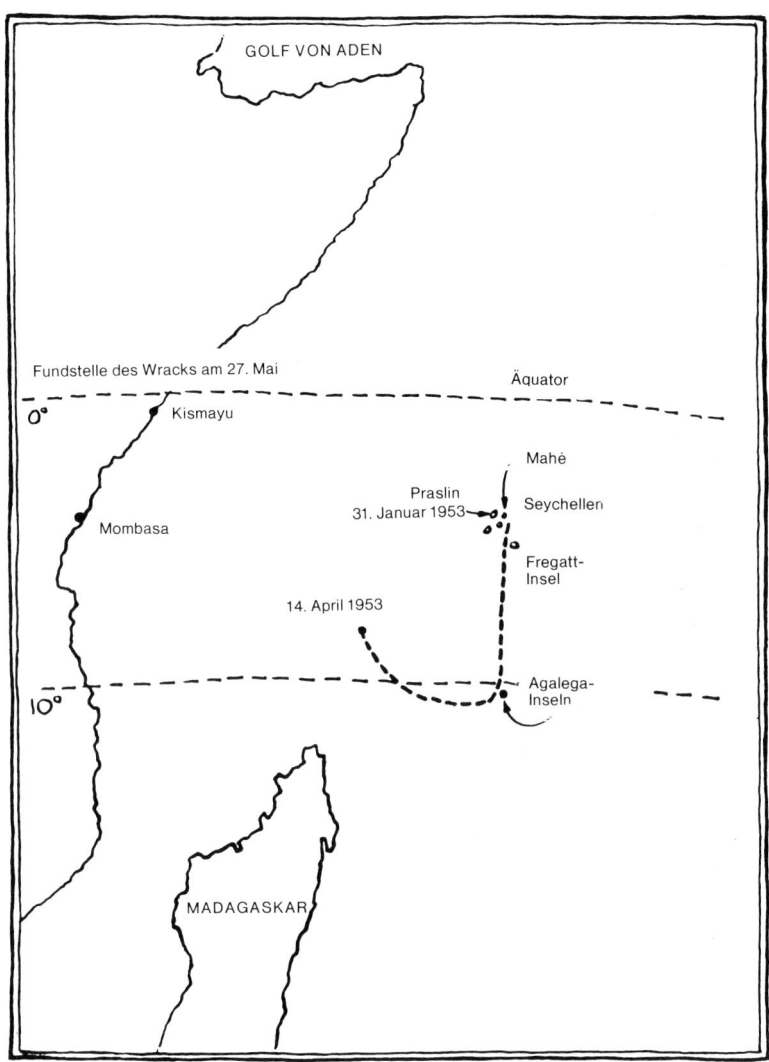

GOLF VON ADEN

Fundstelle des Wracks am 27. Mai

Äquator

0°

Kismayu

Mahé

Praslin
31. Januar 1953

Seychellen

Mombasa

Fregatt-
Insel

14. April 1953

10°

Agalega-
Inseln

MADAGASKAR

aus. ,Tank leer', sagte Vidot. Er füllte den Tank mit dem Inhalt des Reservekanisters nach, und der Motor sprang wieder an. Aber als er in den dritten Gang schalten wollte, ging das nicht. Beim Versuch in den zweiten zurückzuschalten, brach ihm der Schalthebel ab. Mit ernstem Gesicht stieß Vidot sein Taschenmesser in den Fuß des Schalthebels, kuppelte aus und rüttelte mit dem Messer hin und her. Er lachte, als es ihm gelang, den zweiten Gang einzulegen. Die Barkasse nahm wieder Fahrt in Richtung Mahé auf. Etwa zwei Seemeilen vor der Hafeneinfahrt ging wieder der Treibstoff aus. Die beiden Frauen begannen zu weinen, als sie die ernste Besorgnis auf den Gesichtern der Männer sahen.«

Die *Marie-Jeanne* ist den Strömungen und dem Wind ausgesetzt. Schnell beginnt sie zu driften. Ein Anker wird ausgeworfen und findet im Korallenboden Halt. Die Schiffbrüchigen beten, daß man sie bemerke und ihnen zu Hilfe komme. Die Nacht kommt und mit ihr ein Schicksalsschlag. Die Ankerkette reißt. Die *Marie-Jeanne* beginnt wieder zu driften.

Das Morgenlicht zeigt ihnen die Insel, von der sie sich entfernen.»Laurence erkundigte sich nach an Bord befindlichen Lebensmitteln. Es war nicht mehr als etwa ein halber Liter Wasser für jeden, ein wenig Maniokmehl sowie Rondeaus Mango-Früchte und Papayas. Während das Land am Horizont immer kleiner wurde, zerschnitt Laurence eine Plane und machte daraus Segel. Die Richtung, aus der der Wind blies, ließ eine Rückkehr nach Mahé nicht zu. Aber die Fregatt-Insel lag nur 15 Seemeilen weiter südlich, und Laurence glaubte, mit ein wenig Glück dorthin gelangen zu können.«

Am dritten Tag, Dienstag, dem 3. Februar, ist auch die Hoffnung, die Fregatt-Insel zu erreichen, dahin. Die letzten Schluck Wasser sind getrunken. »Corgat machte sich daran, die Lebensmittel zu verteilen. Er achtete darauf, daß die jungen Leute immer etwas mehr bekamen. Er ließ die Früchte bis zum letzten Moment auf die Seite legen, aber trotz seiner Bemühungen gab es nach zehn Tagen nichts mehr zu essen.« »Jeder mußte ans Ruder. Es gab auch eine Arbeitseinteilung zum Schöpfen von Wasser, um es zur Kühlung auf das Kabinendach zu schütten. Bei der Ausführung dieser Aufgaben zeigten die Männer Entschlossenheit. Sie hatten nur ein einziges Ziel: Überleben!« »Tagsüber war die Hitze so sengend, daß sich die Planken des Rumpfes zusammenzogen. Nachts mußten sie sich aneinanderpressen, um sich gegenseitig zu wärmen. Wenn der Morgen graute, suchten sie nach Tautropfen, die sie mit ihren geschwollenen Zungen aufleckten.«

Erst am 13. Tag, als schon alle durch den kritischen Wasserverlust fast im Koma liegen, regnet es endlich. Sie trinken reichlich das an den Segeln herabfließende Wasser und fangen dann 90 Liter auf. »Wieder zu neuen Kräften gekommen, versuchten sie, mit einem umgebogenen Draht einen Fisch zu fangen, der aber nicht anbeißen wollte. Sie befestigten ein spitzes Metallende an einem Ruder und nehmen ihren Versuch mit dieser Harpune wieder auf; jedoch ohne Erfolg. Am 15. Tag stößt ein Fliegender Fisch gegen das Segel und fällt zappelnd in die Kabine. Selby Corgat ergriff ihn.

Von diesem Ereignis ganz aufgeregt, setzten sich die beiden Frauen zum erstenmal seit Tagen wieder aufrecht hin. Rondeau zerteilte den Fliegenden Fisch. Die beiden Frauen aßen ihn roh, ohne ein Wort zu sagen. In den folgenden 18 Tagen aß niemand.«

An dieser Stelle müssen wir diesen Bericht unterbrechen, denn wir können nicht umhin, aus Sorge im zweiten Teil dieser Untersuchung nicht genügend auf den sehr charakteristischen Fall dieser Schiffbrüchigen einzugehen, eine Kritik anzubringen. Ihre Erfindungsgabe ermöglichte ihnen, sich ein einfaches Angelgerät zu bauen. Ihre Versuche zeigen keinen Erfolg, und daraus schließen sie etwas voreilig, daß Fischfang nicht möglich ist. 18 Tage lang hungern sie, ohne einen neuerlichen Versuch zu starten. Dahingegen bietet die sehr geringe Geschwindigkeit der *Marie-Jeanne* aber beste Bedingungen, um auf ihrem Boot Fische geradezu anzuhäufen. Wir wollen hier diese Zwischenbemerkung beenden. Sie sollte zeigen, daß der Schiffbrüchige nicht nur vom Willen zu Überleben beherrscht sein soll, sondern auch Geduld und Beharrlichkeit üben sollte, was für das Überleben auf See unbedingt erforderlich ist.

Nach 18 Tagen Hunger, am 33. Tag ihrer Drift, fängt Laurence einen Vogel, der für jeden ein bißchen Nahrung bringt. »Am Abend des 33. Tages bemerkte Vidot, der das Ruder hielt, zwei Möwen, die sich auf dem Bug niederließen. Vorsichtig schlich er sich nach vorne. Die anderen hatten sich weder gerührt noch die Augen geöffnet. Es gab ein kurzes Flügelschlagen, als der vom Hunger gequälte Maschinist dem ihm am nächsten befindlichen Vogel den Hals umdrehte. Er trank dessen Blut, ohne auf den Gedanken zu kommen, es mit den anderen zu teilen. Dann legte er sich auf die Lauer, um die Rückkehr des anderen Vogels abzuwarten. Dieser kam tatsächlich zurück und wurde von ihm auch gefangen. Und wieder trank Vidot das Blut, sah aber dieses Mal den vorwurfsvollen Blick von Selby Corgat und die ausgestreckten Hände des Jugendlichen. ‚Gib mir etwas ab. Weck mich das nächste Mal, Antoine', sagte Selby zu ihm. ‚Ich möchte auch Blut trinken. . .' Das Fleisch der Vögel bewahrte die Menschen vor dem Hungertod.«

Durch die Vögel kommen sie auf den Gedanken, daß sie sich Land, wahrscheinlich der Insel Agalega, nähern. Am 36. Tag sehen sie dann auch eine Insel. Laurence wendet seine ganze seemännische Kunst an. Es gelingt ihm schließlich, die *Marie-Jeanne* auf Kurs zur Insel zu bringen. Bald sehen die Schiffbrüchigen Kokospalmen und Häuser, die den Strand säumen. Dann flaut der Wind ab, und das bald wieder der Strömung gehorchende Boot driftet in eine ungünstige Richtung ab. »Es gab zwar zwei kleine Riemen an Bord, aber keine Dollen. Die Männer und die Jungen paddelten abwechselnd. Geschwächt und verzweifelt kämpften sie darum, die *Marie-*

Jeanne an den Strand zu bringen. Die Angst und die Anstrengung ließen sie Schreie ausstoßen. Aber ihre Bemühungen, das Boot auf Kurs Agalega zu halten, waren vergeblich. Die Strömung zog die schwere Barkasse von der Insel weg. Schließlich ließen die Ruderer ihre Riemen fallen und brachen zusammen. Die Insel verschwand im Dunst.«

In keiner Sprache gibt es ein Wort, das die Enttäuschung der zehn Schiffbrüchigen auszudrücken vermag. Sie sind wieder auf offener See und noch vor wenigen Stunden konnten sie ihre Augen auf dieses rettende Land richten. Mit diesem neuen Schicksalschlag ändert sich auch ihre Haltung. Außer Vidot und Selby Corgat legen sich alle hin und versuchen dösend, den Hunger zu vergessen.

Am 37. Tag lassen sich zwei Tölpel auf der Bugspitze nieder.»Vidot versuchte allein, sie zu fangen. Er war so schwach, daß er sich ein Tau um die Hüfte band, um sicher zu sein, daß er nicht ertrinken würde, wenn er ins Wasser fiele. Er fing die Vögel und teilte diesmal ihr Blut mit Selby Corgat. Nachdem sie ihr Fleisch gegessen hatten, saugten sie noch die Knochen aus.«

Die Tage verstreichen langsam unter einer unerbittlichen Sonne. Die Schiffbrüchigen sind völlig erschöpft. Sie haben noch nicht wieder versucht, Fische zu fangen. Sie geben sich immer passiver, wenn man einmal von einigen Widerständen gegen den näherkommenden Tod absieht.

Am 40. Tag, dem 11. März, stirbt Frau Finesse.»Sie tat ihren letzten Atemzug so leise, daß man einige Zeit brauchte, bis man bemerkte, daß sie gestorben war. Als Sterbegebet sprach Jules Lavigne das ,Vater unser'. Aber bei der Stelle ,Unser tägliches Brot gib uns heute' versagte ihm die Stimme. Danach hob man die Bank, auf der Ange Finesse geruht hatte, und ließ ihren Körper ins Wasser gleiten.«

Am 43. Tag stirbt Frau Arrisol. Laurence zeigt so starke Anzeichen von Wahnsinn, daß Vidot und Selby ihm am nächsten Tag die Hände fesseln und ihn an einen Pfosten der Kabine binden müssen. Die Erschöpfung überwindet die letzten Energiereserven. Am 50. Tag stirbt Joachim, am 52. dann Rondeau und Jules.»Nachdem auch Jules tot war, wurde es für Selby, Auguste und Vidot schwer, die Toten ins Meer zu werfen. Der arme Laurence war in seinem Wahnsinn und zu nichts nütze. Der ganze Schrecken steigerte sich noch durch Haie, die dem Boot folgten. Manchmal versetzten die gierigen Ungeheuer der *Marie-Jeanne* heftige Stöße.«

(Wenn man weiß, mit welcher Gier hungrige Haie nach allem beißen, was sie zu fassen kriegen, fragt man sich hier wieder, warum sie nicht daran gedacht haben, sie zu fangen und sich so etliche Kilo Fleisch zu verschaffen.) Der Bericht dieser schrecklichen Tragödie ist uns von James Brown, dem Chefredakteur der *Sunday Times* aus Johannesburg, übermittelt worden.

Mit den beiden Überlebenden rekonstruierte er den gesamten Ablauf dieses Dramas. Aber ab diesem 52. Tag ist in der Erinnerung von Vidot und Selby Corgat nur noch ein großes, schwarzes Loch. Wenn wir bei kühler Betrachtung des Todeskampfes von Menschen mit unserer Analyse weiter fortfahren, so interessieren uns allein die wenigen Dinge, die die Überlebenden sich zunutze machten, um solange als möglich am Leben zu bleiben. Aber es gibt für sie nur noch ein Dahinvegetieren, an dem es nichts zu analysieren gibt.

Am 62. Tag stirbt Auguste Lavigne. Als sie seinen Körper ins Wasser werfen, stürzt sich der immer noch vom Wahnsinn befallene Laurence, der jetzt nicht mehr gefesselt ist, über Bord und versinkt.

»Am 70. Tag hatte Théodore Corgat eine heftige Hämorraghie und fällt ins Koma. Nach seinem Tod hatten Vidot und Selby nicht mehr genügend Kraft, um seinen Leichnam aus dem Maschinenraum zu ziehen. Vidot zerriß das Tuch des Sitzes, in dem Corgat ruhte, und band daran einen Bootshaken, um den Körper mit dem Stiel in die Höhe zu hieven. Die beiden jungen Leute hatten ihn schon halb aus dem Maschinenraum heraus, als Selby ohnmächtig wurde. Sie ließen den Leichnam, so wie er war, liegen und bedeckten Corgats Gesicht mit einem Sackleinen. Als später die Verwesungsdünste unerträglich wurden, besprühte Vidot den Leichnam mit Schaum aus dem Feuerlöscher.«

Die beiden jungen Leute sind während der zwei folgenden Tage fast ständig ohne Bewußtsein. Am 74. Tag, dem 14. April 1953, reißt sie eine Schiffssirene aus ihrer Lethargie. »Vidot kletterte gerade in dem Augenblick aus der Kabine, als der Kapitän des italienischen Öltankers *Montallegro* abdrehen wollte, weil er zu dem Schluß gekommen war, daß die Barkasse leer sei. Drei Versuche, eine Trosse zur *Marie-Jeanne* hinüberzuwerfen, scheiterten, weil die beiden zu schwach waren, sie festzumachen. Am Ende hievten Matrosen sie in Körben an Bord. Die beiden Jungen brachen weinend und Gott dankend auf der Brücke zusammen. Die hartgesottenen Seeleute wandten ihre Blicke mit Tränen in den Augen ab.«

43 Tage später, am 27. Mai, entdeckte ein Araber die gestrandete *Marie-Jeanne* 30 Seemeilen nördlich von Kismayu in Somalien.

KAPITEL XXIV

Das Leben des Wiktors Zvejnieks als Schiffbrüchiger (1954)

Die Donnerstagsinsel liegt vor der äußersten Nordspitze Australiens und begrenzt somit die Torresstraße nach Süden. An einem schönen Sommertag in diesen südlichen Breiten, dem 6. Januar 1954, beschließt Wiktors Zvejnieks, ein 26-jähriger Australier lettischer Herkunft, von dieser Insel aus mit seinem aufbaulosen, weniger als vier Meter langen Dingi eine Spazierfahrt auf das Meer zu unternehmen. Für diesen Ausflug, der nur wenige Stunden dauern soll, hat er natürlich nichts, noch nicht einmal ein Picknick mitgenommen. Er ist erst wenige Seemeilen von der Donnerstagsinsel entfernt, als der Wind zunimmt. Hastig will er die Ruder in die Dollen legen, aber sie entgleiten ihm, und so ist er bald den Winden ausgeliefert. Nach wenigen Stunden umgibt ihn, soweit sein Auge reicht, nur noch das Wasser des Korallenmeeres.

An Bord des Dingis gibt es nichts; weder Lebensmittel noch Wasser, geschweige denn irgendein Gerät, das der menschliche Erfindungsgeist in ein für das Überleben nutzbares Werkzeug umwandeln könnte. Jedoch bewahrt Zvejnieks seinen Lebenswillen. Er lehnt sich über die Bordwand hinaus, fischt nach umherschwimmenden Algen und ißt sie. Spärlicher Regen stillt seinen Durst.

Er erinnert sich daran, einmal eines Tages einen kleinen Hai am Schwanz gefangen zu haben. Er hat ihn ganz aufgegessen. Das ist alles. Algen, ein wenig Wasser, von dem er sich einen Vorrat anlegen kann, und einen Hai für 46 Tage Drift, in denen er, ohne es zu wissen, 390 Seemeilen, das sind 720 Kilometer, entlang des Großen Barrierriffs treibt, bis er schließlich in einem erbärmlichen Zustand nördlich von Cairns strandet. Dort wird er medizinisch behandelt und kommt dank der modernen Behandlungsmethoden wieder voll zu Kräften.

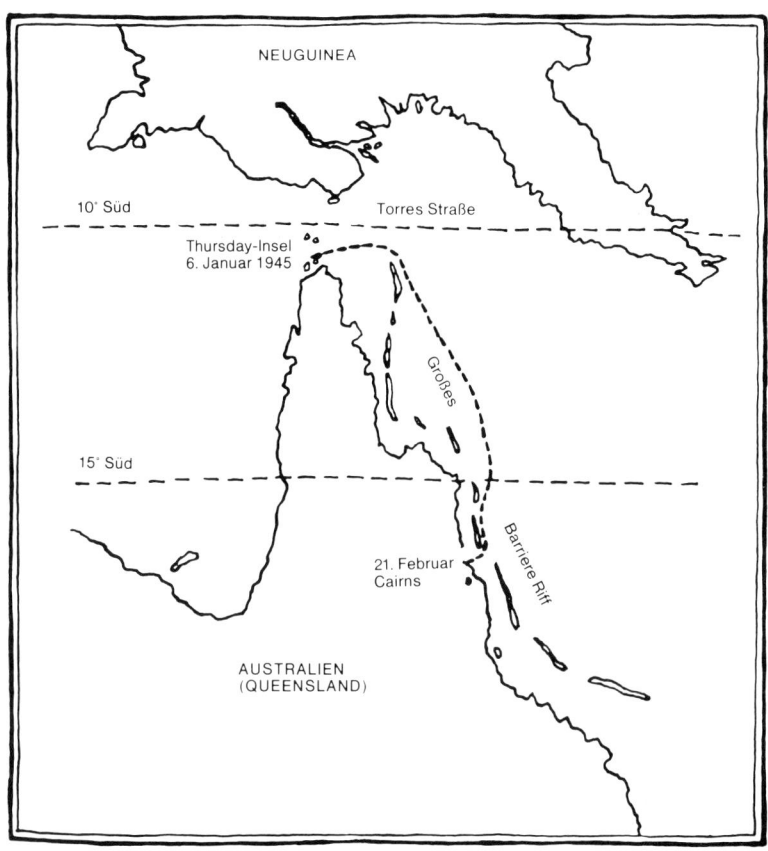

KAPITEL XXV

Das Leben des William Willis als Schiffbrüchiger (1954)

War es wohl das Beispiel von Thor Heyerdal und seiner *Kon-Tiki*, der 1947 mit seiner Fahrt von Callao nach Raroia beweisen wollte, daß Polynesien von peruanischen Zivilisationen kolonisiert worden war, das William Willis auf die Idee bringt, es Heyerdal nachzutun? Das ist mehr als wahrscheinlich. Sicher ist aber, daß sich Willis im Jahre 1954, damals 61 Jahre alt, ein ziemlich ähnliches Floß bauen läßt, das aus sieben dicken Balsaholzstämmen besteht, wovon er den Namen *Die sieben kleinen Schwestern* ableitet. Er vollbringt allein auf seinem Floß eine große Leistung: in 115 Tagen legt er die 6700 Seemeilen von Callao in Peru nach Pago-Pago auf den Samoa-Inseln zurück.

Wir erwähnen ihn hier, weil es für ihn zumindest auch das Wasserproblem gibt, das sich allen Schiffbrüchigen in der gleichen Weise stellt. Mitten im Pazifik muß er mit Schrecken feststellen, daß sein Wassertank ein Leck hat, welches er vorher gar nicht bemerkt hatte. Jetzt verfügt er nur noch über eine verschwindend geringe Menge Trinkwasser.

Möglicherweise hatte er Kenntnis von Bombards Schlußfolgerungen, denn er entschließt sich, täglich Meerwasser zu trinken. Er trinkt es mit Maßen und im Wechsel mit einer Tasse Süßwasser pro Tag, was in diesen Breiten wirklich sehr wenig ist. Er kann sich zu dieser guten Mischung nur beglückwünschen, denn er verspürt keine nachteiligen Wirkungen und erreicht Pago-Pago in ausgezeichneter Verfassung.

KAPITEL XXVI

Die 29 längsten Stunden im Leben des Arne Nicolaysen (1955)

Die Geschichte von Arne Nicolaysen hat nur 29 Stunden angedauert. Das ist sehr wenig im Vergleich zu den anderen Geschichten, die wir schon gelesen haben. Aber es ist trotzdem eine Art Rekord, wenn man weiß, daß diese 29 Stunden zugebracht wurden »mit Schwimmen, mit Sich-treiben-lassen, mit dem Wechsel von Hoffnung in Hoffnungslosigkeit, dann mit Beten, im Dunkel der Nacht und im brennenden Licht der Sonne. 29 Stunden lang die Schiffe vorbeifahren sehen, außer Reichweite der eigenen Rufe und ohne Möglichkeit, zu ihnen zu gelangen.« Wir erzählen seine Geschichte einzig und allein, um seinen Lebenswillen – die Basis für jedes Überleben auf See – aufzuzeigen.

Nicolaysen, 25 Jahre alt, ist Matrose an Bord des norwegischen Schiffes *Hoëg Silverspray*, das sich am Heiligen Abend des Jahres 1955 in den Gewässern zwischen Kuba und Florida befindet. Das Weihnachtsessen ist reichlich, aber es wird wenig getrunken, denn die ungewohnte Anwesenheit der Offiziere hemmt die Matrosen. Das Fest zieht sich dahin. Arne langweilt sich. Gegen 23 Uhr geht er in seine Kabine, legt sich in die Koje und schläft ein. Er träumt von den Weihnachtsfesten seiner Jugend.

»Als ich erwachte,« erzählt er, »fand ich mich im Wasser wieder.« Die einzige Erklärung, die es dafür im Nachhinein gibt ist, daß er schlafwandelte und dabei ins Meer fiel.

Nach einem verständlichen Augenblick des Schreckens analysiert er seine Lage aus mehreren Blickwinkeln: Die *Hoëg Silverspray* ist nicht mehr in Sicht; sie muß schon sehr weit sein, denn man hört ihre Maschinen nicht. Das Wasser ist nicht zu kalt, und mit ständiger Bewegung kann man lange darinbleiben. Aber ständige Bewegung heißt Schwimmen, und das mitten in der Nacht, und in welche Richtung, ohne Kräfte zu vergeuden? Er rechnet sich aus, daß sein Fehlen erst sehr spät am Vormittag entdeckt wird und daß es besser ist, etwa immer am gleichen Ort zu bleiben. Um nicht unnötigen Ballast an sich zu haben, will er gleich seine Hose ausziehen, aber der Gedanke an Haie läßt ein kaltes Schauern über seinen Rücken laufen: »Arne ließ seine Hose an. So schrecklich Haie auch sein mögen, sind sie erstaunlicherweise doch auch sehr feige. Ein so kleines Geräusch wie das Klatschen eines Hosenbeines kann sie erschrecken und sie auf Entfernung halten. Seine Socken sollten auch diesem Zweck dienen. Er zog sie sorgfältig über den halben Fuß, daß sie an den Zehenspitzen klatschen und so als Unterwasservogelscheuche dienen.« Übernehmen wir im folgenden den Bericht dieses ungewöhnlichen Abenteuers, den Robert Littell 1956 in *Reader's Digest* veröffentlichte: »Die schnell aufgegangene, subtropische Sonne erwärmte den Schiffbrüchigen und vermittelte ihm ein wenig Mut dadurch, daß in ihrem Licht die Silhouette eines Schiffes sichtbar wurde. Der junge Mann schätzte die Geschwindigkeit, die Richtung und die Entfernung des Schiffes ab. Dann schwamm er auf den unsichtbaren und weit entfernt liegenden Punkt zu, an dem er logischerweise das Schiff kreuzen mußte. Er verlor viel Zeit und vergeudete wertvolle Kräfte, bis er sich vergegenwärtigte, daß er nie dorthin gelangen würde. Aber er befand sich zumindest auf einer Navigationsroute, was ihm neuen Mut machte.

In den folgenden Stunden kreuzten so denn auch vier oder fünf Schiffe seinen Sichtbereich. Einige schienen so nah zu sein, daß Arne schrie, pfiff, sein Unterhemd – eine kümmerliche und vor Wasser triefende Fahne – auszog und damit hin- und herschwenkte. Ein Schiff war sogar so nahe, daß er das Schlagen der Schraubenblätter hören konnte. Der Himmel weiß, wieviele Schiffe er an diesem Tag sah! Etwa 15 oder 20 glaubte er. Alle blind, taub und unerreichbar. Arne gehört zu jenem Typus, der auf Gefahrensituationen mit Wut reagiert. So unterscheidet er sich von anderen, leicht labilen Typen, die sich in Hoffnungslosigkeit ergehen. Dies erklärt auch, warum er heute noch lebt. Wütend drohte er mit geballter Faust den verschiedensten Schiffen und rief ihnen nach: ,Ich zeig' Euch bei Eurer Gesellschaft wegen der Nachlässigkeit Eurer Wachhabenden an!'«

»Aber langsam ließen seine Kräfte nach, und er fühlte sich immer elender. Die Sonne verbrannte ihn stark; sein Gesicht war von einer Salzkruste erstarrt. Ständig mußte er sich die Beine massieren. . . ,Wenn ich einen Krampf bekomme,' dachte er sich, ,bin ich hin!'. . . »Die große Hitze machte ihn schläfrig, und mehr als einmal schreckte er auf, als er den Mund voll Salzwasser hatte.«. . . »Als die Sonne unterging, vernebelte ihm sein Leid ein wenig seinen Verstand. Er versuchte mehrmals sich dadurch zu ertränken, daß er sich einfach sinken ließ und große Schlucke Salzwasser hinunterwürgte. Aber ,ich verspürte bald eine Art Knall in den Ohren und spuckte alles wieder aus'. . .

Mitten in der Nacht des 1. Weihnachtstages hatte er die Vision, daß zwei seiner Kameraden ,regelrecht auf dem Wasser wandelten'. Er fragte sie: ,Wo ist das Land?' – ,Du brauchst nur genau in Richtung Vollmond zu

schwimmen,' antworteten sie ihm. So folgte Arne mit genauen Schwimm-
zügen der silbrigen Spur des Mondlichtes, an das er sich wie an eine Art
unsichtbaren und leuchtenden Ariadnefaden klammerte. Dies rettete ihm
wahrscheinlich das Leben, denn plötzlich verspürte er einen Schlag in seiner Brust. Er hatte die Lichter eines Schiffes bemerkt, das genau auf ihn zu-
steuerte. Er machte einige schnelle Schwimmbewegungen, um in eine gute
Position zu kommen. Als das Schiff an ihm vorbeiglitt, rief er mehrmals:
‚Hilfe! Mann über Bord!‘ Dann hörte er das Geräusch sich bis zum Still-
stand verlangsamender Maschinen. Vor Freude hörte sein Herz fast zu
schlagen auf. Jemand rief etwas, und ein Rettungsring flog zu ihm herüber.
Es war Montag, vier Uhr morgens. Der Kapitän des Erdöltankers *British
Surveyor*, der ihn auffing, konnte nicht glauben, daß dieser Schiffbrüchige
seit Heiligabend im Wasser war.«

KAPITEL XXVII

Das Leben des Teehu Makimare als Schiffbrüchiger (1963)

Am Morgen des 15. August 1963 verladen sieben Polynesier 20 Sack Puruka, eine Art Grüngemüse, 10 Sack Brotbaumfrüchte, vier Kürbisse und einige Kokosnüsse in einen kleinen Kutter mit dem Namen *Tearoha*. Hinzu kommen noch ein paar andere Lebensmittel als Marschverpflegung und eine japanische Korbflasche mit zwölf Litern Wasser, was wohl für die 21 Stunden ausreichen dürfte, die die Männer vom Manihiki-Atoll trennen. Dorthin sollen sie diese Marktgüter bringen.

Der kleine Kutter ist total überladen. Er mißt nur 4,85 m in der gesamten Länge und 1,50 m am Hauptquerbalken. Die sieben Männer müssen sich auf die Säcke setzen: Taia ist mit 42 Jahren der Älteste von ihnen. Die anderen sind Enoka, Toka, Kira, Tupou und Tom mit 24 Jahren der Jüngste. Der siebte, Teehu Makimare, ist der Held dieser Geschichte. Er ist Perlenfischer, 32 Jahre alt, verheiratet und Vater eines kleinen Jungen.

Um 8 Uhr 30 – Enoka sitzt am Ruder – durchquert die von den Paddelschlägen der sechs anderen Männer angetriebene *Tearoha* die Fahrtrinne. Das Segelwerk, ein Fock- und ein Großsegel, ist aufgezogen. Der Kutter macht Fahrt in Richtung Manihiki. Gegen 14 Uhr erscheint am Horizont – jedoch viel zu weit ostwärts – die Silhouette der Kokospalmen am Strand ihres Heimatatolls. Die *Tearoha* ist bedenklich weit nach Westen abgetrieben worden. Der für den Fischfang in Lagunen ausgelegte Kutter kann auf einer jetzt immer unruhiger werdenden See nicht mit Gegenwind Fahrt machen. Stundenlang kämpft Enoka, um hart am Wind zu bleiben. Wellen schlagen seitwärts gegen das Boot und überspülen die Säcke. Bei Einbruch der Nacht muß geöst werden.

Die *Tearoha* ist auf dem Atoll bemerkt worden. Eine an einem Mast hochgezogene Benzinlampe soll die ganze Nacht über als Leuchtturm dienen. Aber dieser Leuchtturm verschwindet bald aus den Augen der sieben Männer im Kutter, denn das leichte Boot wird immer weiter nach Westen abgetrieben.

Am Morgen des 16. August vervollständigt sich das Unglück noch, als der

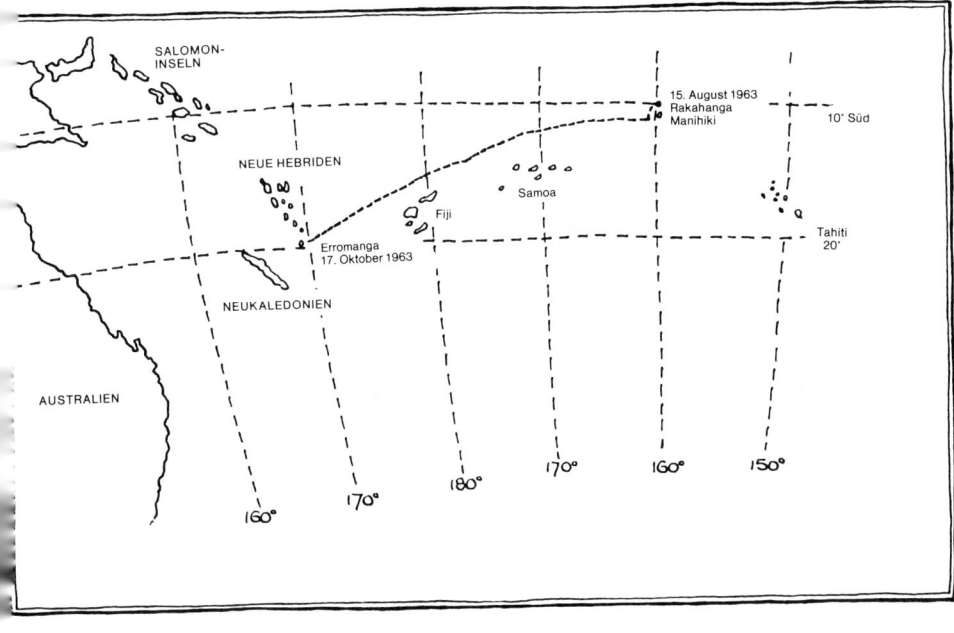

Ausleger abgerissen wird, der das Focksegel mit ins Wasser zieht. Das Großsegel wird ebenfalls in Mitleidenschaft gezogen, und ein großer Teil der Ladung geht über Bord. Den ganzen Tag über paddeln die sieben Polynesier bis zur Erschöpfung, um sich gegen die Elemente zu behaupten. Dann übernimmt Teehu das Ruder, macht eine Wende und dreht das Boot in eine andere Fluchtrichtung. Manihiki liegt jetzt hinter ihnen und verschwindet sehr schnell. Mit diesem Rudereinschlag beginnt ihr Leben als Schiffbrüchige.

Trotz des Sturmes unternimmt der Statthalter von Manihiki eine Suchaktion mit dem Regierungskutter. Wasserflugzeuge der Rettungswacht, die am Morgen des 16. alarmiert worden sind, überfliegen ständig das Gebiet, in dem die Schiffbrüchigen vermutet werden. Am Sonntag, dem 18. August, beugt sich der Gouverneur von Rorotonga der nicht mehr abzuändernden Schlußfolgerung, daß die sieben Männer ertrunken sein müssen.

Während die Regierung die Suchaktion einstellen läßt, legt sich der Sturm. Auf der *Tearoha* macht sich jedermann daran, den Ausleger zu reparieren, der noch immer mit dem Wasserstag und dem Focksegel im Wasser hängt. Nach einigen Stunden kann der Kutter wieder Fahrt aufnehmen – diesmal nach Puka-Puka, einer Insel im Südwesten, etwa 200 Seemeilen von Manihiki entfernt.

91

Der nur für einen Tag mitgeführte Proviant ist längst aufgebraucht, und trotz Wasserrationierung – zwei Schluck, die dreimal pro Tag in einer halben als Meßbecher dienenden Kokosnuß ausgeteilt werden – ist die Korbflasche fast leer. Das Purukagemüse und die anderen Früchte müssen also roh gegessen werden. Da hat Teehu eine geniale Idee. Lassen wir jetzt Barry Wynne weitererzählen, der den Bericht unseres Helden niedergeschrieben hat:»Mit einem Mal erinnerte sich Teehu der beiden, für seine Tante bestimmten Petroleumbüchsen, die im Ladeteil untergebracht waren. An Bord waren auch noch verschiedene leere Konservendosen, die die Männer schon während des Sturmes zum Ösen benutzt hatten. Mit diesen Dosen, dem Petroleum und ein wenig Einfallsreichtum müßte sich doch ein behelfsmäßiger Kocher bauen lassen. Innerhalb weniger Augenblicke war die Mannschaft der *Tearoha* von fiebriger Erwartung erfüllt. Teehu machte sich mit einem starken Taschenmesser an einer zwei Liter fassenden, alten Milchdose zu schaffen. Bei seinen Überlegungen war ihm klar geworden, daß die Wärmequelle vor allem windgeschützt sein mußte. Er wollte dann ein Mittel finden, um Wasser zum Kochen zu bringen, das sich in einer 400-gr-Büchse befand. Er verfügte alles in allem nur über einen Liter Petroleum. Der Kocher sollte also so wirksam wie nur möglich sein. Er schnitt eine breite Öffnung in den unteren Teil einer alten Corned-beef-Dose mit etwa 200 Gramm Volumen, die die Wärmequelle aufnehmen sollte, welche er sich erst am Schluß vornehmen wollte. Dann machte er zwei winzige Löcher auf halber Höhe in die Milchdose und fädelte in die Öffnungen ein Stück Draht, das er im Boot gefunden hatte. Die Enden des Drahtes bog er um. Mit dieser Vorrichtung konnte er einige Zentimeter über der Wärmequelle eine Büchse von mittlerer Größe in die größere stellen. Die unglaublichsten Vorschläge wurden gemacht, als ein behelfsmäßiger Docht hergestellt werden sollte. Jeder einzelne wurde aus diesem oder jenem Grund verworfen, bis man sich plötzlich auf die Hosentasche von Tupou einigte. Eine große Zeremonie ging dem Abtrennen dieses Stückes Stoff und seiner Einfügung in die Büchse voraus. Teehu machte ein kleines Lock in den Deckel, der noch nicht ganz abgelöst war. Dann zog er das Stoffstück hindurch und goß ein wenig des kostbaren Petroleums darüber. Er schloß den Deckel so gut es ging und schob die kleine Büchse in den Kocher. Die Männer bereiteten das Purukagemüse und die Brotbaumfrüchte vor, indem sie sie in kleine Würfel schnitten. Diese legten sie vorsichtig in den improvisierten Topf und bedeckten sie mit Meerwasser. Mit allergrößter Vorsicht plazierte Teehu diesen Topf in den behelfsmäßigen Kocher. Dann zündete er mit einem von Kitas Streichhölzern das Stück Stoff an.
Am 21. August, dem siebten Tag, fällt als Erhörung inständiger Gebete der erste Regen. Die Männer nehmen das Großsegel herunter und spannen

es über die gesamte Breite des Kutters. So können sie innerhalb von zehn Minuten die Korbflasche füllen. Sie freuen sich, da zahlreiche Fregattvögel sie umfliegen und ihnen so die Nähe von Puka-Puka anzuzeigen scheinen. Tage vergehen. Häufige Bäder trotz der umherschwimmenden Haie sind eine Wohltat für die steifen Glieder. Das Regenwasser in der Korbflasche wird immer weniger. Sie vermischen es mit ein wenig Meerwasser. Am 27. August geht das Petroleum zu Ende, nachdem sie zum dritten Mal Gemüse gekocht haben. In den folgenden Tagen kauen sie auf dem rohen Gemüse herum, das immer mehr verdirbt und schließlich ungenießbar wird. Sie entdecken zwei alte Angelhaken, die in ihnen ihren Fischerinstinkt wecken. Um eine Leine zu bekommen, wickeln sie mit viel Geduld das Knotengeflecht ab, das die Korbflasche umgibt. Ein Stück Stoff von einem weißen Hemd dient als Köder. Aber das wird ein totaler Mißerfolg. Trotz eines ganzen Vormittags voller Ausdauer beißt nichts an. Jeder Tag schwächt die Moral und die Konstitution der Männer mehr und mehr. Nur Teehu rafft sich immer wieder auf, ist immer zur Stelle und muntert seine Kameraden den ganzen Tag auf. Dabei läßt er den Horizont nicht aus den Augen. So bemerkt er in den letzten Augusttagen auf der Wasseroberfläche einen großen Klumpen von Samenkörnern. Barry Wynne erzählt: »Teehu drehte eines dieser Samenkörner in seiner großen Hand. Er bemerkte, daß es an dem einen Ende eine kleine Öffnung hatte, aus dem ein junger Trieb hervorkam. Er untersuchte das Korn genauer und sah plötzlich, daß die Schote zwei kleine Seeschnecken barg, die darin Unterschlupf gefunden und sich schnell in ihr Haus zurückgezogen hatten. Mit seinem Messer konnte er den fleischigen Teil eines dieser Tiere wieder herausziehen, das er sogleich verschlang. Zwar war die Schnecke wie Gummi zu kauen, hatte aber, wie es ihm schien, einen nicht minder delikaten Geschmack. Mit Freude verstand er, daß die unglückliche Mannschaft der *Tearoha* soeben eine zwar kleine, aber dafür nicht zu verachtende Quelle an frischer Nahrung entdeckt hatte.«

Am 7. und am 9. September entdeckt er jeweils eine Kokosnuß, deren Milch und Fleisch zu gleichen Teilen aufgeteilt wird. Am 11. September – die See ist ganz ruhig – spürt Tom, der nach vorne in sich zusammengesunken ist und eine Hand kurz über der Wasseroberfläche hat, etwas Glitschiges, das sich seines Handgelenkes bemächtigt. Er zieht seine Hand sofort hoch und reißt etwa 15 in sich verschlungene Polypen mit. Sie werden sofort gierig verschlungen. Von Zeit zu Zeit holt ein kurzer Niederschlag die Schiffbrüchigen aus ihrem Dämmerzustand. Sie fangen immer weniger Regenwasser auf, denn ihre Bewegungen werden immer schleppender. Bis sie das Großsegel ausgebreitet haben, um das Wasser aufzufangen, ist der Regen meist schon vorbei. In diesem elenden Zustand beginnt für sie auch der

33. Tag ihres Überlebens auf See. Dieser Tag soll für sie der schlimmste in ihrem Leben als Schiffbrüchige werden.»Die Segel hingen schlaff herunter. Die *Tearoha* schaukelte auf den seichten Wellen herum. Mit einem Mal verwandelte sich die Stille in ein unvorstellbare Getöse. Mit voller Kraft blies der Wind in die Segel. Die *Tearoha* bäumte sich auf, als wollte sie den Elementen trotzen. Dann gab der Rumpf nach einem furchtbaren Schlag den Kampf auf, drehte sich zur Seite und dann – inmitten eines schäumenden Chaos – ganz mit dem Kiel nach oben.« Das alles hat nur wenige Sekunden gedauert. Teehu ist im Rumpf eingeklemmt. Es gelingt ihm, sich zu befreien und mit der letzten Atemreserve an die Oberfläche zu kommen. Mit einem schnellen Blick rundum stellt er fest, daß Kita fehlt. Er atmet tief ein und taucht wieder. Er arbeitet sich durch ein wüstes Durcheinander von Tauen, Segeln und Gegenständen aller Art. Kita ist unter dem Vorderaufbau eingeklemmt. Er befreit ihn und bringt ihn nach oben. Teehu hält ihn zehn Minuten lang an der Oberfläche der jetzt wieder ruhigen See. Endlich kommt Kita zu Bewußtsein. Seine anderen Gefährten sind hoffnungslos und apathisch. Sie klammern sich an den Rumpf und atmen zwischen den einzelnen Wellen kurz ein. Teehu weiß nicht, wo ihm der Kopf steht. Er vertraut Kita Taia an, um selbst hinter der treibenden Korbflasche herzuschwimmen. Er spricht mit seinen Gefährten, beruhigt sie, gibt ihnen einen besseren Halt, um sich dann einer übermenschlichen Aufgabe zuzuwenden: die *Tearoha* wieder aufzurichten, die ihn kieloben herausfordert. So muß er immer wieder tauchen, um das Segelfall zu finden, die mit Wasser vollgesogenen Knoten zu lösen, die Segel vom Mast zu nehmen, den Mastbaum herauszuziehen und dann das Fock in Angriff zu nehmen. Stundenlang macht Teehu das, was ein Perlentaucher sonst nie macht: er taucht und taucht. Seine Finger tasten in einer sich bewegenden, blaugrünen Welt herum. Er müht sich ab, das vom Wasser aufgequollene Fall von seiner Klampe zu bekommen. Als er mit Atemnot wieder nach oben kommt, wird ihm schwindelig. Während er seinen Atem normalisiert, beobachtet er seine Freunde, informiert sie über sein Vorankommen und hält in einem Augenblick Kita an den Haaren fest, als dieser wieder das Bewußtsein verliert. Dann taucht er wieder – wohl zum hundertsten Mal – und macht das Fall ganz frei. Er führt die Gaffel über den Mast und ohne irgendeine Unterstützung macht er mit großer Anstrengung den Mastbaum frei.

Tupou und Toka überwinden ihre Stumpfsinnigkeit und kommen Teehu zu Hilfe. Sie treideln Mastbaum und Segel und bauen mit zwei Paddeln daraus eine Art Stoffloß, auf das sie Kita und Tom bringen, denen es am schlechtesten geht.

Stunden vergehen, dann kommt der Augenblick, in dem der Rumpf gedreht werden soll. Beim ersten Mal klappt es nicht. Nachdem das Fock gelöst ist, bringt ein erneuter Versuch die *Tearoha* in ihre normale Lage. Teehu klettert hinein und will ösen. Während er noch etwas sucht, mit dem er ösen kann, kentert das Boot ein zweites Mal.

Enttäuschung bemächtigt sich der Männer; mit Ausnahme von Teehu, der mit ihnen ein »*Vater unser*« betet und sie dann zu einem erneuten Versuch motiviert. Der Kutter wird wieder aufgerichtet. Diesmal klettert Teehu vorsichtiger hinein, schwimmt in dem Wasser, das sich im Innern befindet, und erreicht den Mast. In der Zwischenzeit halten die anderen das Schiff im Wind. Teehu kann den Keil herausziehen, der den Mast im Fuß hält. Mit letzter Kraft zieht er auch diesen heraus und wirft ihn ins Wasser. Dann öst er über Stunden mit einer großen Konservendose und dem Deckel eines Koffers. Endlich können seine Freunde an Bord. Während er sich ausruht, bemerkt er, daß das Stoffloß verschwunden ist. Die Nacht bricht herein. Kita und Tom sollen Manihiki nie wiedersehen. In der gleichen Nacht stirbt auch Enoka. Die Erschöpfung der vier anderen Geretteten ist so groß, daß sie seinen Leichnam nur mit Hilfe der beiden Paddel über Bord hieven können.

Am Montag, dem 16. September, läßt der Sturm nach. Erst jetzt kann Teehu das Ausmaß der Schäden feststellen: »Auf dem Boot war nichts außer den beiden Paddeln, der großen, leeren Konservendose und dem Kofferdeckel. Sie hatten weder einen Mast noch das Segel, das als Leichentuch für Kita und Tom davongetrieben war.«

»Das Gehäuse des Kompasses war noch am Rumpf befestigt, jedoch war dieses wichtige Führungsinstrument nicht mehr darin. Sie hatten überhaupt keine Nahrungsmittel mehr; auch nicht ihre Korbflasche mit Wasser. Lediglich etwas mehr Platz zum Ausstrecken war jetzt vorhanden. Aber viel bequemer war das auch nicht. Da auch die Strohsäcke fehlten, wurden ihre wunden Körper durch die ständige Berührung mit den Bodenspanten nur noch mehr gequält.« So beginnt jetzt für sie ein zweites, noch schrecklicheres Leben als Schiffbrüchige, das bis zum 17. Oktober andauern soll.

Nichts bleibt den vier Überlebenden während dieser 31 Tage erspart. Während der ersten sechs Tage können sie ihren Durst nur mit ein paar Schluck Meerwasser stillen. Am 21. September fangen sie mit Hilfe des Kofferdeckels ein wenig Brackwasser auf, aber trotz allem nicht genügend, um es in ihrer Konservendose aufzubewahren. Wieder trinken sie Meerwasser. Es gibt nur wenige, kurze Regenfälle. Jeden Morgen lecken sie die Holzteile des Kutters ab, auf denen sich feiner Tau niedergeschlagen hat. Die Nächte sind sehr kalt geworden. Tagsüber brennt die Tropensonne mit Höllenglut herab. Der wohltuende Schatten des Segels ist nicht mehr vorhanden – genauso wie ihre Freunde, die auf ihm abgetrieben wurden. Während des ganzen Monats essen sie zu viert nur 13 Fliegende Fische – die einzige Gabe, die ihnen das Meer trotz ihrer ständigen Gebete gibt. Am 63. Tag auf See, dem 16. Oktober, entdeckt Teehu direkt voraus eine Insel. Er rüttelt seine Freunde wach, will ihnen aufhelfen, damit sie das Land sehen, aber sie zeigen kein Interesse und sind praktisch ohne Bewußtsein. Stunde um Stunde sieht Teehu die Berge näherrücken. Aber er erkennt bald, daß die Drift sie bei ungünstigem Wind weiter auf See hinaustreibt. Er zieht seine Gefährten aus, legt sein Hemd ab und baut daraus mit den beiden Paddeln eine Art Segel.»Dann ging Teehu ins Achterschiff und setzte sich ans Ruder, das er nach Steuerbord drehte. Zu seiner großen Freude konnte er den Steven um einige Grad nach Süden bringen. Zum ersten Mal seit fünf Wochen gehorchte – wenn auch noch schwach – die *Tearoha* einer Menschenhand. Ihr Vorankommen war kaum zu bemerken, aber das Schiff driftete zumindest nicht mehr in die falsche Richtung.«

Meter um Meter kämpft sich Teehu voran. Er entdeckt eine Durchfahrt. Am Donnerstag, den 17. Oktober, gegen 16 Uhr 30, läuft die *Tearoha* wenige Meter von einem wunderschönen, weißen Korallensandstrand auf. Nur Teehu kann sich auf den Beinen halten. Er zieht seine Gefährten unter naheliegende Kokospalmen. Während er mit ihnen spricht, um sie aus ihrer Stumpfsinnigkeit zu reißen. rafft er ein paar Kokosnüsse zusammen. Mit seinen wackeligen Zähnen beißt er in den dichten Flaum. Sein Zahnfleisch beginnt zu bluten. Er aber denkt nur an die Flüssigkeit, die bald zwischen die geschlossenen Zähne seiner Freunde rinnen wird.

Am nächsten Morgen werden sie von Eingeborenen aufgefunden, die ihnen eine erste Mahlzeit bringen. Sie befinden sich auf der Insel Erromanga im Archipel der Neuen Hebriden. Ihre Freude währt jedoch nicht lange, denn drei Tage nach ihrer Anlandung stirbt ihr Freund Taia.

Am 8. Februar 1965 erhält Teehu auf Manihiki den folgenden Brief von einem Abgeordneten des Generalgouvernements:»Das ‚Department of Island Territories‘ mit Sitz in Wellington ließ uns ein Telegramm zukommen, mit dem uns mitgeteilt wird, daß Seine Königliche Hoheit, der Herzog von Gloucester, Ihnen die Stanhope-Goldmedaille für das Jahr 1964 zuerkannt hat. Dies ist eine außergewöhnliche Auszeichnung, da die Stanhope-Medaille die mutigste Lebensrettung belohnt, die bei der ‚Royal Live Saving Society‘ des Britischen Commonwealth verzeichnet wird.«

KAPITEL XXVIII

Das Leben von Henri und José Bourdens als Schiffbrüchige (1967)

In seinem Buch »Croisière cruelle« erzählt Henri Bourdens viel von seinen Abenteuern als gestrandeter Schiffbrüchiger auf einer einsamen Insel und somit mehr von den Problemen des Überlebens auf Land und im Dschungel als von den Fragen, die uns hier beschäftigen. Um jedoch der immer schwieriger werdenden Lage auf der Insel zu entfliehen, beschließen er und seine Frau, auf einem selbstgebastelten Floß den Versuch zu wagen, bewohntere Gebiete zu finden. Und so wird er zu dem Schiffbrüchigen, wie wir ihn hier untersuchen.

Mitte Januar 1967 befinden sich Henri und José Bourdens mit ihrer *Singa Betina*, einem als Bedor bekannten malaiischen Boot, das in etwa die Kombination einer mittelmeerischen Schiffsrumpfzelle mit einer chinesischen Betakelung ist, nicht weit von Celebes. Eine Havarie zwingt sie, zur Reparatur Kurs auf Darwin zu nehmen, obwohl sie keine Karten dieses Gebietes haben, weil es in ihrer Fahrtroute nicht vorgesehen war.

Am 27. Januar erreichen sie die Insel Bathurst. Um den kleinen Kanal zu suchen, der Bathurst von der Schwesterinsel Melville trennt, fahren sie in eine Lagune ein und laufen auf. In der folgenden Nacht ist die Flut so stark, daß sie die *Singa Betina* auf den Strand wirft. Um die Wartezeit auf eine neue, starke Flut, die ihr Boot wieder freimachen kann, zu überbrücken, richten sich die Bourdens mit allen Bequemlichkeiten, die sie auf ihrem Boot haben, auf der Insel ein. Nur Moskitoschwärme und Sandfliegen bereiten ihnen Schwierigkeiten. Dann aber kommt ein Sturm und zerstört mit dem Boot all ihre Hoffnung, die Insel Bathurst zu verlassen.

In den folgenden Wochen entdecken sie die immer größer werdenden Gefahren des Überlebens auf einer einsamen Insel. Diese Form des Überlebens ist in vielerlei Hinsicht auch sehr grausam. Grausam genug zumindest, daß die Bourdens sich nach zwei Wochen dazu durchringen, das Festland zu verlassen – das doch das Ziel vieler Schiffbrüchiger ist – um sich erneut dem Meer anzuvertrauen. Sie haben sich aus den Wrackteilen der *Singa Betina* ein einfaches Floß gebaut. Den Großmast haben sie in zwei

97

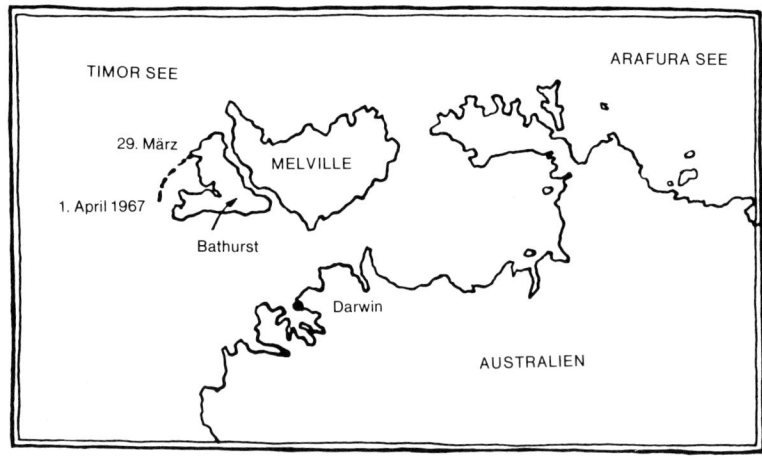

Teile zersägt, ebenso den Fockmast und den Ausleger. Das Ganze haben sie mit Wanten zusammengeknüpft und durch vier starke, querliegende Balken verstärkt. Zwei dicke, zusammengebundene Bambusrohre, die sich über einen langen, durchgehenden Mangrovenbaumstumpf erheben, dienen als Mast. Das Sturmsegel der *Singa Betina* wird am Floß ein Lateinsegel. Zur Verbesserung der Stabilität werden vorn Plastikkanister und hinten kleine Fässer genommen.

Mit 20 Litern Wasser und ein paar Meeresschnecken – ihrer einzigen Nahrung seit geraumer Zeit – verlassen sie ihre Insel am 29. März. Die Gefahren des Anlandens, die sonst bei Schiffbrüchigen den Schlußpunkt ihres Leidens darstellen, werden bei ihnen zu Problemen, mit denen ihr Leben als Schiffbrüchige auf See erst beginnt. Sie nutzen die Flut aus und überwinden so das vorgelagerte Riff. Am 30. März stellen sie mit Schrecken fest, daß das Floß aufquillt. Das trockene Bauholz saugt sich mit Wasser voll. An diesem Tag essen sie außer ein paar Meeresschnecken noch rohe Krabben von 1 cm Länge, die neben ihrem Floß herschwimmen und sich an den Bohlen festsetzen.

Am 31. März ist das Floß so stark aufgequollen, daß sie mit den Füßen schon im Nassen stehen. Sie trinken zwar, haben aber keine Kraft mehr, auf Krabbenfang zu gehen, obwohl die Tiere ihr Floß noch immer umschwimmen. Am 1. April ist Henri Bourdens schon halb im Koma. Der Tag neigt sich mit seinen letzten Stunden Licht dem Ende zu, als das Wunder geschieht. Eine Stunde vor Sonnenuntergang erscheint ein Segel am Horizont. Sie zünden einen Rauchkörper und werden gerettet.

KAPITEL XXIX

Das Leben der Familie Robertson als Schiffbrüchige (1972)

Die *Lucette*, ein 19-Tonnen-Schoner mit 13,10 Metern Länge hat gerade die Galapagos-Inseln verlassen. An Bord sind Dougal und Lynn Robertson, ihre Kinder Douglas, 18 Jahre alt, die Zwillinge Neil und Sandy, 12 Jahre alt, sowie ein junger Waliser, Robin Williams, 22 Jahre alt. Am 15. Juni 1972, um 9 Uhr 45, greift, 200 Seemeilen entfernt von Kap Espinosa, eine Gruppe Schwertwale den Schoner an und reißt ein riesiges Leck in die Planken. Innerhalb von vier Minuten sinkt die *Lucette*; innerhalb von vier Minuten verwandelt sich das glückliche Leben von sechs Personen während eines Segeltörns in das unglückliche Schicksal von Schiffbrüchigen auf einem Floß und in einem Dingi, mit nur so wenig Gerätschaft, Wasser und Lebensmitteln, wie die geringe Zeitspanne sie schnell zusammenraffen ließ.

In seinem Buch »Survive the Savage Sea« erzählt Dougal Robertson die 38-tägige Odyssee, die diesen fatalen vier Minuten folgt. Es ist sehr schwer, den Verlauf in eine kurze und knappe Form zu fassen; so informativ und instruktiv ist jede Seite seines Buches. Die einfachste Art, das Wesentliche zu erfassen, ist vielleicht die Betrachtung der großen Übel, gegen die die sechs Menschen ankämpfen mußten.

Das erste und größte Problem ist ihr Floß. Alle sechs sind in einem Gummifloß von 2,90 Metern zusammengepfercht – das ist etwas mehr als die Hälfte von Bombards Floß. Ihre Körper sind durcheinandergewürfelt. Will sich einer von ihnen bewegen, so sagt er dies vorher an. Dies löst nun wieder eine Reihe von vorsichtigen Bewegungen der anderen Besatzungsmitglieder des Floßes aus. Schon in der ersten Nacht sind ihre ohnehin schon geprüften Körper ohne Unterlaß durcheinandergeschüttelt und von den Schlägen der Fische, die unter dem Floßboden eine Zuflucht gefunden haben und dauernd dagegenstoßen, zusätzlich gemartert. Sie sollen sich nie daran gewöhnen. Auch sinkt in den ersten Tagen der Luftdruck in den Luftkammern. Die Luftpumpe arbeitet sehr schlecht. So müssen sie den Druck durch Aufblasen halten und auftretende Löcher sofort schließen.

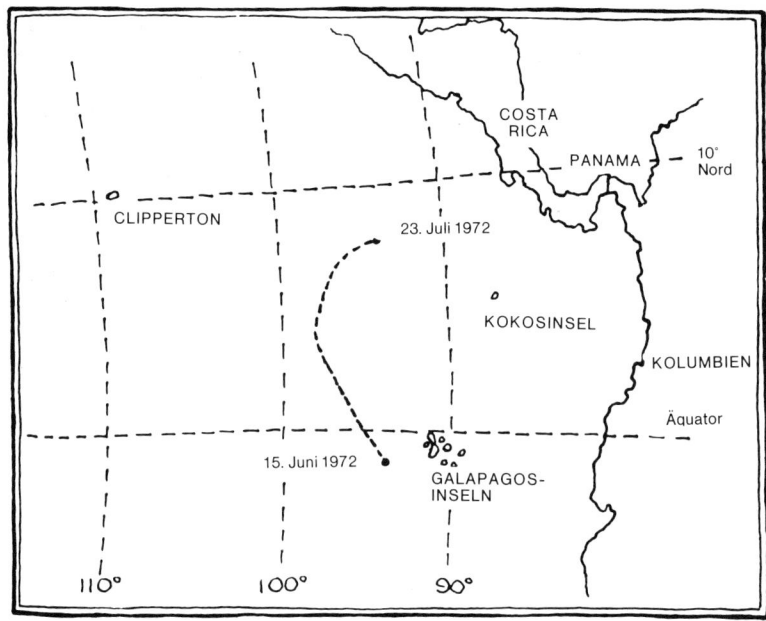

Am achten Tag muß der Wachhabende ständig ösen oder aufblasen. Am 14. Tag wird es immer schwerer, die Löcher zu schließen. Der Wachhabende ermüdet bei seiner Arbeit mehr und mehr. In ihnen kommt der Gedanke auf, in das Dingi überzuwechseln. Am 17. Tag ist es dann soweit. Komplizierte Manöver müssen ausgetüftelt werden, um beim Wechsel nicht zu kentern. Dieses ständige Gleichgewichthalten beim Fischen, bei Verlagerungen im Dingi oder bei schwerer See wird ab jetzt in jeder Minute bis zu ihrer Rettung Teil ihres Lebens sein.

Das zweite Übel, das sie überwinden müssen, ist der Durst. Das einzige, was sie haben, ist die Überlebensration des Floßes mit zehn Litern Wasser sowie zehn Orangen und sechs Zitronen, die sie am 15. Juni im Augenblick des Unglücks noch schnell mitnehmen konnten. Sie befinden sich in einem Gebiet, in dem nach statistischen Wetteruntersuchungen Regen nicht vor sechs Monaten zu erwarten ist. So ist Wasserrationierung (ein Liter pro Tag für alle sechs) von Anfang an eine beschlossene Sache. Die Gesamtmenge soll zehn Tage halten, was aufgrund von einfachen Berechnungen ausreichen müßte, regenreichere Gebiete weiter nordwärts zu erreichen. Am dritten Tag gibt es jedoch einen kurzen Regenguß. Das aufgefangene Wasser ist gelb und noch salzhaltiger als Meerwasser. Davon können sie keinen einzigen Tropfen verwenden. Dennoch löst diese Erfahrung einen wahren Verhaltenskatalog für den nächsten Regen aus. Erst am siebten Tag kommt er zur Anwendung. Ein langer Regenguß läßt die Auffang-, Spül- und Konservierungsmethoden verfeinern. Sie füllen ihre Reserven neu auf. Aber in Anbetracht der Ungewißheit des nächsten Regens wird weiter rationiert. Der Durst ist allgegenwärtig. Am 15. Tag bessert erneuter Regen ihre kritische Lage – sie hatten nur noch dreieinhalb Liter Wasser. Ihr widersinniges Verhalten, tagelang dursten und dann mehr trinken als der Verstand gebietet, wenn es dann regnet, bringt Lynn, eine ausgebildete Krankenschwester, auf den Gedanken, Brackwasser für Darmspülungen zu nutzen. Ein Plastiksack wird als Behälter und ein Stück Gummischlauch der nie funktionierenden Pumpe wird als Spritze genommen. Darmspülungen werden für alle zur Pflicht.

Am 22. und 23. Tag wird Wasser in Form wahrer Wasserhosen zu einer Geißel. Immer kälteres Wasser stürzt auf sie herab. Sie müssen laufend ösen. Gleichzeitig wird die See aufgewühlt. Welches Wunder mag wohl vollbracht haben, daß dieses mit sechs Personen überladene Dingi nicht kentert? Mangels entsprechender Behältnisse verfügen sie einmal über reichlich, ein anderes Mal über fast gar kein Wasser. Am 28. Tag wird dann das Problem der Wasserlagerung durch einen genialen Einfall gelöst. Eine der noch vorhandenen, als Schwimmkörper am Steven des Dingi genutzten Luftkammern des Floßes wird im richtigen Verhältnis mit Wasser gefüllt und dann aufgeblasen, um einerseits eine gute Schwimmfähigkeit, andererseits eine ausreichende Wasserreserve zu erzielen.

Trotz dieser Verbesserungen zur Bekämpfung der großen Durstprobleme ist am 32. Tag wieder ein kritischer Punkt erreicht. Lediglich zweieinhalb Liter Wasser sind übrig. Nur mit den Methoden Bombards, Trinken von Schildkrötenblut und Flüssigkeitsgewinnung aus Fischen, überleben sie die Zeit bis zum Augenblick ihrer Rettung.

Hunger ist das dritte Hauptübel der Schiffbrüchigen. Der Überlebenssack des Floßes bietet zehn Personen für zwei Tage Nahrung in Form von vitaminreichem Brot und Zucker. Dazu kommt das, was sie in allerletzter Minute noch gerettet haben: einen Sack Zwiebeln, eine Büchse Biskuit und ein Glas mit 250 Gramm Bonbons mit Weintraubengeschmack. Eine magere Bilanz. Sie müssen bis zum Morgen des dritten Tages warten, an dem sie im Dingi einen 20 cm langen Fliegenden Fisch finden. Er war in der Nacht gegen das Segel geprallt, als noch alle, erinnern wir uns, auf dem Floß waren. Dieser Fisch bietet aber mehr als nur ein paar hundert Gramm Proteine. Er löst eine ganze Serie von Aktivitäten aus, die auf das Fischen ausgerichtet sind. Der Kopf des Fliegenden Fisches dient als Köder. Aber er geht mit dem in der Floßausrüstung gefundenen Haken verloren. Drei weitere Haken sind noch übrig. Daneben gibt es noch einen Blinker, eine Rolle und eine Angelleine an Bord. Robertson versucht sich mit dem Blinker, den aber ein Hai verschlingt. Das ist der Auslöser dafür, daß nun nichts Unüberlegtes mehr unternommen wird. Ein neuer Blinker wird aus dem Deckel der Biskuitdose gebastelt. Ein Haken wird daran gehängt, und ein Stück Stoff wird als Köder hergenommen. Mit viel Geduld und genauem Studium der unter dem Floß schwimmenden Fischarten wird am sechsten Tag eine große Menge Doraden gefangen. Insgesamt wiegen sie 16 Kilo. Alles, bis auf die zum Dörren ausgelegten Filets, wird verschlungen.

Trotz ständig verbesserter Technik reicht die anwachsende Menge doch nie aus, sechs Menschen zu sättigen, die jeden Morgen aufs neue hungrig sind. Robertson untersucht Möglichkeiten, dies zu beheben. Er baut erst eine, dann eine zweite Harpune, mit der er seine tägliche Trefferquote steigern kann. Wir werden später noch die Techniken sehen, die er hätte anwenden können. Sein Fischfang hätte nie ausgereicht, seine ganze Familie damit zu retten. Zum Glück befanden sie sich in einer schildkrötenreichen Zeit und Gegend.

Am siebten Tag kündigt sich die erste Schildkröte durch einen dumpfen Schlag gegen die Unterseite des Floßes an. Dieser Schlag ist sehr unterschiedlich zu dem mehr oder weniger anhaltenden Schlagen der Doraden. Sie halten die Schildkröte an einem der hinteren Paddel fest und bringen sie in das Dingi. Die Schildkröte muß so um die 40 Kilo wiegen – ein wahrer Glücksfall bei diesem ersten Mal. In trunkener Erwartung des festlichen Mahls, das sie erwartet, vergessen sie das Blut aufzufangen und werfen die – wie sie glauben – giftige Leber ins Meer. Sie sind zu sehr mit dem anatomischen Aufbau des Tieres beschäftigt, um an alles zu denken. Die Schildkröte wird zerlegt. Es ist ein Weibchen voller Eier. Es wird ein Festessen. Einzelne Fleischteile werden zum Dörren ausgebreitet. Sie sind als Vorrat für Tage gedacht, an denen es weniger zu essen gibt. Ständig muß während der Dörrzeit der Himmel beobachtet werden, um das trockene Fleisch vor einem sich ankündigenden Regenguß in Sicherheit zu bringen. Die zweite Schildkröte wird am 14. Tag gefangen. Diesmal nutzen sie auch das Blut, konservieren es durch Gerinnung, durch Herstellen einer Art schmackhafter »Blutwurst« und von Plasma, mit dem sie andere Speisen aufwerten. Viele andere Schildkröten folgen. Sie töten die Tiere immer schneller, erarbeiten eine bessere Technik des Zerlegens und des Zubereitens. Alle Reichtümer, die die Schildkröten bieten, werden besser und besser genutzt. Sie nehmen das Fett zum Schmieren der Instrumente, zum Herstellen von Salben, für Darmspülungen und legen sogar eine kleine Ölreserve an, um die Wellen bei Sturm zu glätten.

Während der 38 Tage ihrer Odyssee fangen sie zehn große Schildkröten. Im Nachhinein kann man sagen, daß sie diesen Reptilien ihr Leben verdanken, da Seevögel nicht auf ihrem Speiseplan standen. Am 19. Tag setzt sich ein blaufüßiger Tölpel auf Douglas Schulter. Sie fangen ihn nicht, weil sein Fleisch »zäh, salzig und voller Bakterien« sein soll, was ein Irrtum ist.

Es muß hervorgehoben werden, daß die Robertsons sich immer besser auf weniger fischreiche Tage vorbereiten. So haben sie an Sturmtagen, an denen Fischfang nicht möglich ist, immer eine Reserve an gedörrtem Fisch oder Fleisch. Darauf werden wir noch zurückkommen, denn anscheinend haben nur sehr wenige Schiffbrüchige diese Art der Konservierung anzuwenden gewußt.

Es gibt viel zu sagen über die Summe der Erfahrungen im Überleben, die die Robertsons gemacht haben. Wir werden später noch Gelegenheit haben, diese im einzelnen zu betrachten. Bevor wir zum Ende ihrer Irrfahrt kommen, muß aber noch ein Hauptpunkt angerissen werden: die medizinischen und psychologischen Probleme. Lynn Robertson ist Krankenschwester. Ihre Kenntnisse der Physiologie – verbunden mit mütterlichem Instinkt – haben sie Wunder vollbringen lassen. Trotz der sich selbst auferlegten und vor ihrem Mann verheimlichten Einschränkungen zugunsten der beiden 12-jährigen Zwillinge kann sie die katastrophalen Auswirkungen der Seekrankheit, von der sie alle in den ersten Tagen betroffen waren, beheben. Denn seekrankheitsbedingtes Erbrechen und die dadurch hervorgerufenen hydro-elektrolytischen Störungen des Organismus hätten ihr aller Ende bedeuten können. Ab dem zweiten Tag, nach einer Nacht, in der jeder aufgrund seiner Krämpfe die Enge des Floßes zu spüren bekommt, massiert sie lange und täglich die Beine ihrer Kinder. Jeden Tag läßt sie eine Gymnastikübung durchführen, selbst auf die Gefahr eines zu großen Kalorienabbaues hin. Sie veranlaßt Darmspülungen erst mit Brackwasser, dann mit Schildkrötenöl, was wir bereits erwähnt haben. Dougal Robertson leidet 26 Tage an Verstopfung. Der Zwilling Neil hat erst am 30. Tag wieder Stuhlgang.

Alles in allem war Lynn Robertson der ausgleichende Faktor. Temperamentsbedingte Störungen und psychologische Probleme gab es zwar reichlich, doch wurden sie immer gemildert, dann ganz behoben durch ihre profunden Kenntnisse der menschlichen Seele.

Am 23. Juli, dem 38. Tag nach ihrem Schiffbruch, kreuzt gegen Tagesende der japanische Thunfischfänger *Toka-Maru II* ihre Route. Ein erstes Leuchtsignal hellt die Dämmerung auf. Dougal hält die Handfackel, bis seine Finger von der Hitze angesengt werden. Die zweite Handfackel funktioniert nicht. Er greift nach der Taschenlampe, aber das ist nicht mehr nötig, denn der Thunfischfänger hat den Kurs geändert und steuert auf sie zu.

Wir glauben, daß die Robertsons die nicaraguanische Küste erreicht hätten, auf die sie zusteuerten. Im Augenblick ihrer Rettung waren sie noch 290 Seemeilen von der Küste entfernt (somit hatten sie schon 750 Seemeilen zurückgelegt). Aber ihre Geschichte endet hier. Wenn man bedenkt, wie sie in einem einfachen Dingi zusammengepfercht waren, mit zwei Kindern an Bord, wieviel Zeit ihnen blieb, die *Lucette* zu verlassen und welche anderen Faktoren noch zum Tragen kamen, so ist, in unseren Augen, ihre Geschichte eine der wunderbarsten, obwohl es noch viele andere gegeben hat, die von Zeit und Strecke her wesentlich länger waren.

KAPITEL XXX

Das Leben von Lucien Schiltz und Catherine Plessz als Schiffbrüchige (1972)

Das Mittelmeer ist nicht besonders günstig für das Überleben auf See, bemerkte Bombard schon 1952. Zwanzig Jahre später sollen zwei junge Leute dafür den Beweis erbringen. Ein Spezialist der See und erfahrener Segler, Jacques Vignes, hat einen Bericht über das Abenteuer der beiden erstellt. Am 11. September 1972 legt im kleinen Hafen von Beaulieu ein Schratsegelkutter mit Stahlrumpf, die *Njord*, acht Meter lang und leicht beladen fast sieben Tonnen schwer, zu einer langen Kreuzfahrt in tropische Meere ab. An Bord sind der 25-jährige Lucien und die 19-jährige Catherine, die das Schicksal zu einem ungewöhnlichen Abenteuer zusammengebracht hat.

Schon in den ersten Tagen zeigt sich das Mittelmeer von seiner schwierigsten Seite. Trotz eines Treibankers am Heck bekommt der Kutter oft Schlagseite. Zwar richtet sich die *Njord* immer wieder auf, aber es stellt sich schon eine Stimmung ein, die man als ängstliche Vorahnung auf das bevorstehende Drama bezeichnen könnte. Es ist erst 17 Uhr 30; aber, obwohl noch September, ist es durch den wütenden Sturm schon vollkommen dunkel. Die Bordbeleuchtung funktioniert nicht. Dann schlägt eine riesige Welle über dem Kutter zusammen und reißt Lucien vom Ruder. Auch Catherine, die sich am Schot des Großsegels festklammert, kann sich nicht lange halten. Beide gehen über Bord. Nach mehreren erfolglosen Versuchen gelingt es ihnen, unter Ausnutzung der Bewegungen des Bootes nacheinander wieder an Bord zu kommen. Das Ruder und die Takelage sind weggerissen. Die steuerlose *Njord* beginnt zu treiben. In der Dunkelheit scheint unter Deck alles voll Wasser zu sein. Es herrscht ein unbeschreibliches Durcheinander.

Und dann ereignet sich das, was im Nachhinein äußerst schwierig nachzuvollziehen ist. Eine Reihe unergründlicher Umstände läßt sie von Bord gehen, obwohl die stark mitgenommene *Njord* keine gefährlichen Schäden aufweist. Lassen wir Jacques Vignes diese Fehlentscheidung erzählen: »In

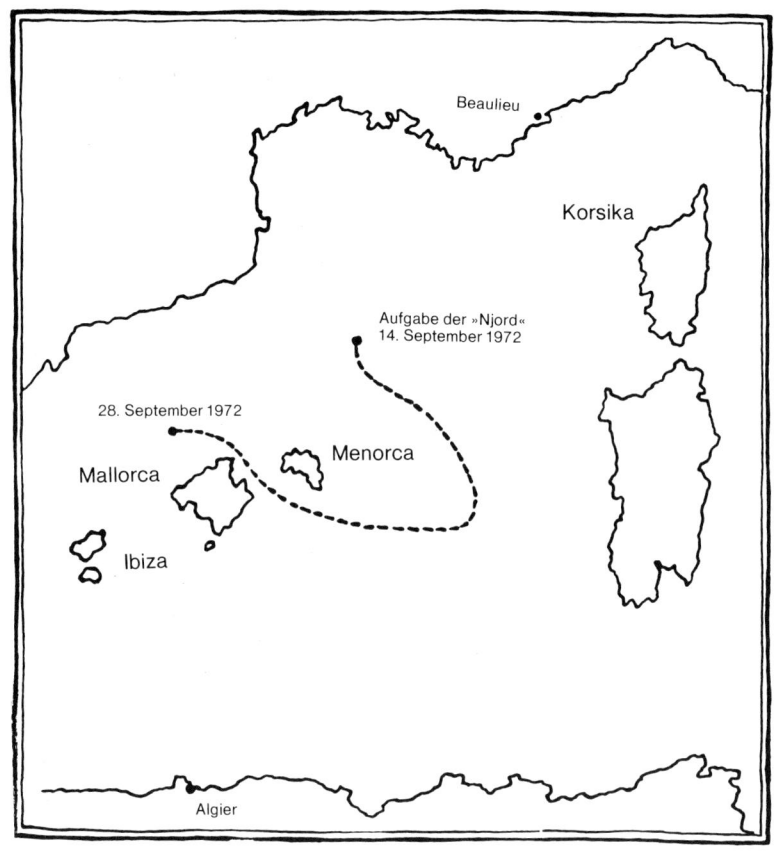

den von Müdigkeit und einer Folge von Emotionen durcheinanderge-
brachten jungen Leuten setzt sich ein Gedanke fest: das Gummifloß.
‚Ich war überzeugt, daß es sich nicht aufblasen würde, wenn man es benutzen wollte,‘ sagte Lucien. Nach einem kurzen Augenblick des Zögerns
macht er sich trotzdem ans Werk. Das Floß liegt dort in seinem Sack, am
Deckhaus hinter dem Mast befestigt. Er will den Versuch wagen, macht
sich aber keine großen Hoffnungen. Wozu auch, denn es bläst sich ja doch
nicht auf! Catherine macht keine Anstalten, irgendetwas zu tun. Sie sitzt
von Müdigkeit und Abneigung übermannt im Cockpit. Lucien steigt auf
das Deckhaus, greift nach dem Zugring und reißt daran. Sofort entfaltet
sich das Floß und wird im selben Augenblick vom Wind ergriffen und
beinahe über Bord geweht. Lucien krallt sich daran fest und kann es in sei-

ne Gewalt bringen. Er reißt es von den Wanten herunter, die es fast in Stücke geschnitten hätten. Er schleift es bis ins Cockpit. Es ist jedoch unmöglich, das fast zwei Meter durchmessende, kreisrunde Gummifloß mit dem ringähnlichen Wulst, über dem sich ein Nylonzelt spannt, dort unterzubringen. Die einzige Möglichkeit ist, es zu wassern und gut an der *Njord* festzumachen.

Ab diesem Moment lassen geistige Mechanismen, die für jeden Psychologen eine wahre Freude wären, die beiden den Entschluß fassen, in das Rettungsfloß umzusteigen, das für sie (in Konsequenz ihrer logischen, aber von unserem Standpunkt aus total unlogischen Gedankenabläufe) die Sicherheit darstellt.

Es ist 19 Uhr 50 und der 14. September 1972. Lucien und Catherine sind im Rettungsfloß. Vorher haben sie noch Konserven, Leuchtraketen, zwei Kanister mit 20 Litern Wasser, einen Kompaß und einen Lederbeutel mit Geld und Papieren auf das Floß geschafft.

Dann reißt auch noch die Halteleine zur *Njord*. Die schwarze Masse des Kutters verschwindet in der Dunkelheit. In den folgenden acht Stunden kentern sie dreimal, verlieren fast ihre gesamten Vorräte und mühen sich jedesmal ab, um ihr Floß wieder umzudrehen. Mit dem anbrechenden Tag müssen sie die Luftkammern aufpumpen und kentern dabei erneut. Dieses Mal werden sie 15 Meter weggeschleudert. Sie raffen ihre letzten Kräfte zusammen und schwimmen zum Floß. Dort strecken sie sich auf der kieloben schwimmenden Unterseite aus. Sie haben weder den Willen noch die Kraft, das Floß umzudrehen. Langsam erholen sie sich und kommen wieder zu Atem. Auch der Überlebenswille stellt sich wieder ein. Mit Hilfe einer großen Welle wird das Floß in die richtige Lage gebracht. Es hat aber kein Zeltdach mehr, nur der ringförmige Wulst ist noch da. Den ganzen 15. September über bläst der Wind mit Stärke acht. Das Meer ist aufgewühlt. Jede Welle läßt ein paar Liter Wasser mehr im Floß zurück, das immer schwerer wird und alle zwei bis drei Stunden kentert. Sie, die noch morgens zur Aufgabe bereit waren, drehen ihr Floß unaufhörlich um und verbessern ständig die Technik. Zum Glück können sie bei Tag die helfende Welle leichter ausmachen. »Dann begreifen sie langsam, daß sie, wenn sie auf den Luftkammern sitzen, das Floß besser im Gleichgewicht halten und so ein häufiges Kentern vermeiden können. Sie müssen nur im richtigen Augenblick ihr Körpergewicht auf die richtige Stelle verlagern. Das Prinzip ist einfach. Das Floß dreht sich langsam um sich selbst, etwa eine Umdrehung in zehn Minuten. Im günstigsten Fall ist einer von ihnen mit dem Rücken zur Welle, der andere ihr genau entgegengesetzt. Der in Windrichtung Sitzende sieht die Welle anrollen, kann warnen und sich ein wenig nach vorne beugen, um den Schwerpunkt zu verlagern. In der Zwischenzeit kann der andere den Stoß auffangen.«. . .»Welle um Welle füllt sich das Floß. Wenn sie das Wasser bis zum Knie stehen haben, ist es bald soweit. Wenn es dann zum Kentern kommt, krallen sie sich derart fest, daß sie hinterher auf der Unterseite liegen, ohne wirklich ins Wasser gefallen zu sein. Sie richten das Floß immer sofort auf. Sie haben ihren Rhythmus gefunden. Dann helfen sie sich gegenseitig an Bord zu kommen und vermeiden so jede unnütze Anstrengung. Das geleichterte Floß nimmt Fahrt auf. Wind und Wellen nehmen es erneut mit rasender Geschwindigkeit mit.«

Der Morgen des 16. September bringt eine kleine Atempause.»Der Wind war auf etwa Stärke fünf bis sechs abgefallen, aber die Wellen blieben hoch und unberechenbar. Das Floß war fast halbvoll Wasser. Die Gefahr zu Kentern stieg ständig. Es mußte dringend geleert werden. Aber wie? Ein gewolltes Kentern herbeiführen? Daran war nicht zu denken. Dann kam uns eine Idee. Ich zog meine wachsbeschichtete Hose aus. Wir banden jedes Hosenbein zu und benutzten die Hose als Schöpfgefäß. Das war ziemlich wirkungsvoll, nur durfte man nicht zuviel Wasser damit aufnehmen. Die Hose wäre sonst zu schwer geworden, und wir hatten nicht mehr die Kraft, sie hochzuheben. Kam dann eine Welle, die unserem Floß hätte gefährlich werden können, ließen wir alles stehen und liegen und setzten uns auf den Wulst, um das Gleichgewicht zu halten. Um alles Wasser vom Boden des Floßes zu bekommen, benutzten wir die Pumpe. Aber so gut man mit ihr auch die Luftkammern aufpumpen konnte, so schlecht konnte man mit ihr das Wasser abpumpen. Es ging so schwer, daß Catherine große Mühe hatte.«

In diesen 48 Stunden läßt sie der ständige Kampf gegen das Ertrinken, die Kälte und den Schlaf, Hunger und Durst vergessen. Sie essen nichts, trinken aber alle drei Stunden einige Schluck von den zehn Litern Wasser aus dem einzigen Kanister, den sie nach dem ersten Kentern noch retten konnten. Eine eingehende Betrachtung ihres Berichtes läßt nachträglich den Schluß zu, daß die durch die konsequente Rationierung nie an Durst litten. Regen fällt häufig, und sie haben schnell gelernt das Wasser aufzufangen. Jedoch haben sie mit Ausnahme einiger Bissen Corned-beef aus einer Konservendose nichts zu essen. Sie hungern während der gesamten zwölf Tage ihrer Drift, was natürlich ihre Schwäche und Lethargie aus den ersten Tagen noch steigert und von denen sie sich auch nicht erholen werden.

Ein Bad hat ihnen am fünften Tag große Erleichterung gebracht. Sie haben ihre steifen Glieder gelockert und unter dem Floß Fische entdeckt. Aber sie haben kein Angelgerät und auch nichts, aus dem sie sich ein Provisorium bauen könnten. Um ehrlich zu sein, sie versuchen es nicht einmal, denn ihr Zustand scheint auch ihre Vorstellungskraft geschwächt zu haben. Eine Vorstellung arbeitet jedoch zeitweise in ihnen und läßt Gedanken an Kannibalismus aufkommen. Beide stellen Mutmaßungen darüber an, was wohl vom anderen eßbar sein mag. Es liegt auf der Hand, daß in diesen letzten Tagen sich ihre Beziehung zueinander, mehr oder weniger unbewußt, verschlechtert hat. Alain Bombard hatte sehr wohl recht, als er hervorhob, daß das Mittelmeer für ein Überleben auf See nicht besonders geeignet sei. Aber er merkte auch an, daß die negativen Eigenschaften dieses Meeres durch einen positiven Faktor ausgeglichen werden; und zwar die große Verkehrsdichte, die einer schnellen Rettung zum Vorteil sein kann. Aber leider ist diese Schnelligkeit nicht immer gegeben. So haben Lucien und Catherine ein Dutzend Schiffe ihren Weg kreuzen sehen. Dabei gab es eine dramatische Mischung aus Hoffnung der beiden Schiffbrüchigen und unwissender Teilnahmslosigkeit derer, die im Schutz ihres Schiffes ruhten. Gegen zwei Uhr am Morgen des 15. September, nur wenige Stunden nach ihrem Schiffbruch, fuhr ein Schiff in weniger als einer Seemeile Entfernung vorbei. Lucien schießt eine einzelne Rakete ab, obwohl sie sich schon zu sehr seitlich hinter dem Schiff befinden. Aber es ändert seinen Kurs. Lucien zündet jetzt eine der drei Phosphorhandfackeln, die er besitzt. Er schwenkt die Fackel heftig und verbrennt sich dabei sehr. An Bord des Schiffes weiß man jetzt, daß sich in der Umgegend ein Drama abspielt, und streicht die See verzweifelt mit dem Strahl eines Scheinwerfers ab. Lucien zündet die zweite, dann die dritte Handfackel. Ohne Erfolg. Im Morgengrauen nimmt das Schiff, das sie hätte retten können, wieder seinen alten Kurs auf, weil es die Signale der beiden nicht erkannte.

Wir haben gesagt, ein Dutzend Schiffe habe ihren Weg gekreuzt. Davon waren einige in Rufweite, andere kamen bis auf wenige Meter so nah heran, daß sie sich in ihrer Bugwelle befanden.

Bevor wir den Versuch starten werden, die Probleme des Überlebens auf See zusammenzufassen, wollen wir schon jetzt anmerken, daß man sich nie auf diese neue Generation von Seeleuten verlassen sollte, die nur nach den Angaben ihr Schiff steuern, die ihnen ein dösender Radarbeobachter gibt.

Am 26. September trifft diese Behauptung nicht zu. Es ist ihr 12. Tag als Schiffbrüchige auf See. Sie sind abgekämpft, kraftlos und niedergeschlagen darüber, daß sie eine der Baleareninseln nicht erreicht haben. Um ihr zu schwierig gewordenes Überleben schneller zu beenden, trinken sie auf einen Schlag ihre gesamte Wasserreserve, um noch einmal ein Gefühl des Wohlseins zu erleben. Da werden sie in zwei Meter hohen Wellen von einem Frachter, der *Abel Tasman*, bemerkt und gerettet.

KAPITEL XXXI

Das Leben von Maurice und Maralyn Bailey als Schiffbrüchige (1973)

Von der Auswertbarkeit her kommt nach unserer Auffassung direkt nach der wissenschaftlichen Erkenntnis von Bombard und der Geschichte vom Abenteuer der Familie Robertson der Erfahrungsbericht der Baileys. Alle anderen Berichte besitzen zwar einen gewissen Informationsgehalt, jedoch sind sie selten so vollständig und auswertbar wie der dieses Paares, das nach Poon Lim wohl den zweiten Rekord im Überleben auf See hält. Wenn es uns zu schwierig erschien, einen Bericht zusammenzufassen, haben wir ihn, wie bei Bombard und der Familie Robertson, in lebenswichtige Themen aufgeteilt. So wollen wir es auch bei dieser Irrfahrt halten.

Am 4. März 1973 befindet sich das Segelschiff von Maurice und Maralyn Bailey, die *Auralyn*, etwa 300 Seemeilen von San Christobal (Galapagos), als es von einem Pottwal gerammt wird, der durch die Harpunierung eines Walfängers wenige Stunden zuvor rasend vor Schmerzen geworden ist. Ein Leck von 30 auf 45 Zentimetern unterhalb der Wasserlinie ist die Folge. Sie versuchen noch das Leck mit dem Ersatzfock, dann mit Decken abzudichten, aber es bleibt ihnen schließlich keine andere Möglichkeit, als das sinkende Schiff zu verlassen. Bis zu ihrem Entschluß, das AVON-Floß und das kleine Gummibeiboot zu Wasser zu lassen, vergehen 40 oder 50 Minuten. Aber erst in den allerletzten Minuten raffen sie noch die für ihr Überleben wichtigen Gegenstände zusammen.

Hier müssen wir einen Einschub vornehmen, in dem wir einen Mann und eine Frau kritisieren, die etwas gemacht haben, was ein von seinem Überlebensinstinkt geleitetes Tier nie gemacht hätte. In ihrem Buch ist ein ergreifendes Foto der bei ruhiger See sinkenden *Auralyn* zu sehen. Im Vordergrund ist Maurice Bailey auf seinem Floß mit einem Blick, der ihn schon als Schiffbrüchigen aufweist. Das Foto zeigt etwas Erhabenes, beunruhigt uns aber auch, da wir wissen, was sie während dieser 117 folgenden Tage erleben werden. Wir stellen uns all die Handgriffe vor, die während der Aufnahme hätten gemacht werden können, da ihr Boot doch noch schwamm. Jeder dieser Handgriffe hätte wahre Schätze sammeln können

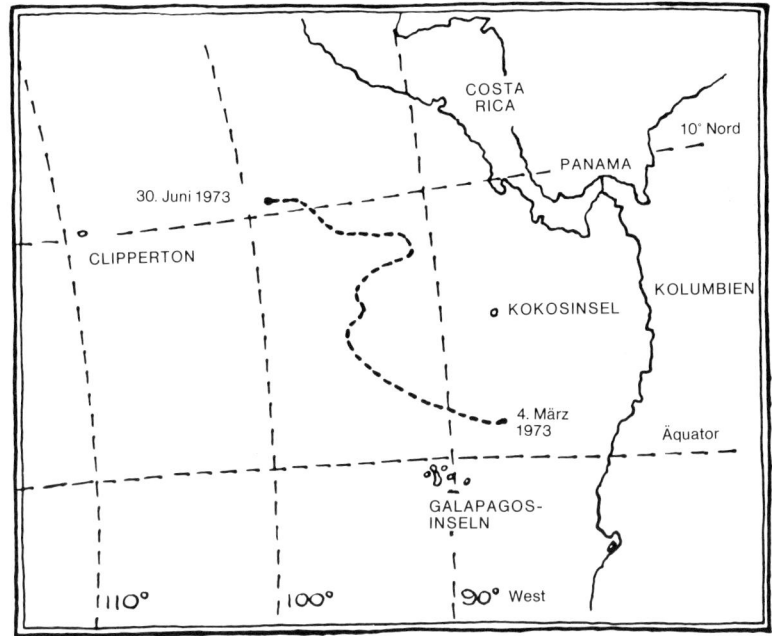

und wäre eine Verbesserung dessen gewesen, was trotz allem noch ein voller Erfolg geworden ist. Bevor wir diesen Einschub beenden, bitten wir unsere Leser, ob Seeleute oder nicht, das Foto auf Seite 21 der französischen Ausgabe »117 jours à la dérive«*) anzuschauen. Es stellt dar, was den Erfolg oder das Scheitern eines Schiffbrüchigen ausmacht. Für die Baileys ist es gut ausgegangen. Mehr kann man dazu nicht sagen. Diejenigen, die einmal die wenigen Minuten eines Schiffbruches erleben könnten, mögen auf ein derartiges Foto verzichten und die dafür verwendete Zeit lieber nutzen, um von Bord des sinkenden Schiffes noch einige Gegenstände zum Angeln, einen Bootshaken, ein Unterwassergewehr, einige zusätzliche Lebensmittel oder einen Wasserkanister mehr zu retten. Für die sich anschließende Zeit werden sie von unschätzbarem Wert sein.

Aber wir schreiben erst den 4. März. Vor einigen Minuten ist die *Auralyn* ganz von der Wasseroberfläche verschwunden. Die beiden Schiffbrüchigen erstellen eine erste Bilanz, nachdem sie noch zuvor die herumschwimmenden Trümmer auf Brauchbares untersucht haben. Als Gefährt verfügen sie über ein *Avon Rubber Co.*-Floß von 1,35 Metern Durchmesser

* *A. d. Ü.:* Titel der englischen Originalausgabe: »117 Days Adrift«.

111

(der Hersteller legt dieses Modell ernsthaft für vier Personen aus) sowie über ein Gummibeiboot derselben Marke, das sie gut kennen und das von großer Stabilität und nahezu unzerstörbar ist. Dieses Beiboot mißt 2,75 Meter und ist durch eine aufblasbare Bank zweiteilbar. Es besitzt zwei feste Rudergabeln sowie die dazu gehörigen Ruder. Für ihr Überleben haben sie für etwa 20 Tage Wasser und Lebensmittel, sofern sie sich sehr einschränken. Gehen wir jetzt die einzelnen Kapitel ihrer Geschichte durch.

Das Wasser rationieren die Baileys gleich von Anfang an so, daß die Menge erheblich unter dem normalen Bedarf liegt. Sie trinken es schluckweise, fragen sich dabei aber, ob es nicht besser sei, die tägliche Ration auf einmal zu trinken, da die Aufteilung in ihnen den Eindruck hinterläßt, ihren Durst nicht gestillt zu haben. Aber das ist wirklich nur ein Eindruck, der von geringer physiologischer Bedeutung ist. Ziemlich schnell werfen sie die Frage auf, ob sie ihr Süßwasser mit Salzwasser strecken sollen. Wir kommen darauf noch zurück. Während des ersten Regens haben sie die gleichen Probleme wie all ihre Vorgänger. Sie fangen ein Wasser auf, dessen salziger Gummigeschmack vom Körper nicht vertragen wird. Aber sie passen sich der Situation an, feilen ihre Auffangtechnik aus und werden so nie wirkliche Probleme mit Wasserverlust haben.

Beim Fischfang entwickeln die Baileys eine beinahe perfekte Technik. Obwohl sie über keinerlei Fanggerät verfügen, halten sie dreimal so lange aus wie die Robertsons und doppelt so lange wie Bombard. Ihre ersten Haken sind abgebrochene Sicherheitsnadeln. Eine über alles erhabene Geduld und ein Fischerinstinkt, den, wie ich mir denke, wohl nur alte Angler anzuerkennen wissen, lassen sie Fisch auf Fisch fangen. So wird ihr Buch von Seite zu Seite in gewisser Weise zu einem Handbuch des Fischfangs mit Beschreibung jeder einzelnen Technik, ob der einfachsten oder der ausgefeiltesten. Dabei wird nicht vergessen, das Verhalten der Tierwelt des Meeres, der Geschmack einer jeden Art, die als Köder zurückzuhaltenden Stücke usw. zu beschreiben. Aus dem Beiboot machen sie sogar ein Aquarium, in dem sie lebende Fische und kleine Schildkröten bevorraten.

Schildkröten treten in diesem Gebiet des Pazifiks sehr zahlreich auf. Aus ihrem Bericht haben wir entnommen, daß sie 22 große Schildkröten gefangen haben. Fangen sie zwei Tiere zu schnell nacheinander, binden sie das eine Tier an einem seiner Paddel fest und lassen es um das Floß schwimmen. Sie versuchen sogar, sich von Schildkröten ziehen zu lassen.

Seevögel, blauer Pazifiktölpel, brauner Tölpel und Sturmvogel, lassen sich auf ihrem Floß nieder. Die Baileys scheuen sich nicht, sie zu fangen und zu essen.

Diese Kurzbeschreibung der Nahrungsquellen der Baileys würde zu Irrtümern führen, wenn sie den Eindruck hinterließe, ihr Leben sei idyllisch verlaufen. Durch die rein eiweißhaltige Nahrung, vor allem aber durch die außergewöhnliche Dauer dieser Ernährung waren sie bedeutenden physischen Störungen ausgesetzt. Neben Hauterkrankungen, die bis zur Schorfbildung reichten, litten sie unter großem Gewichtsverlust, Gelenkversteifung, Muskelschwund, ruhrartigem Stuhlgang usw. Aber ihre geschwächten Körper und ihre abgezehrten Gesichter waren, wie bei den meisten, deren Geschichte wir hier erzählt haben, beseelt von einem nur selten niedergeschlagenen Willen. Zwar gab es einige Phasen von Depression und Angst, aber diese waren immer nur vorübergehend und überwindbar.

Das achte Schiff, das sie in einer Entfernung von etwa einer halben Seemeile sehen, ein koreanischer Fischdampfer, die *Woelmi 306*, bringt ihnen am 30. Juni die Rettung.

Wir wollen die Geschichte der Baileys nicht beenden, ohne noch ein paar Zeilen zu zitieren, die die letzten Minuten ihres Lebens als Schiffbrüchige beschreiben. »‚Hör' auf, herumzuspringen; spar' Dir Deine Kräfte auf,‘ sagte ich zu Maralyn. Sie hört nicht und schwenkt weiter ihre Weste in Richtung auf das Schiff, das uns jetzt sein Heck zeigt. Es ist das erste Schiff, das wir seit 43 Tagen sehen. ‚Komm' zurück!‘, schreit Maralyn, ‚bitte. . .!‘ Im Beiboot kniend denke ich überhaupt nicht mehr an das Schiff. Maralyn fleht es an zurückzukommen. Es soll wegbleiben, sage ich mir, das hier ist jetzt unsere Welt, das Meer, die Vögel, die Fische, die Schildkröten. Maralyn hat plötzlich aufgehört, zu bitten und zu flehen, schwenkt aber weiter wie wild ihre Jacke. Ich schaue hoch und beobachte das Schiff einige Augenblicke lang. Ich betrachte es doch länger, skeptisch. Kommt es auf uns zu oder spielen mir meine Augen einen Streich? Maralyn sieht mich an, mit glänzenden, feuchten Augen. ‚Es kommt zurück‘, sagt sie.«

Ja, wir haben richtig gelesen: »Es soll wegbleiben; das ist jetzt unsere Welt, das Meer, die Vögel, die Fische, die Schildkröten.« Für uns liegt in diesen Gedanken, die Maurice Bailey in den Kopf schießen, die größte Lehre, die ein Schiffbrüchiger geben kann.

Teil II

Einleitung

Zu Beginn des zweiten Teils dieses Buches erkennen wir in all ihren Ausmaßen die große Paradoxie, die sich ergibt, wenn man vom Schreibtisch aus das Überleben auf See abhandelt, ohne jemals selbst die Vielzahl der Probleme durchlebt zu haben, die man nun lösen will. Ich habe zwar die Welt umsegelt und furchtbare Stürme mitgemacht (der Schweif eines Zyklons war lange Stunden eine große Bedrohung, an die ich mich immer erinnern werde), aber ich befand mich trotzalledem im sicheren Schutz eines großen Bootes mit ultramodernen Kommunikationsmitteln, die in großem Maße die Möglichkeit, ein Schiffbrüchiger zu werden, einschränkten. Sicher, ich habe den Durst kennengelernt, sogar bis zu dem Punkt, wo ich nicht mehr trinken konnte, als mir das so erhoffte Wasser gereicht wurde. Ich habe dieses Brechreiz erregende Gefühl kennengelernt, das einen das heilende Wasser solange zurückstoßen läßt, bis die Wasserversorgung der Haut durch eine lange und wohltuende Dusche ein Nachlassen der Speiseröhrenverkrampfung bewirkt und man den ersten Schluck Flüssigkeit herunterbringt. Aber dieses Gefühl dauerte nur wenige Stunden an. Ich habe auch den Hunger kennengelernt, als ich als kleiner Pariser Junge die deutsche Besatzung im 2. Weltkrieg miterlebte. Aber ich erreichte damals nie dieses Stadium, in dem man an irgendetwas herumknabbert, nur um überhaupt etwas zu haben, oder in dem man Halluzinationen bekommt. Ich habe Kälte und Hitze ertragen, aber was ist das schon gegenüber dem, was die Berichte im ersten Teil dieses Buches auch nur leise anklingen lassen? Kurz gesagt, ich halte es nicht für angemessen, jetzt und hier ein Urteil und eine Kritik über die abzugeben, deren Abenteuer wir gelesen haben. Je-

114

doch haben sich mir beim Lesen in meinem bequemen Sessel oft die Haare gesträubt, wenn der eine oder der andere Schiffbrüchige nicht das unbedingt notwendige Regenwasser auffing oder nicht einmal versuchte, nach den Fischen zu greifen, die doch neben seinem Boot herschwammen, wenn er das Blut einer Schildkröte vergeudete und deren Leber ins Meer zurückwarf oder sich weigerte das Fleisch eines Tölpels zu probieren, wo doch andere Berichte mir dann den Beweis ihres Irrtums lieferten.

Damit jeder dieser Irrtümer, die – man muß es jetzt schon sagen – fatale Auswirkungen haben können, bekannt ist, habe ich mich dazu entschlossen, eine ganze Handakte, die seit Jahren im hintersten Winkel einer meiner Schubladen dahinschlummerte, in Buchform zu bringen.

Es erschien uns logisch, den zweiten Teil in so viele Kapitel aufzuteilen, wie es Übel für einen Schiffbrüchigen gibt. In einem ausgezeichneten Beitrag in der Zeitschrift *Bateaux* vom April 1970 zeigt Doktor H. Tanguy vier große und zwei kleine Übel auf, mit denen es der Schiffbrüchige zu tun bekommt: das Ertrinken, die Kälte, die Panik und der Durst stellen die ersten vier dar, wohingegen der Hunger und die Müdigkeit als die kleineren Übel angesehen werden. Es liegt auf der Hand, daß eine derartige Klassifizierung, die bei der Betrachtung der einen oder der anderen Geschichte durchaus logisch ist, für den Schiffbrüchigen selbst reine Theorie bleibt. Das ist der Preis, den man für eine voreilige Schematisierung zahlen muß. So wird man denn auch beim Lesen der einzelnen Berichte sehr schnell feststellen, daß es keine großen oder kleine Übel gibt, sondern einzig und allein Probleme, die es zu lösen gilt. Einige leichter, andere schwerer. So ist der Durst leicht zu stillen, wenn man sich in Breitengraden oder in Jahreszeiten befindet, in denen es häufig regnet. Er wird also zu einem zweitrangigen Problem. Fischen ist einfach, wenn das Gerät vorhanden und das Gebiet fischreich ist. Der Hunger ist also nur eine Frage der Einschränkung. In der Äquatorzone ist Kälte wohltuend, wohingegen sie bei Blackburn die Ursache seiner Leiden und der Amputationen war. Ohne noch weitere Beispiele aufzuzählen, merkt man schon, daß je nach Jahreszeiten, Breitengraden und nach verfügbarem Material jedes dieser großen Übel zum wesentlichen werden kann. So wollen wir denn nicht dem einen oder dem anderen Faktor einen höheren Stellenwert beimessen, sondern sie alle als gleich lebenswichtig behandeln, wie es oft der Fall ist.

KAPITEL I

Der Kampf gegen Durst

Ozeane haben mit Wüsten gemein, daß sie für den Menschen, der um sein Überleben kämpft, ein Reich des Durstes sind. Der Durst ist eines der am schwierigsten zu lösenden Probleme, denn die Fristen, in denen er den menschlichen Organismus heimtückisch zermürbt, sind ziemlich kurz. Der Mensch reagiert auf Flüssigkeitsverlust viel empfindlicher als auf Hunger. Die Begleiterscheinungen, die die durch Flüssigkeitsverlust hervorgerufenen Störungen verursachen, werden sehr schnell irreversibel. Darüber hinaus hat der Durst noch wesentlich stärkere Auswirkungen auf Moral und Psyche als der Hunger und bleibt somit praktisch immer der Mittelpunkt aller Überlebensanstrengungen von Schiffbrüchigen.

Wir unterteilen dieses Kapitel in drei Unterabschnitte:
- Methoden zum Erhalt von Süßwasser und aller, Wasser ersetzenden hypotonischen Flüssigkeiten;
- Methoden der Konservierung, denn wir werden noch sehen, daß der Erhalt von Süßwasser nicht ständig gegeben ist;
- und schließlich Methoden zum Auffangen von Süßwasser, die sehr unterschiedlich sein können und davon abhängig sind, ob der Schiffbrüchige sich in einem Gebiet oder einer Jahreszeit befindet, in denen der Erhalt von Süßwasser leicht oder nur schwer möglich ist.

1) ERHALT VON SÜSSWASSER

a) Wasserreserven an Bord des Rettungsfloßes

Die Mehrzahl der Rettungsflöße hat theoretisch eine Süßwasserreserve in Metalldosen an Bord. Für den Schiffbrüchigen ist es wichtig, durch Rationierung einige Tage zu gewinnen, in denen er sein Überleben organisieren kann. Wenn dasselbe Floß mit mehr Schiffbrüchigen besetzt ist als vorgesehen, was sehr oft der Fall ist, wird die gleiche Menge Wasserreserve nur für den Übergang von einer normalen Wasserversorgung zu einer gänzlich anderen Art der Flüssigkeitszufuhr und für die erste Gewöhnungsphase reichen. Die an Bord der Gummiflöße vorgesehenen Wassermengen sind lächerlich gering. Nehmen wir nur als Beispiel den am 24. Januar 1967 im französischen Amtsblatt erschienenen Ministererlaß, der für französische Rettungsflöße der Klassen I und II pro Person 1500 ml beziehungsweise 600 ml vorsieht.

b) *Im Augenblick des Schiffbruches auf das Rettungsfloß zu bringende Wasserreserven*

Aus dem vorhergehenden ergibt sich, daß jeder Schiffbrüchige im Augenblick des Schiffbruches – ungeachtet der ihm verbleibenden Zeit – sich vorrangig mit der größtmöglichen Süßwasserreserve versorgen muß. Zu diesem Zweck ist es absolut unerläßlich, daß zwei Vorsichtsmaßnahmen auf allen Booten genauestens beachtet werden. Erstens dürfen Wasserreserven nicht nur allein in den Blechkanistern aufbewahrt werden, sondern sollten auf mehrere Orte verteilt und auch in einigen Plastikkanistern abgefüllt sein. Zweitens dürfen diese Plastikkanister nicht vollständig gefüllt sein. Die verbleibende Luftmenge sollte eine gute Schwimmfähigkeit gewährleisten. Die Familie Robertson, die mehr als jeder andere unter Zeitnot stand, gibt ein gutes Beispiel für diese beiden Zusatzmaßnahmen: Lynn dachte zwar daran, einige Plastikkanister Wasser mitzunehmen und warf sie ins Meer, aber sie versanken, weil sie zu voll waren.
Es sollte nicht ein einziger Wasserkanister an Bord eines Segelschiffes oder eines anderen Bootes gebracht werden, dessen gute Schwimmfähigkeit nicht gewährleistet, d. h. bei nicht mindestens einem überprüft worden ist. Wie wir noch sehen werden, können diese Kanister später dann zu wertvollen Behältnissen werden. Es versteht sich von selbst, daß auch jede andere trinkbare Flüssigkeit und besonders ein paar Flaschen alkoholische Getränke an Bord eines Rettungsfloßes Platz finden sollten, wenn dem Schiffbrüchigen genügend Zeit verbleibt, seine Bordbar durchzukämmen, bevor er dann endgültig in sein Rettungsgefährt umsteigt. Neben Desinfektionsmöglichkeiten bei zahlreichen Hauterkrankungen, denen er auf See ausgesetzt sein wird, stellt der Alkohol ein euphorisierendes, beruhigendes und Energie zuführendes Mittel dar, das man nicht verkennen sollte.

c) *Kondenswasser*

Dies ist eine wenig geläufige Quelle. Sie wird so denn auch von nur wenigen Schiffbrüchigen, darunter Bombard, und auch nur während seiner Zeit im westlichen Mittelmeer, genannt. Sie setzt ein Klima und eine Jahreszeit voraus, in denen die Tages- und Nachttemperaturunterschiede ziemlich groß sind, so daß in der zweiten Nachthälfte eine Kondensation stattfinden kann, wie man sie als Tau auf unseren Herbstwiesen sieht. Sind die klimatischen Bedingungen gegeben, kann man bei ruhigem Wetter morgens auf allen der Luft ausgesetzten Oberflächen eine Schicht feiner, kleiner Süßwassertropfen vorfinden, die mit einem Schwamm aufgesogen (Bombard verfügte über einen Schwamm, der sich auch bei anderen Gelegenheiten als nützlich erweisen kann) oder anderweitig behutsam mit irgendeinem Stück Stoff, das nicht mit Salz in Berührung gekommen sein sollte, aufgenommen werden können. Bombard machte diese Erfahrung gleich in den ersten Tagen und erhielt so jeden Morgen einen halben Liter Wasser. So war es auch bei Antoine Vidot und Selby Corgat im Indischen Ozean; nur mußten sie diesen feinen Tau ablecken. Sind die Oberflächen, auf denen sich das Kondensat niederschlägt, mit einer Salzschicht versehen, so ist klar, daß diese Süßwasserquelle versiegt ist. Jedoch kann man sich mit diesem Wasser noch waschen und die Segel teilentsalzen. Das spart Zeit bei Regenfällen und ist somit auch nicht zu vernachlässigen.

d) Regenwasser

Dies ist wohl die Hauptquelle, sobald die von uns erwähnten Reserven durch die Anzahl der Tage auf See, die Anzahl der Schiffbrüchigen oder auch durch das Zusammentreffen dieser beiden Faktoren erschöpft sind. Eine Vielzahl von Berichten erwähnt übrigens, daß eine der ersten Überlegungen nach dem Schiffbruch sich mit der Zeitspanne befaßt, die unter Berücksichtigung der Jahreszeit und des Breitengrades bis zum ersten Regenfall vergehen könnte. Und viele Schiffbrüchige, die ihr Floß noch steuern konnten, haben denn auch sofort versucht, in Breiten zu gelangen, in denen sie in der jeweiligen Jahreszeit die größte Chance auf Regenreichtum hatten.
Dieser erste Regen ist fast immer eine Erlösung gewesen. In nur ganz wenigen Berichten wird Regen nicht sehnsüchtig erwartet. Dagegen gibt es sehr viele Berichte, nach denen die Schiffbrüchigen die wenigen Maßnahmen vergessen oder nicht gekannt haben, die für eine maximale Nutzung des Regens angewandt werden müssen. Es reicht wirklich nicht aus, den Regen nur mit dem Mund aufzufangen! Selbst wenn der Kiefer so weit wie nur möglich geöffnet würde, betrüge die Auffangfläche nur wenige Quadratzentimeter!!! Dabei ist alles so einfach: die größtmögliche Auffangfläche muß herausgefunden werden. Dies ist – sofern vorhanden – fast immer das

Floßzelt. Daneben gibt es noch wachsbeschichtete Kleidungsstücke oder Schwimmwesten. In einem hier nicht wiedergegebenen Bericht, weil er zuwenig Erkenntnisse bot, wurde sogar ein umgedrehter Regenschirm benutzt. Zusammenfassend kann also alles, was relativ wasserundurchlässig ist, eingesetzt werden. Unter ungünstigsten Bedingungen, wenn jeglicher Auffangbehälter fehlt, kann immer noch der Floßboden selbst genommen werden.

Aber zunächst einmal stellt sich bei jeder dieser Auffangflächen das Problem der Salzentfernung. Es ist sonderbar, daß die meisten Schiffbrüchigen diesem Salz, das sich überall absetzt, sozusagen in die Falle gegangen sind. Die meisten haben auch mit verzogenem Gesicht von diesem so erwarteten Wasser probiert, das eine unergründliche Farbe und einen kautschukartigen Geschmack hatte. Vor allem war es aber noch salziger als Meerwasser. Auf diese Art haben sie dann schnell gelernt, daß zuerst die Oberfläche, auf der das Regenwasser aufgefangen werden soll, vom Salz befreit werden muß. In der Mehrzahl der Fälle wurde nämlich mit Ungeduld darauf gewartet, daß der Regen selbst die aufnehmende Oberfläche freiwäscht. Danach begann dann ein Kampf gegen die Uhr, um vor Regenende noch möglichst viel Wasser aufzufangen. Große Wassermengen gehen so verloren, und niemand weiß, wielange der Niederschlag sein köstliches Naß abgibt. Deshalb glauben wir, daß folgende Methode die bestmögliche ist: Sobald am Horizont große Wolkenansammlungen auftauchen, die sich unter Umständen abregnen könnten, müssen alle zum Auffangen geeigneten Oberflächen mit Meerwasser besprengt und dann reichlich abgewaschen werden, um so schon den größten Teil der sich auf den Oberflächen abgesetzten, stark konzentrierten Salzkruste zu lösen und zu entfernen. Das kochsalzhaltige Meerwasser hat seinen Sättigungsgrad noch längst nicht erreicht und besitzt somit noch ein ausreichendes, nutzbares Lösungsvermögen. Man muß diesen Waschvorgang der Oberflächen mit Meerwasser bis zum Fallen der ersten Regentropfen fortsetzen, damit innerhalb weniger Minuten der Kautschuk bei Einsetzen des Regens mit Tüchern, gegebenenfalls mit dem eigenen Hemd, vom Salzfilm befreit ist. Nur durch diese vorbereitenden Maßnahmen kann der hier erwähnte Lauf gegen die Uhr gewonnen werden. Das nun folgende Problem ist die Lagerung. Wir werden später darauf zurückkommen. Erwähnen wir nur, daß auch das etwas brackige Wasser aufgefangen werden sollte, weil es sehr nützlich sein kann. Dauert der Regenfall lange genug an und hat die aufgefangene Menge ein bestimmtes Quantum erreicht, sind alle Behältnisse mit einem entsprechend immer reiner werdenden Wasser gefüllt.

Stellen wir uns jetzt vor, daß alles, was zur Aufbewahrung des Wassers dienlich sein kann, randvoll gefüllt und bestens mit dem Floß verzurrt ist, denn – darüber muß man sich klar sein – leider regnet es nicht immer unter den besten Wellenbedingungen; stellen wir uns weiter vor, daß der Durst weitestgehend gestillt ist, dann kann das Regenwasser für andere Dinge verwendet werden. Das dringendste – und das hätte eigentlich schon bei Einsetzen des Regens stattfinden müssen – ist eine Dusche. Während des Abwaschens der Salzschicht, des Spülens und des Auffangens des Regenwassers sollten der oder die Schiffbrüchigen, keine Scheu voreinander haben, sich nackt auszuziehen und in gleicher Art wie die Auffangflächen von der säubernden Wirkung des Süßwassers profitieren. Ein Tuch kann als Waschlappen benutzt werden, mit dem man den ganzen Körper kräftig abreibt. Vom Salz entzündete Ekzeme und Geschwulste können durch leichtes Tupfen wohltuend gereinigt werden. Diese Verhaltensmaßregeln können natürlich nur in gemäßigten Breiten und für relativ kurze Zeit angewandt werden, denn offensichtlich haben viele Schiffbrüchige durch die für sie ungewohnten Lebensumstände Probleme mit den Bronchien oder sogar mit sämtlichen Atemorganen. Es ist also von Bedeutung, die ohnehin schon sparsame Dusche so zu dosieren, daß man nicht vor Kälte zittert, nachdem man zuvor unter hohen Temperaturen gelitten hat.

e) Brackwasser

Wir haben gesehen, daß bei Regenfall, der für das Auffüllen aller verfügbaren Behältnisse zu kurz war, eine bestimmte Menge Brackwasser durch die letzten Spülvorgänge der Aufnahmeflächen entsteht. Im weiteren werden wir noch Möglichkeiten der Verwendung angeben.

f) Erhalt anderer hypotonischer Flüssigkeiten

Unter diesem Begriff muß man alle Flüssigkeiten verstehen, deren Zusammensetzung durch den geringen Anteil an gelösten Salzen weitestgehend der des Süßwassers ähnelt. Diese Flüssigkeiten sind vornehmlich Fischsäfte und Schildkrötenblut.

Greifen wir noch einmal auf Alain Bombard zurück, der die Möglichkeit bekannt gemacht hat, aus gefangenen Fischen eine hypotonische Flüssigkeit zu gewinnen. Dies setzt allerdings voraus, daß der Schiffbrüchige Fischfang betreibt, was in einem der nächsten Kapitel behandelt werden wird. Nehmen wir aber für den Augenblick einmal an, daß er Fische fangen kann. Je nach Art bestehen Fische zu 60 bis 80 % aus Wasser. Das Problem ist, es herauszubekommen. Dazu gibt es zwei Methoden. Die erste ist, bei einem größeren Fisch einen Längsschnitt im Rücken vorzunehmen, der etwa 2 cm an den Rückenflossenwurzeln vorbeiführt und in der Tiefe bis ins Muskelgewebe reichen sollte. Wenn der Fisch leicht geneigt gehalten wird, füllt sich der Schnitt mit einer Flüssigkeit, die sofort getrunken werden kann, indem man sie entweder durch leichtes Anheben des Fisches wie aus einer Feldflasche in den Mund laufen lassen kann oder sie zuerst in ein Gefäß rinnen läßt, was wohl am sichersten ist und jedes Verschütten vermeidet. Dann wird ein zweiter Schnitt gemacht, der parallel zum ersten auf der anderen Seite der Rückenflossen liegen sollte. Weitere Schnitte im Abstand von jeweils 2 cm rund um die Rückenpartie des Fisches folgen. Um Zeit zu gewinnen, können mehrere Schnitte gleich nacheinander gemacht werden. Der Fisch wird dann über ein Gefäß gehalten. Auf der Bauchseite stößt das Messer in die Eingeweide des Fisches, in denen keine Flüssigkeit enthalten ist.

Bei der zweiten Methode wartet man nicht darauf, daß sich die Flüssigkeit in das Muskelgewebe ergießt, sondern man preßt sie aus dem Fisch heraus. Zu diesem Zweck hatte Bombard eine Saftpresse mitgenommen, aber auch irgendein Tuch kann dazu genommen werden. Der Fisch wird zuerst ausgenommen. Innere Organe und Eingeweide werden für eine Weiterverwendung auf die Seite gelegt. Das Muskelgewebe wird in Scheiben, dann in kleine Würfel geschnitten; etwa so wie die Bewohner von Tahiti ihren rohen Fisch zubereiten. Das geschnittene Fleisch wird auf ein Stück Stoff, ein Taschentuch zum Beispiel, gelegt. Die Enden werden über dem Fleisch zusammengelegt und so miteinander verdreht, daß das Fleisch zusammengepreßt wird und der Saft herausläuft. Diese Methode kann sicherlich nicht die 60 bis 80 % Wasser, die das Fischfleisch enthält, herauspressen, läßt aber doch eine beachtliche Flüssigkeitsmenge, etwa 250 bis 450 ml pro Kilo Fleisch, gewinnen. Im folgenden werden wir noch auf die Verwendung des so teilentwässerten Fleisches zurückkommen.

Vor allem größere Fische enthalten aber noch zwei weitere hypotonische Flüssigkeiten neben der, die man Muskelwasser nennen könnte. Dabei handelt es sich um Gehirn- und Rückenmarksflüssigkeit sowie um Augenwasser, von denen die Baileys gesagt haben, daß es sehr gut schmeckt. Zwar sind diese Mengen minimal im Vergleich zu den Körpersäften, aber man muß dabei beachten, daß der kleinste Tropfen Wasser wie auch der jeweils verschiedene Geschmack ein wesentlicher Faktor sind, der nicht unterschätzt werden darf. Die Gehirn- und Rückenmarksflüssigkeit befindet sich in einem sackähnlichen Gebilde, das die Wirbelsäule der Fische schützt. Nach Erhalt des Saftes kann der Wirbelkanal nahe dem Schwanz geöffnet werden, indem man mit einem Messer zwischen zwei Wirbel fährt und den Fisch mit dem Kopf nach unten hält. Dann braucht der Fisch nur umgedreht zu werden, und man kann diese besonders reine und saubere Flüssigkeit auffangen. Bei einem großen Fisch kann dann noch jeder einzelne Wirbel – wie eine Haselnuß – mit den Zähnen aufgebrochen und die in dem schwammartigen Knochengewebe enthaltene Flüssigkeit ausgesaugt werden.

Was die Augen anbetrifft, so müssen diese herausgeschält, dann ausgesaugt und gelutscht werden. Die Baileys geben übrigens an, daß sie sehr reich an Vitamin C sind.

Das Blut der Meeresschildkröten ist die zweite Quelle hypotonischer Flüssigkeiten. In den Geschichten der Schiffbrüchigen haben wir die Vielzahl derer gesehen, die diesem Blut ihr Leben verdanken. William Okeley und seine vier Gefährten hatten dank der am fünften Tag ihrer Flucht aus Algier gefangene Schildkröte die Kraft, die Balearen zu erreichen. Damals muß das Aufkommen an Schildkröten im Mittelmeer höher als heute gewesen sein, denn weder Bombard im Jahre 1952 noch Lucien und Catherine im Jahre 1972 sichteten welche. Jedoch gibt es sie noch, wie uns spanische Fischer versicherten. Natürlich sind sie in tropischen Meeren wesentlich zahlreicher vorhanden. Die Kunst und die Art, sie zu fangen, zu töten und zu zerlegen, behalten wir uns für das nächste Kapitel vor. Erwähnen wir hier lediglich, daß im Gegensatz zu Gilboy und vielen anderen nach ihm, die das Blut ins Meer fließen ließen, diese wertvolle Flüssigkeit unbedingt aufgefangen werden muß. Man erinnere sich nur, daß Gilboy einen riesigen Hammerhai mit dem vergeudeten Blut seiner ersten Schildkröte anlockte.

Es kann, so wie es ist, getrunken werden. Ist noch etwas Blut übrig, nachdem der oder die Schiffbrüchigen damit ihren Durst gelöscht haben, sollte man es gerinnen lassen, bis sich eine leicht gelbliche Flüssigkeit, das Plasma, über den roten Blutkörperchen absetzt. Diese beiden Sekrete des Schildkrötenblutes können verschiedene Verwendungen zur Aufbereitung zahlreicher Mahlzeiten finden, über die noch zu reden ist.

g) Urin

In Berichten von in der Wüste Herumirrenden wird das Trinken von Urin oft erwähnt. Wir haben dies nur im Bericht von Kapitän Bontekoe aus dem Jahre 1619 vorgefunden, der auf Urin als Getränk zurückgegriffen hatte. Mit der Verringerung der Flüssigkeitszufuhr nimmt natürlich auch die tägliche Ausscheidung von Urin und Harnstoffen ab. Dann tritt das ein, was die Mediziner Oligurie nennen. Jacques Vignes gibt in seinem Buch »La rage de survivre« über die Irrfahrt von Lucien und Catherine an, daß die

Harnausscheidung der beiden Schiffbrüchigen noch am 4. Tag beträchtlich war, obwohl sie (wie jeder Leser des Buches anhand der gelieferten Informationen nachrechnen kann) beide nicht mehr als sechs Liter Wasser getrunken haben konnten, was 750 ml pro Tag und Person entspricht. Wir glauben, daß diese Aussage etwas dahingehend relativiert werden muß, daß ihr Schiffbruch in eine Zeit mit ungewöhnlich niedrigen Temperaturen für das Mittelmeer fiel, daß beide, dauernd durchnäßt, vor Kälte zitterten und daß die Kälte eine Pollakisurie, das heißt eine häufige Blasenentleerung, hervorrief, deren Gesamtmenge aber erheblich unter der normalen Menge bleiben kann.

So kann man denn sagen, daß ein Schiffbrüchiger, dessen tägliche Zufuhr von Wasser eingeschränkt ist, innerhalb von 36 bis 48 Stunden zum Oliguriker wird. Jedoch bleibt sein Urin trotz ständig steigender Konzentration der Harnstoffe in den seltener werdenden Ausscheidungen eine hypotonische Flüssigkeit, die als eine Möglichkeit der täglichen Flüssigkeitszufuhr angesehen werden kann; in gewisser Weise also ein Recycling von körpereigenen Abfallstoffen. Die 15 bis 20 Gramm Harnstoff pro Liter Urin können, selbst wenn sie wie im hier vorliegenden Fall konzentriert sind, ohne größere Schäden vom Körper metabolisiert werden, wenn das Urintrinken nur gelegentlich geschieht. Auf keinen Fall sollte man jedoch einen Urinvorrat anlegen, da Urin durch Bildung von Nitriten giftig wird.

h) Nutzung von Eis und Schnee

Nicht nur allein aus Gründen der Vollständigkeit erwähnen wir hier Eis und Schnee als Wasserquelle. Für denjenigen, der sich in polaren Breiten befindet, und wir haben gesehen, daß ein Teil der Schiffbrüchigen deren Strenge kennengelernt hat, können diese beiden Arten der Wasserkristallisierung als Mittel gegen den Durst eingesetzt werden. Es ist bekannt, daß es großer Mengen Schnee bedarf, um ein klein wenig Süßwasser zu erhalten. Seinen Durst nur dadurch zu stillen, indem man Schnee im Mund schmelzen läßt, ist die schlechteste und langsamste aller Methoden, aber oft eben auch die einzige. Steht ein großes Gefäß zur Verfügung, füllt man es bis zum Rand mit Schnee und läßt den Inhalt auf irgendeine Art schmelzen. So erhält man schnell eine relativ große Menge Trinkwasser.

Beim Eis ist es ein wenig anders. Es gibt zwei Arten von Eis. Einmal das Eis aus Süßwasser; also die Umwandlung von Schnee in Eis durch das Zusammenwirken von Zeit, Temperatur, Wind und Druck der einzelnen, aufeinanderliegenden Schneeschichten. Druck läßt die in den Schichten noch befindliche Luft entweichen und unterstützt die Verklumpung der Schneeflocken. Die andere Eisart ist Meereseis; also Eis aus Salzwasser. Nicht nur erstere Eisart ist eine gute Süßwasserquelle, sondern auch die zweite, denn das Salz verliert im gefrorenen Zustand des Meerwassers seine Löslichkeit und setzt sich in Einschlüssen als hochkonzentrierte Salzlösung ab. Das Eis selbst ist demnach kaum salzhaltig. Nähert sich die Temperatur des Meereseises der Schmelztemperatur, verflüchtigt sich die Sole, und der Salzgehalt verringert sich insgesamt sehr schnell. Somit kann diese Eisart sehr gut als Süßwasserquelle genommen werden.

i) *Pflanzliche Stoffe aus dem Meer*

Im Jahre 1954 überlebte Wiktors Zvejnieks 46 Tage auf See, indem er sich fast ausschließlich von schwimmenden Algen ernährte. Es gibt Seegebiete, in denen – vom extremen Beispiel der Sargassosee einmal abgesehen – große Ansammlungen angetroffen werden.
Beide Fälle sind für den Schiffbrüchigen ein glücklicher Umstand. Durch Kauen dieser Algen kann neben den darin enthaltenen Kalorien auch hypotonische Flüssigkeit zugeführt werden. Bei dieser Gelegenheit muß man sich auch daran erinnern, daß in tropischen Meeren oft Kokosnüsse von den Strömungen mitgenommen werden. Über den Pazifik abgestürzte Piloten des letzten Krieges verdanken ihnen ein wenig mehr an Kraft und viel Hoffnung. Oft aber sind im Meer treibende Kokosnüsse praktisch »trocken«. Die Kokosmilch ist nach und nach entwichen, und das Fleisch ranzig, fast wie Kopra geworden. Obwohl dieses Fleisch einen ekeligen Geruch nach Seife hat, ist es dennoch sehr nährstoff- und wasserhaltig.
Etwas muß dazu noch gesagt werden. Findet ein Schiffbrüchiger eine Kokosnuß, hat er immer Schwierigkeiten mit der dicken Faserschicht, die die eigentliche Nuß mit ihrer Schale umgibt. Man braucht ein gutes Messer und viel Geduld zum Durchschneiden der Fasern, um dann zur Schale zu gelangen, die am besten auf einer festen Unterlage aufgebrochen wird. Hört man aber beim Schütteln der Nuß das charakteristische Schwappen der Kokosmilch, darf die Schale nicht aufgebrochen werden, da diese Flüssigkeit sonst herausläuft. Um das zu vermeiden, sollten zwei der drei »Augen«, die die Nuß an einem Ende hat, durchbohrt werden, um dann die Milch zu trinken.

j) *Wie man sich sein Süßwasser selbst macht*

Leidet ein Schiffbrüchiger an Durst inmitten von soviel Salzwasser, wird er sicherlich bitter bedauern, sich nicht rechtzeitig mit einem Entsalzungsgerät ausgestattet zu haben. Es gibt zwei verschiedene Typen.

Der eine wendet das Prinzip des Ionenaustausches an und besteht aus einem mit einem Spezialfilter versehenen Kautschukbeutel, in den man Meerwasser gibt. Mit Hilfe einer synthetischen, ionenaustauschenden Substanz, dem mit Silber und Barium durchmischten Zeolith, wandelt sich das Natriumchlorid und die Magnesiumsalze des Meerwassers durch einfaches Schütteln des Beutels in die nicht löslichen Stoffe Magnesium und Silberchlorid um. Beide Stoffe verbleiben im Beutel, und aus dem Salzwasser ist Süßwasser geworden. Dieses Verfahren kann mehrere Male angewandt werden, dann hat sich die Wirkung der Substanz erschöpft.

Der andere Typ ist ein Sonnendestillierapparat, eine miniaturisierte Ausgabe der Entsalzungsanlagen, die den Treibhauseffekt ausnutzt: »Wasser in einem Glasbehälter erhitzt sich wesentlich schneller in der Sonne als das Glas selbst, an dem dann der Wasserdampf kondensiert. Der Glasbehälter muß nur schräggestellt sein, damit die Wassertropfen herunterrinnen und unten in einer kleinen Wanne aufgefangen werden können. Die Wirksamkeit des Verfahrens wird noch gesteigert, indem man den Boden des Behälters schwärzt, dem Wasser einen Farbstoff zusetzt, den Behälter wärmedämmt und indem man den Verlust von Wärmereflektierung durch abstrahlungsarme Stoffe verringert. Die Sonnenenergie kann außerdem noch durch einen Hohlspiegel konzentriert werden.« In der praktischen Anwendung für den Schiffbrüchigen handelt es sich dabei um einen aufblasbaren, konisch geformten Plastikbeutel, dessen Boden geschwärzt ist. Das Wasser kondensiert an den Innenseiten und läuft dann an der äußeren Wandung herab. Das uns bekannte Modell ist der von der Royal Air Force und Royal Navy verwendete »Airborne Solar Still«, der 1500 ml Wasser pro Tag in Äquatornähe im Monat März und 500 ml pro Tag auf 51° nördlicher Breite im Monat Februar liefert.

Man versteht nur schwer, warum keiner der Schiffbrüchigen der letzten Jahrzehnte eines dieser Entsalzungsgeräte besaß. Vom Preis her sind sie mehr als erschwinglich. Man kann auch nicht vorhalten, sie seien platzraubend, denn im Verpackungszustand messen sie nur 23 auf 32 auf 2 cm. Die einzige Erklärung, die wir haben, ist, daß alle Seeleute glauben, es sei den anderen vorbehalten, eines Tages das Los eines Schiffbrüchigen zu erfahren. . .

Kann ein Schiffbrüchiger, der nicht über einen solchen Sonnendestillierapparat verfügt, sich mit dem wenigen Material, das er normalerweise hat oder das er hat retten können, ein derartiges Gerät bauen? Wir glauben nicht. Wir haben versucht, uns mehrere Baumöglichkeiten aus Plastikgefäßen und -beuteln, wie man sie jetzt überall findet und wohl auch an Bord seines Rettungsfloßes hat, auszudenken, aber wir müssen gestehen, daß all unsere Versuche fruchtlos waren. Es sollte also zwingend vorgeschrieben werden, daß Rettungsflöße der (AdÜ: französischen Klassen) Klassen I und II mit einem oder mehreren Sonnendestillierapparaten ausgestattet werden.

2) METHODEN ZUR AUFBEWAHRUNG UND KONSERVIERUNG VON SÜSSWASSER

Süßwasser erhält man nicht ständig. Somit ist die Anlegung einer Reserve eine der vordringlichsten Sorgen des Schiffbrüchigen, für den der folgende Tag die gleiche Bedeutung besitzt wie der gegenwärtige. Es handelt sich hierbei für ihn darum, einen Tag mehr zu überstehen und sein Überleben zu organisieren, bis das rettende Schiff oder Ufer in Sicht ist.

Die Mehrzahl der Berichte des ersten Teils hat gezeigt, daß das Überleben auf See oft von Höhen und Tiefen gekennzeichnet ist, die bei ihrem jeweiligen Auftreten in enger Beziehung mit den Möglichkeiten der Aufbewahrung von Wasser stehen. Dies ist ein sehr wichtiger Punkt, der im einzelnen ausgeleuchtet werden muß.

Sicherlich verfügt der Schiffbrüchige über Kanister, die er gerettet hat. Er besitzt eine Anzahl von Büchsen, Behältern aller Art und Material, aber viele lassen sich nicht hermetisch schließen. Diese können zur Lagerung von Wasser während eines langen Regens dienen, tatsächlich aber haben sie keinen großen Nutzen, da die auf das Floß übertragenen Wellenbewegungen des Meeres sie schnell entleeren oder ihren Inhalt mit Salzwasser verunreinigen.

Das Problem stellt sich also zweifach: möglichst wasserdichte Behälter haben oder sich schaffen und den Inhalt vor Verunreinigung durch Salzwasser oder Durchsetzung mit Algen schützen. Beste Aufbewahrungs- und Konservierungsmöglichkeiten bieten natürlich die klassischen Plastikkanister, die in den letzten Augenblicken mitgenommen werden und eine große Luftblase zur besseren Schwimmfähigkeit haben sollten. Als erste Maßnahme müssen sie gut mit dem Floß verzurrt werden. Leider gibt es genügend Beispiele von Schiffbrüchigen, die zwar soviel Kanister als möglich mitgenommen haben, dann aber einen Großteil durch Kentern oder einfach auch durch heftige Bewegungen des Floßes oder eines Gefährten verloren haben. Sind die Kanister dann gut verzurrt, können sie beim ersten Regen randvoll gefüllt werden. Ihre Dichtheit sollte trotzdem überprüft werden. Damit der Verschluß fest sitzt, sollte er über einem Stück Stoff verschraubt werden.

Was aber tun, wenn gar keine oder nur eine unzureichende Menge Kanister vorhanden sind? Dazu gibt es nun verschiedene Lösungsmöglichkeiten. Zunächst einmal sollten alle verfügbaren Plastiktüten zu Feldflaschen umfunktioniert werden, denn zur Ausrüstung eines jeden Floßes sollten immer einige Plastiktüten gehören. Die Tüten werden entweder wie der Luftballon eines Kindes verknotet oder mit einem Stück Schnur fest verschlossen. Sind keine Plastiktüten an Bord, erinnere man sich der genialen Idee von Bombard, der Süßwasser in einem aufblasbaren Kissen aufbewahrte, oder der von Dougal Robertson, der eine Luftkammer seines beschädigten Floßes als Reservoir nutzte. Hier diente diese Luftkammer als vorderer Schwimmer des Dingis, das ihm noch geblieben war. Zuerst hatte er die Luftkammer mit einer bestimmten Menge Wasser gefüllt und sie ganz aufgeblasen, um die Schwimmfähigkeit zu erhalten. Nachdem die Luftkammer porös geworden war und Löcher hatte, unterteilte er sie durch Umschnürungen in mehrere einzelne Zellen. So stellte jede einzelne Zelle ein beachtliches Wasserreservoir dar.

Wenn alle diese Möglichkeiten nicht gegeben sind, muß man sich das basteln, was wir jetzt dem Leser vorschlagen. Dies setzt allerdings voraus, daß das Problem des Fischfanges gelöst ist. Man verwendet einfach Därme großer Fische und Schildkröten so, wie der Metzger seine Wurst in Därme füllt! Der Darm einer großen Schildkröte ist mehrere Meter lang. Er wird an seinen beiden Enden abgetrennt. Dann drückt man vorsichtig, ohne ihn zu beschädigen, die noch darin befindlichen Verdauungsreste heraus, die übrigens als Fischköder verwendet werden können. Dann wird er umgestülpt, damit die Darmzotten nach außen gelangen. Ein Stück vom Bauchfell umschließt die Öffnung dieses langen Schlauches. Ein Knoten an einem Darmende, oder noch besser ein Stück Schnur, verschließt den Darm. So ist man im Besitz eines dehnbaren Behältnisses, das mehrere Liter Wasser aufnehmen kann. Die Darmzotten müssen deshalb nach außen gekehrt werden, damit sie zur Vermeidung von Verunreinigung abgekratzt werden können. Liebhaber von Kaldaunen können sie auch essen.

Der Darm großer Fische, wie auch ihre Schwimmblase, kann in gleicher Weise verwendet werden, bietet aber nicht das gleiche Fassungsvermögen.

Bei diesen behelfsmäßigen Mitteln müssen aber die Wasserreserven täglich überprüft werden. Denn es wäre doch wirklich schade, wenn man sich einschränkt und ein Teil der Reserve gleichzeitig verdirbt, ungenießbar wird und zum Schluß weggeschüttet oder anderweitig verwendet werden muß. Bei hoher See können Gischt oder auch Wellen das Wasser brackig werden lassen.

Selbst in Plastikkanistern kann durch Sonneneinstrahlung eine Durchsetzung mit mikroskopisch kleinen Algen stattfinden, die das Wasser durch rasche Vermehrung grünlich werden lassen. In diesem Fall muß das Wasser durch ein sehr fein gewebtes Tuch gefiltert, aufgefangen und als erstes getrunken werden. Ebenso sollte man sich bei starken Regenfällen nicht scheuen, einen Kanister mit altem Wasser zu leeren und ihn mit neuem, frischen Wasser auffüllen.

3) DURSTBEKÄMPFUNG UND METHODEN ZUR SÜSSWASSERAUFNAHME

Durst ist ein vom Organismus ausgelöstes Gefühl, wenn die Wasserversorgung der Zellen unzureichend wird. Diese Wasserversorgung ist normalerweise der Effekt eines Gleichgewichtes, das sich – medizinisch gesprochen – durch Zufuhr und Abgabe einstellt. Zufuhr ist natürlich die Aufnahme von Flüssigkeiten, also sowohl in Getränken als auch in Nahrungsmitteln enthaltene Flüssigkeiten. Abgabe ist die Ausscheidung von Wasser im Urin, in Exkrementen (vor allem bei Diarrhoe), bei Transpiration, beim Ausatmen usw. Wasserverlust beginnt also vereinfacht gesagt, wenn die Menge der Abgaben die Menge der Zufuhr von Flüssigkeit übersteigt.
Um gegen den Durst als Ausdruck dieses Ungleichgewichtes der Wasserversorgung etwas zu tun, muß der Schiffbrüchige einen doppelten Kampf führen, der durch erhöhte Außentemperaturen sogar noch erschwert wird, da die Abgabe durch Hitzeeinwirkung erhöht wird.
Einige aussagefähige Zahlen können den Ratschlägen zur Verringerung der Abgabe vorausgeschickt werden. Bei einer mittleren Tagestemperatur von 43° bewegt sich die mögliche Überlebensdauer bei ständiger Ruhe und ohne Zufuhr von Flüssigkeit um 24 Stunden. Vermerken wir aber gleich zu Anfang, daß diese Bedingungen wohl kaum auf See eintreten werden, da die Nächte die hier angesprochene mittlere Temperatur herabsetzen. Das gleiche gilt auch für folgende Zahlen: bei 37° mittlerer Tageslufttemperatur 48 Stunden Überlebensdauer. Dagegen haben aber die vier folgenden Angaben eine große Bedeutung:
– bei 32° mittlerer Lufttemperatur 3 Tage Überlebensdauer;
– bei 26° mittlerer Lufttemperatur 4 Tage Überlebensdauer;
– bei 21° mittlerer Lufttemperatur 8 Tage Überlebensdauer;
– bei 15° mittlerer Lufttemperatur 17 Tage Überlebensdauer.
Nur durch diese Angaben sind einige der im ersten Teil enthaltenen Berichte für den Leser erklärbar, der es für nicht denkbar hielt, daß Schiffbrüchige 10 oder 15 Tage überdauerten, ohne etwas zu trinken. Sieht man sich

diese Berichte noch einmal an, stellt man fest, daß sich die Schiffbrüchigen in Breitengraden befanden, in denen 15° mittlerer Tageslufttemperatur noch nicht einmal im entferntesten erreicht wurden. Aber der aufmerksame Leser wird auch bemerkt haben, daß andere Berichte aus tropischen Breiten auch einen Rekord im Ausdauern ohne Flüssigkeitszufuhr aufweisen. So z. B. der von John Mackay, der 21 Tage in den Wanten der *Junon* im Golf von Bengalen ausdauerte und nur am neunten Tag durch einen starken Regen Wasser bekam. Mackay, seine überlebenden Gefährten und viele andere nach ihnen wußten, wie man mit allen Mitteln gegen den Flüssigkeitsverlust ankämpft.

a) Verhinderung des Flüssigkeitsverlustes des Organismus

Dieser Kampf gegen den Flüssigkeitsverlust hat als Waffen Bäder, Besprengungen mit Wasser und Umwickeln mit feuchten Tüchern. In tropischen Breiten ist die Wassertemperatur – zumindest bei Sonneneinstrahlung – immer niedriger als die Lufttemperatur. Die Transpiration muß also durch relative Kühle verringert werden. Bäder sollten oft und ausreichend lange, d. h. mehrere Minuten lang, genommen werden, damit das Blut die Kühle annehmen und in seiner Temperatur um einige Zehntel Grad absinken kann. Dies ist im wesentlichen auch eines der Verfahren, die bei chirurgischer Hibernation angewandt werden, wenn Eisbeutel auf die Halsschlagadern, die Arterien in den Achseln, die Oberschenkelarterien oder auf die Arterien in den Kniekehlen gelegt werden. Bäder lockern ebenfalls steife Gelenke und verkrampfte Muskeln, unter denen Schiffbrüchige in ihrem engen Floß leiden. Alle, die diese Methode angewandt haben, haben die Bäder als eine Wohltat empfunden. Viele andere jedoch haben sich vor einem Bad im Meer aus zwei Gründen gefürchtet: nicht mehr die Kraft zu haben, wieder zurück auf das Floß zu kommen, oder die Angst vor Haien. Daneben gab es noch die, darunter Bombard, deren Floß sehr schnelle Fahrt machte und die es nur aufgrund ihrer Schwimmkenntnisse wieder einholen konnten.

Die erste Befürchtung ist unbegründet, wenn sich mehrere, mindestens zwei Schiffbrüchige an Bord des Floßes befinden. Dann nämlich können sie nacheinander ein Bad nehmen und sich beim Wiedereinstieg in das Floß gegenseitig helfen. Auf alle Fälle sollte derjenige, der im Wasser ist, mit einer Leine, zusammengebundenen Hemden oder ähnlichem gesichert sein, damit er gegebenenfalls von seinem Gefährten zurückgeholt werden kann, wenn das Floß durch einen Windstoß eine andere Drift bekommt. Ist der Schiffbrüchige allein und ist sein Allgemeinzustand gut, so sind wir der

Auffassung, daß er die Wohltat, die er durch fast tägliche Bäder erfährt, nutzen sollte, wenn er sich an das Floß angebunden hat.

Die zweite Angst, die vor den Haien, die sich gerade in den Breiten befinden, in denen man häufig Bäder nehmen sollte, ist ernster zu nehmen. Jedoch sollte sie nicht übertrieben werden. Untersucht ein Hai von nahem diesen dunklen Schatten an der Wasseroberfläche, als welchen sich für ihn das Floß darstellt, so ist das normal. Wird ein Hai von über Bord geworfenen Abfällen oder vom Zappeln eines gefangenen Fisches an der Leine angezogen, so ist dies ebenfalls normal. Es gibt aber keinerlei Bestätigung dafür, daß Haie ständig, d. h. länger als ein paar Stunden, einem langsam treibenden Floß folgen. Man kann also ruhig ein Bad in Floßnähe nehmen, wenn man sichergestellt hat, durch keinerlei Maßnahmen einen Hai angelockt haben zu können. Wir möchten hier noch anmerken, daß sich unter den vielen Dingen dringendster Notwendigkeit, mit denen ein Rettungsfloß oder sein Überlebenskit ausgerüstet sein sollte, eine Tauchermaske und ein Schnorchel befinden sollten. Mit ihnen können Bäder in viel größerer Sicherheit genommen werden, denn ein Hai kündigt sich nicht immer durch das Auftauchen seiner Rückenflosse an.

Wenn wir uns jetzt vorstellen, daß das Meer einen starken Wellengang hat, daß das Floß eine schnelle Drift hat oder daß Haie in der Nähe sind, können Bäder durch häufiges Besprizen mit Meerwasser ersetzt werden. Der Nachteil dabei ist allerdings, daß man das ganze Floß bespritzt, man es immer feucht hat und daß sich überall eine Salzschicht bildet.

Eine bessere Methode ist, Tücher anzufeuchten, sich so weit wie möglich darin einzuwickeln und sie sooft als nötig wieder anzufeuchten, um durch diese Feuchtigkeit Transpiration zu vermeiden. Ein bißchen Wind bringt dann auch noch zusätzliche Kühle. Wir empfehlen dagegen nicht, sich angekleidet zu baden oder die Kleider, die man am Leib hat, anzufeuchten. Sie sind schon mit Salz durchsetzt und werden zu Mitverursachern von Hauterkrankungen. Außerdem werden sie durch das Salz sehr schnell steif.

b) Arten der Wasseraufnahme

Welche Anstrengungen auch zur Verringerung des Flüssigkeitsverlustes unternommen werden, so bleibt dennoch eine der vordringlichsten Sorgen die schnellstmögliche Flüssigkeitszufuhr. Zur Vereinfachung der Lösungsmöglichkeiten dieses Problems erscheint uns die Aufteilung in drei Eventualfälle für den Schiffbrüchigen am geeignetsten.

Im ersten Fall befindet sich der Schiffbrüchige in einer regenreichen Region oder Jahreszeit. Hier regnet es fast täglich und andauernd. Der Schiffbrüchige dürfte kaum Probleme haben. Selbst ohne große Reserven (es sollten trotzdem welche geschaffen werden) hat er keinen Durst. Anhaltender Regen kann jedoch zu einer wahren Plage werden. Er sammelt sich übermäßig stark im Floß, das aus Gewichtsgründen ständig geöst werden muß. Oft wird starker Regen von hohem Wellengang begleitet, bei dem Fischfang unmöglich ist. Für einen Schiffbrüchigen in diesem Eventualfall wird also der Hunger zum vordringlichsten Problem.

Im zweiten Fall befindet sich der Schiffbrüchige in einer regenarmen Region oder Jahreszeit. Hier ist das Problem der Flüssigkeitsaufnahme viel komplexer und muß in zwei Teilaspekten untersucht werden, die sich an lebensnahen Bedingungen orientieren.

A) Nehmen wir uns zuerst den Aspekt vor, bei dem der Schiffbrüchige eine große Wasserreserve hat. Er wird natürlich sofort die damit mögliche Überlebensspanne in Abhängigkeit vieler anderer Faktoren ausgerechnet haben. Aus diesen errechneten Überlebenstagen ergibt sich dann die zukünftige Verhaltensweise. Wir können hier nicht alle Faktoren im einzelnen nennen, da sie in den anderen Kapiteln entwickelt werden. Im Idealfall müßte man zu einer Gleichung kommen, die einerseits die Anzahl der möglichen Überlebenstage mit Einbeziehen weiterer Flüssigkeitsgewinnungsquellen aus Fischen und Schildkröten, andererseits eine bestimmte Kenntnis über den Ort des Schiffbruchs, die Wind- und Strömungsrichtungen, die Navigationsfähigkeit des Floßes, die Entfernung zum nächstgelegenen Land, die Entfernung zu regenreicheren Regionen, die Entfernung zu häufig befahrenen Schiffahrtsrouten sowie die Anzahl der vergehenden Tage bis zur möglichen Rettung beinhalten sollte. Leider kann dieser Idealfall jedoch nie erreicht werden. Gewisse Näherungswerte lassen sich hingegen erzielen. Daraus können sich dann Verhaltensweisen ergeben, die entweder aufgrund der Strömungen passiver oder unter Ausnutzung der Winde aktiver Natur, um dieses oder jenes Gebiet zu erreichen.

B) Behandeln wir jetzt den Aspekt, bei dem der Schiffbrüchige nur über die geringe Wasserreserve verfügt, die er mit Bestürzung an Bord des Floßes entdeckt hat. Gestehen wir ihm noch einige Liter zusätzlich zu, die er im Augenblick des Schiffbruches gerettet hat. Unter diesen Bedingungen ist sein Überleben, wie es scheint, nur für ein paar Tage gewährleistet. So stellt sich für ihn schnell die berühmte Frage: *soll ich Salzwasser trinken oder nicht?*

Man weiß, daß seit Jahrhunderten das Trinken von Salzwasser strikt abgelehnt wurde. Zuviele, vom Wasserverlust betroffene Schiffbrüchige konnten der Versuchung nicht widerstehen, Salzwasser zu trinken, und bezahlten schnell und auf schreckliche Weise mit ihrem Leben für diesen Rat, der sich in so vielen Berichten von Schiffbrüchigen findet. Dank Doktor Bombard ist dieses Vorurteil in der Zwischenzeit überwunden. Sein Selbstversuch hat bewiesen, daß Salzwasser unter bestimmten Bedingungen trinkbar ist.

Wir können uns hier die psychologischen Erwägungen, die mit zum Beweis seiner Theorie führten, ersparen. Seine Bezwingung des westlichen Mittelmeeres und des Atlantiks ist beweiskräftig genug. Ein erster wesentlicher Grundsatz ist, nicht bis zum Durst zu warten und dann erst Salzwasser zu trinken. Die Trinkmenge sollte auch den Körperbedarf an Natriumchlorid decken und beträgt etwa 800 ml pro Tag (bei einem Wasser mit einem Gehalt an NaCl von 3,5 %). Acht bis zehn Mal sollten jeweils zwei, drei Schluck Salzwasser getrunken werden. Auf keinen Fall darf die Trinkdauer von Salzwasser sechs bis sieben Tage überschreiten. Dieser Zeitraum sollte jedoch ausreichen, Fischfang zu betreiben und somit eine andere hypotonische Flüssigkeitsquelle aufzutun. Außerdem wird durch Unterbrechung des Salzwassertrinkens die Überlebensdauer verlängert.

Zur Verdeutlichung des vorher Gesagten kann man eigentlich nur die Bilanz von Alain Bombard über seine Mittelmeerfahrt heranziehen:»Vom 25. bis zum 28. Mai haben Jack zwei und ich drei Tage Salzwasser getrunken. Der ausgeschiedene Urin wies während dieser Zeit keine Besonderheiten auf. Es gab kein Durstgefühl; man sollte es allerdings auch nicht abwarten, bis man Salzwasser trinkt. Wir haben den Durst auch dadurch verringert, daß wir unsere, der Sonne ausgesetzten Gesichter mit im Meer angefeuchteten Tüchern bedeckt haben. Der Riesenzackenbarsch brachte uns wie vorgesehen zwei Tage Essen und Trinken. Der einzige Nachteil ist, daß eine zu schnelle Wiederernährung auch eine Gefahr darstellt. Sechs Tage auf See folgten, und wir kamen schon nahe an die Sicherheitsgrenze heran. Es wurden noch zwei Tage mehr; keine Nierenstörung machte sich bemerkbar. Dabei haben wir von 14 Tagen vier Tage lang Fischflüssigkeit und 10 Tage lang Salzwasser getrunken. Durch Unterbrechung des Salzwassertrinkens konnten wir ohne spürbare Nachteile die Dauer verdoppeln. Ich stellte auch fest, daß keine der bei Salzwassergenuß angezeigten Störungen weder bei mir noch bei meinem Gefährten vorhanden waren. Es zeigte sich bei uns im Gegenteil sogar eine hartnäckige Verstopfung von 12 Tagen Dauer, die weder von Schmerzen, Krämpfen, weißem Belag auf Schleimhäuten und Zunge noch von starkem Mundgeruch begleitet wurde. Allerdings hatten wir ziemlich starke Blähungen.«

Der Vollständigkeit – und Ehrlichkeit – halber müssen wir anführen, daß die Auswirkungen wie bei Bombard nicht auf alle Menschen anwendbar sind. In seinem Buch»Survive the Savage Sea« zitiert Dougal Robertson das für Handelsschiffe bestimmte Rundschreiben vom November 1965, das wir hier auch in seiner Gesamtheit dem Leser nicht vorenthalten wollen: »Wir rufen Seeleuten ins Gedächtnis, daß sie auf keinen Fall Salzwasser trinken sollten, wenn sie sich in einem Rettungsboot befinden, sondern nur das durch Destillation oder mittels chemischer Produkte entsalzte Wasser. Kürzlich wurde die Auffassung vertreten, daß es möglich sei, Frischwasserrationen ganz oder teilweise durch in kleinen Mengen getrunkenes Salzwasser zu ersetzen. Diese Auffassung ist falsch und lebensgefährlich. Der Genuß von nicht vorbehandeltem Salzwasser ist schädlich. Der unter Durst leidende Seemann, der Salzwasser trinkt, wird seinen Durst dadurch nur noch steigern. Der Wasserverlust wird beschleunigt. Der Genuß von Salzwasser kann zum Tode führen. Selbst wenn man über keine Trinkwasserreserve verfügt, sollte man sich derer erinnern, die mehrere Tage ohne etwas zu trinken überlebten, und somit der auch noch so starken Versuchung widerstehen, Salzwasser zu trinken, das nicht vorbehandelt wurde.«

Möge die Abteilung Marine des britischen Handelsministeriums uns verzeihen, wenn wir hier dem Verfasser eines solchen Rundschreibens den Vorwurf machen, nichts von den Problemen des Überlebens auf See verstanden zu haben. Wir brauchen uns bloß einmal einen Schiffbrüchigen auf See vorzustellen, der doch wohl etwas Brauchbareres haben möchte als nur eine Zusammenstellung von Verboten. Es ist auch klar, daß ein Schiffbrüchiger, der sich sein Süßwasser durch Destillation oder chemische Aufbereitung herstellen kann, keinen Grund hat, Salzwasser zu trinken. Hat er diese Hilfsmittel aber nicht, kann er sich auch kein Süßwasser bereiten. Er muß also zur Vorbeugung eines vorschnellen Wasserverlustes auf die Methodik Bombards zurückgreifen, ohne sie in irgendeiner Weise falsch zu interpretieren. Dies hat aber nach unserer Auffassung auch Dougal Robertson gemacht, als er sich nach dem Zitat dieses Rundschreibens aus dem Handelsministerium in einem Plädoyer gegen das Salzwassertrinken ergeht. Seine Argumentation beruht im Wesentlichen auf der Tatsache, daß er nicht einsehen will, daß man ein derartiges Wasser als *vorbeugende* Maßnahme gegen Wasserverlust trinken könnte. Ich glaube, daß es angebracht war, dies einmal zu sagen. Die ganze Diskussion um dieses lebenswichtige Problem dreht sich in unseren Augen im Kreise, da es unverständlicherweise sehr strikte Anweisungen gibt, die dem Genuß von Salzwasser immer noch entgegentreten. Dougal Robertson weist mit vielen schönen Worten die Erfahrung Bombards (den er nicht namentlich nennt) zurück, da dieser ein wissenschaftliches Interesse gehabt hätte, das ihn in moralischer Hinsicht gestärkt habe. Auch hier wiederum glaube ich, daß ein trügerisches Argument vorgebracht wird, denn Bombard hatte sicherlich genau so viel Interesse daran, sein Leben zu retten wie Robertson. Letzterer hatte übrigens auch eine moralische Stütze, da er seine Familie mit zwei kleinen Kindern retten wollte. Dieser Wunsch ist bei ihm bestimmt genau so stark gewesen wie bei Bombard das wissenschaftliche Interesse.

Erinnern wir uns daran, daß die von Seiner Königlichen Hoheit, dem Herzog von Gloucester, präsidierte Royal Live Saving Society ihre höchste Auszeichnung, die Stanhope-Goldmedaille, an Teehu Makimare verliehen und somit ironischerweise einen Mann geehrt hat, der die Anweisung des britischen Handelsministeriums nicht befolgte, indem er einen Monat lang Salzwasser trank.

Kommen wir jedoch zur Praxis zurück. Ein Schiffbrüchiger befindet sich in einer regenarmen Region oder Jahreszeit und verfügt über kein oder nur für zwei bis drei Tage reichendes Wasser. Wir glauben, daß der Schiffbrüchige in einer derartigen Lage *in den auf den Schiffbruch folgenden Stunden* sich die Methode Bombards zu eigen machen sollte: zwei bis drei Schluck Salzwasser alle drei Stunden. Ist er im Besitz einiger Liter Süßwasser, kann er diese Reserve auf drei Arten einsetzen. Er trinkt sie und versucht nicht, möglichst lange damit auszukommen, damit der Genuß von Salzwasser und ein zu hoher Flüssigkeitsverlust nicht in den gleichen Zeitraum fallen. Zum zweiten kann er auch wie Willis täglich zwischen Salz- und Süßwasser wechseln. Oder aber er macht es wie schon 1947 Heyerdal, in dem er sein Süßwasser mit 30 bis 40 % Salzwasser vermischt. In allen drei Fällen gewinnt der Schiffbrüchige Zeit und kann sich Möglichkeiten zum Fischfang erarbeiten.

Je nach Breitengrad und der sich daraus ergebenden mittleren Tageslufttemperatur kann der Verbund einer dieser drei Möglichkeiten mit den Methoden gegen den Wasserverlust ein Überleben von mehreren Wochen gewährleisten. Ist er innerhalb dieses Zeitraumes nicht gerettet worden oder hat er kein Land entdeckt, war er unfähig oder war es ihm unmöglich, sich Fische, Schildkröten, Algen oder Plankton zu verschaffen, kann er zwar noch seinen Urin trinken, aber er muß sich dann eingestehen, daß der Ozean stärker war und daß er langsam einer der vielen Schiffbrüchigen werden wird, die uns nie ihren Leidensweg haben erzählen können.

Aber Hoffnungslosigkeit ist der größte Feind des Schiffbrüchigen, und wir wollen es gar nicht so weit kommen lassen. Dieses Buch wird zeigen, daß es möglich ist, Fische zu fangen, selbst wenn man überhaupt kein Gerät dazu hat. Wie, das wird das nächste Kapitel behandeln. Ist dieses Ziel einmal erreicht, ist auch eine neue Wasserquelle verfügbar, wie es die ersten Abschnitte dieses Kapitels gezeigt haben. Wir wollen jedoch hier noch eine Methode zur Flüssigkeitsaufnahme erwähnen, die von Lynn Robertson zur

Perfektion gebracht wurde: Spülungen mit Brackwasser. Man weiß, daß in den Darmschleimhäuten fäkalen Stoffen normalerweise Flüssigkeit entzogen wird, damit diese flüssigkeitsarm ausgeschieden werden können. So kann dem Körper auch Flüssigkeit zugeführt, gegen die bei Schiffbrüchigen sehr häufige Verstopfung angekämpft und eine zu starke Absorption von Natriumchlorid vermieden werden. Um die hier dargebotene Möglichkeit der Flüssigkeitsaufnahme zu verdeutlichen, verweisen wir auf die chirurgischen Methoden der Irrigatorspülungen dieses Organs: in vier Stunden werden neun bis zehn Liter einer Lösung bestehend aus 6 mg% NaCl, 0,75 g KCL und 3 g Bikarbonat direkt mittels eines Darmrohres in den Zwölffingerdarm eingeleitet. Ein erfreulicher Nebenaspekt dieser chirurgischen Methoden ist noch die Zunahme des Gewichtes um 1,9 Kilo plus/minus 0,8 Kilo, die sich aus der Rückführung des Wassers ergibt.

Lynn Robertson behalf sich mit dem Schlauch der Luftpumpe, den sie mit einer Plastiktüte verband, die als Behälter diente. So verabreichte sie die Spülungen.

Bleibt nur noch ein Eventualfall, den wir nicht erwähnt haben; nämlich den, bei dem der Schiffbrüchige nichts oder fast nichts über die meteorologischen Bedingungen seines jeweiligen Aufenthaltsortes weiß. Hier ist es schwer, Verhaltensregeln anzugeben oder vorzusehen. In diesem Fall sollte er, wie wir glauben, den vorher genannten Eventualfall auf sich anwenden, also sein Süßwasser rationieren, ein wenig Salzwasser trinken, bis ein reichlicher Regen ihm gezeigt hat, daß der Himmel ihn noch nicht verlassen hat. Nach einigen Tagen wird er sich der klimatischen Bedingungen bewußt sein, die sein Überleben diktieren werden.

KAPITEL II

Der Kampf gegen Hunger

Hunger ist eines der weniger gefährlichen Übel für den Schiffbrüchigen.

Zahlreiche Hungerstreiks, in unserer Gesellschaft Ausdruck einer Protesthaltung, haben gezeigt, daß der Mensch mehrere Wochen ohne Essen auskommen kann, wenn er ein Leben »in Zeitlupe« führt und dabei Flüssigkeit aufnimmt. Aber der Schiffbrüchige sollte sich von derartigen Vergleichen nicht beeinflussen lassen. Im Gegenteil sollte er alles daran setzen, sehr schnell zu Nahrung zu gelangen, denn wir haben bereits gesehen, daß Nahrung ihm nicht nur Kalorien zuführt, sondern auch ganz oder teilweise seinen Flüssigkeitsbedarf deckt.

Wir behandeln den Kampf gegen den Hunger in sieben Abschnitten, von denen jeder eine gesonderte Nahrungsquelle abhandelt:
– neben den Überlebensrationen, die zur Ausrüstung des Rettungsfloßes gehören, und den Nahrungsmitteln, die nach dem Schiffbruch an Bord des Floßes gebracht wurden, sind dies:
– Fische,
– Schildkröten,
– Seevögel,
– Plankton,
– Krusten- und Schalentiere sowie
– Algen.

1) ÜBERLEBENSRATIONEN UND NACH SCHIFFBRUCH AUF DAS FLOSS ZU BRINGENDE LEBENSMITTEL

Die angeführten Berichte weisen hierbei große Unterschiede auf. Sie reichen vom fast vollständigen Nichts wie bei den mit leerem Tank auf dem Pazifik niedergegangenen drei amerikanischen Piloten bis zur relativen Üppigkeit wie bei den Schiffbrüchigen der *Duroc* oder bei den Bourdens während ihres Landaufenthaltes. Aber im allgemeinen findet der Schiffbrüchige an Bord seines Floßes eine Lebensmittelration von 2250 Kalorien pro Insasse, wenn dieses zur (AdÜ: französischen) Klasse I gehört. Die (AdÜ: französische) Klasse II sieht nichts dergleichen vor. Man kann zwar an ein Rettungsfloß nicht die Anforderung stellen, eine Speisekammer zu sein, aber es sollte eines Tages einmal einer der Verantwortlichen für solch amtliche Erlasse selbst mitten auf dem Ozean die Erfahrung machen, wie wenig 2250 Kalorien für einen Schiffbrüchigen sind! Glücklicherweise konnte der Schiffbrüchige jedoch in vielen Fällen eine Auswahl der verschiedenartigsten Lebensmittel retten; alle Arten von Konservendosen, Beutel mit Gemüse oder Obst, Zucker, Bonbons usw. Aber im Grunde genommen ist dies wegen fehlenden Platzes oder zu wenig Zeit nur eine magere Ausbeute. In der überstürzten Eile bei einem Schiffbruch geht auch oft ein Teil des Proviantes über Bord und versinkt, weil es der Schiffbrüchige versäumt hat, alles in einen großen Sack oder in einem am Floß befestigten Schwimmbehälter zu stopfen. Mit all diesen Lebensmitteln kann man sich an die ersten Tage anpassen. Ihre Verschiedenheit kann zum Würzen oder Aufwerten des Geschmacks anderer Nahrungsquellen nützlich sein.

2) FISCHE

Alle neueren Berichte von Schiffbrüchigen in einem Gummifloß erwähnen, daß die Insassen zum Teil schon in den ersten Stunden Schläge gegen die Unterseite des Floßes verspürten. Diese Schläge stammen von Fischen, die schnell den Schatten des Floßes ausnutzen und später alle Arten pflanzlichen und tierischen Lebens abfressen, das sich an der Unterseite absetzt. Ältere Berichte, in denen sich die Schiffbrüchigen in Schaluppen oder Beibooten retteten, nennen die gleichen sie begleitenden Fische. Allerdings kannten diese Schiffbrüchige den Nachteil des Schlages oder des Reibens bei einem Gummigefährt noch nicht.
Fische sind also immer anwesend. Sie versammeln sich relativ früh im schützenden Schatten des Floßes, sind je nach Seegebiet mehr oder weniger zahlreich und zeigen ihre Gegenwart ziemlich schnell an. Dieser Abschnitt wird in zwei Unterabschnitte unterteilt sein, die zunächst Methoden des Fischfangs und daran anschließend die Nutzung und Zubereitung von Fischen behandeln.

Einige Haiarten, die man kennen sollte

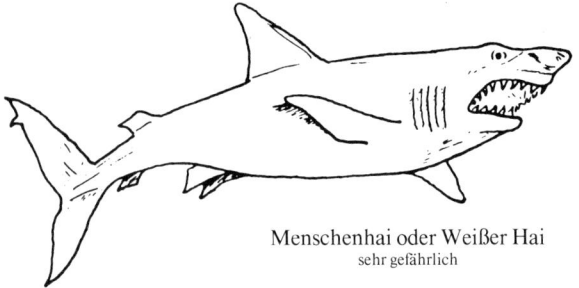

Menschenhai oder Weißer Hai
sehr gefährlich

Atlantischer Heringshai
kann gefährlich sein

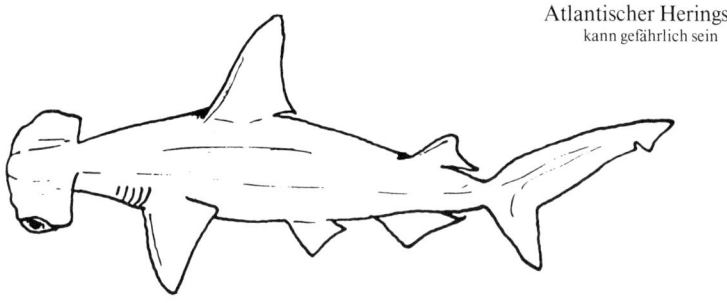

Hammerhai
kann gefährlich sein

Kennt man die Art nicht,
sollte man vorsichtig sein.
Jungtiere (bis 1,50 m) können
jedoch gefangen werden.

Atlantischer Makohai
gefährlich

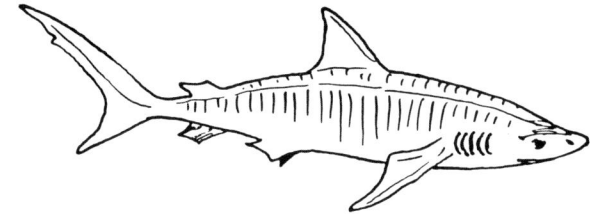

Sand- oder Tigerhai
sehr gefährlich

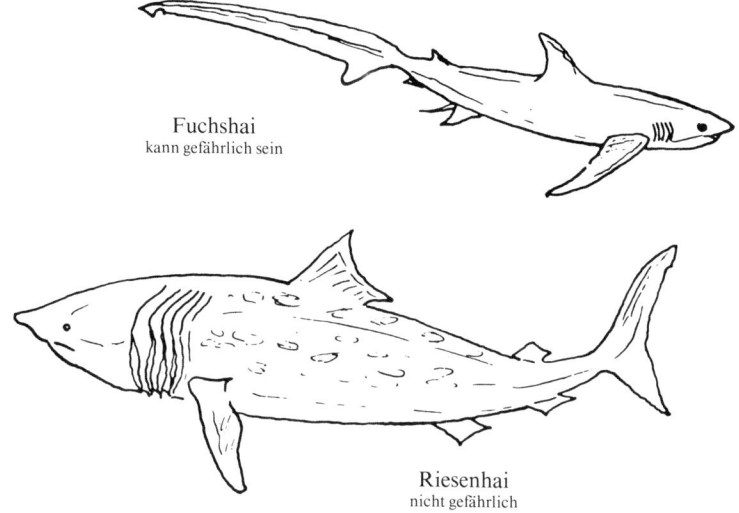

Fuchshai
kann gefährlich sein

Riesenhai
nicht gefährlich

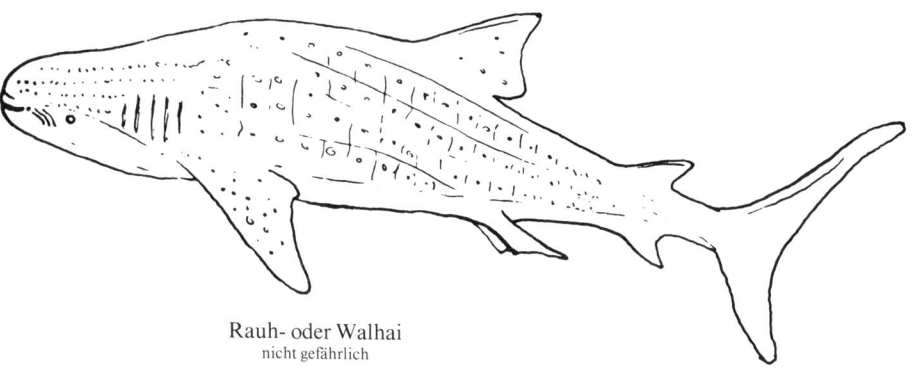

Rauh- oder Walhai
nicht gefährlich

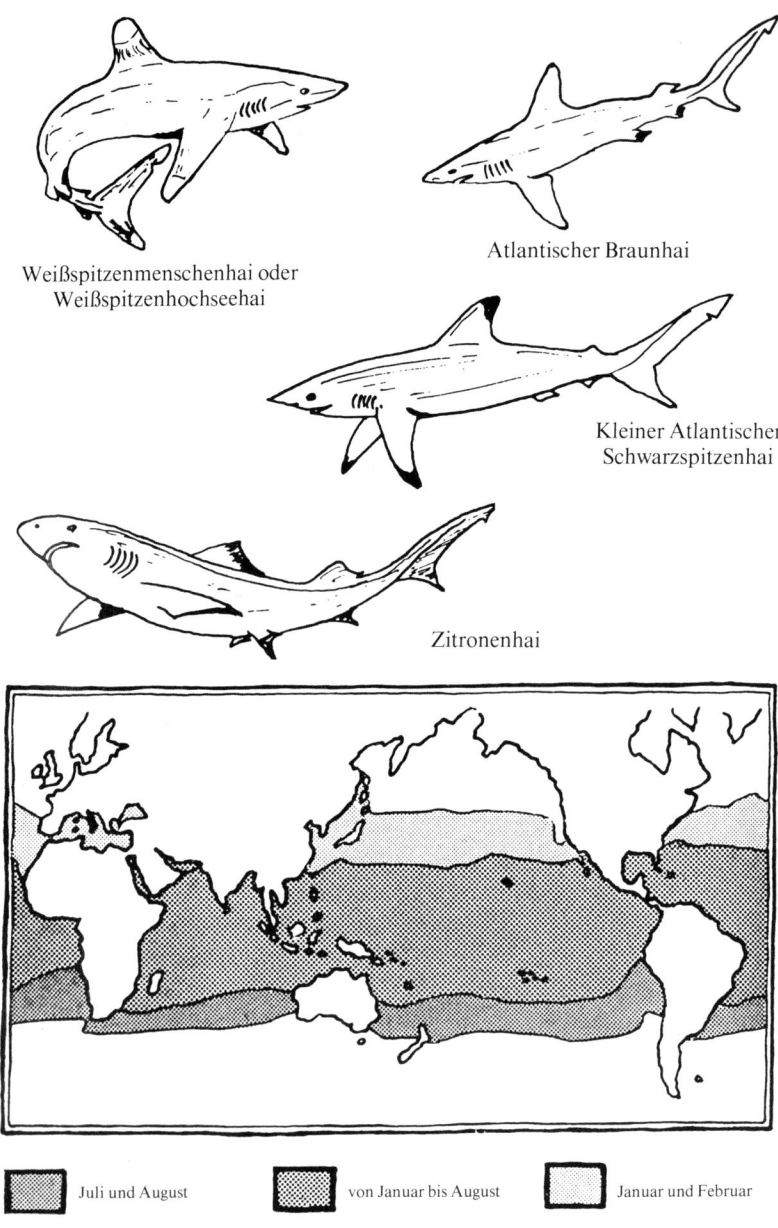

Weißspitzenmenschenhai oder
Weißspitzenhochseehai

Atlantischer Braunhai

Kleiner Atlantischer
Schwarzspitzenhai

Zitronenhai

Juli und August   von Januar bis August   Januar und Februar

Seegebiete, in denen Zwischenfälle mit Haien in bestimmten Jahreszeiten statistisch sehr häufig sind.
(Zeichnungen aus: »Les requins« von J.-Y. und Ph. Cousteau)

a) Methoden des Fischfangs

Angelgerät findet sich nur in der Ausstattung der Rettungsflöße der (AdÜ: französischen) Klasse I. Nach unserer Auffassung ist dies mehr als unzureichend. Die Mehrzahl der Schiffbrüchigen war damit unzufrieden und mußte sich aus eigener Vorstellungskraft ein behelfsmäßiges Angelgerät bauen, das aber praxisorientierter war, da es nicht als Sportgerät sondern als lebensnotwendiges Werkzeug seine Verwendung fand. Nehmen wir zwei neuere und wegen der in etwa gleichen Örtlichkeit des Schiffbruchs auch vergleichbare Beispiele. Die Familie Robertson verfügte über eine Ausstattung, die aus zwei großen und zwei kleinen Haken, einer Rolle, einem Blinker mit Zubehör sowie einer 25-Pfund-Angelschnur bestand. Liest man ihre Abenteuer, stellt man fest, daß sie nur mittelmäßigen Erfolg beim Fischfang hatten. Die Rolle war nutzlos, und die Haken gingen schnell verloren. Die von Dougal Robertson fabrizierten Harpunen und Fischhaken erlaubten jedoch einige schöne Fänge. Im Gegensatz dazu haben die Baileys ihr Gerät ganz einfach vergessen mitzunehmen. Sie sind also von Anfang an gezwungen gewesen, sich etwas zu bauen, verschiedene Fangmethoden auszutüfteln, um schließlich zu einem beeindruckenden Fangerfolg zu gelangen. Wir wollten mit diesen beiden Beispielen zeigen, daß der vom Schiffbrüchigen betriebene Fischfang überhaupt nichts mit Sportfischerei zu tun hat. Fischfang ist für den Schiffbrüchigen ein schwieriges, mit viel Geduld verbundenes Unterfangen, das eine sehr scharfe Beobachtungsgabe, ein wenig Einfühlungsvermögen und viel Einfallsreichtum benötigt. Unter Bezugnahme auf all die, die diese Fähigkeiten in sich zu vereinen wußten, werden wir jetzt hier die Kniffe dieses Handwerks für den Schiffbrüchigen auf See anführen.

– Zunächst einmal die klassische Angelschnur

Sie besteht aus Schnur, Haken und Köder. Eine Schnur findet sich praktisch immer unter den Dingen, die man an Bord des Rettungsfloßes geschafft hat. Es kann ein Stück Kordel sein, ein Seil, ein Kabel oder Bänder jeder Art. Sie können als Verzurrmaterial für alles mögliche an Bord dienen. Man wähle eines, das sich als erstes Element der Angelschnur am besten eignet. Im Extremfall, wenn man also überhaupt nichts hat, kann man wie Poon Lim mit viel Geduld die vom Salz steifen Bestandteile eines Taues lösen und soviel Teilseile aneinanderknüpfen bis man eine taugliche Angelschnur erhält. Man kann sich auch vorstellen, ein Stück Stoff aus einem Kleidungsstück aus Wolle oder Baumwolle zu reißen, den Wollfaden aufzuziehen und ihn dann so zu zwirbeln, bis man die unbedingt notwendigen paar Dezimeter erhält.

Für den Haken suche man sich ein ausreichend biegsames Stück Metall, das schon in etwa dem entspricht, was man daraus erstellen will. Poon Lim hatte einen galvanisierten Nagel, den er mit seinen Zähnen bog. Die Baileys griffen auf Sicherheitsnadeln zurück, die sie abbrachen und zurechtbogen. Bombard, dessen Angelgerät versiegelt war, fabrizierte seinen ersten Haken aus einem Knochen der Dorade, die er mit einem noch später zu zeigenden Mittel fing. Man kann sich auch einen Haken aus dem Deckel einer Konservendose machen, wenn man ein Messer besitzt, das ruhig auch schartig sein kann. Zusammenfassend kann man also sagen, daß man aus allem einen Haken erstellen kann, was – metallisch oder nicht metallisch – biegsam genug ist, um geschnitten und gebogen zu werden, aber auch fest genug ist, um das Gewicht der ersten Fische auszuhalten. Je nach Widerstandsfähigkeit seines ersten Hakens muß der Schiffbrüchige über ein ausreichendes Urteilsvermögen verfügen, um nur die Fische anbeißen zu lassen, für die sein Haken ausgelegt ist. Bevor wir aber darüber sprechen, müssen wir noch den Köder behandeln.

Man sollte eher von den Ködern sprechen, denn es gibt soviele Arten von Ködern, wie es auch Unterschiede in der Neugier und im Geschmack der Fische gibt. Manchmal jedoch ist es nur reine Neugier, die einen Fisch anlockt, der trotz der Engelsgeduld des Schiffbrüchigen dann doch nicht anbeißt. In diesem Fall muß man solange den Köder wechseln, bis sich Neugierde in Appetit verwandelt. Als ersten Köder benutzte Poon Lim einen Biskuit, aus dem er mit seinem Speichel erst eine Paste, dann kleine, in der Sonne getrocknete Plätzchen machte. Robertson benutzte ein Stück Stoff, das er an einen Blinker aus einem Stück Konservendosenblech hakte. Andere nahmen Schinken oder Corned-beef. Jacques Vignes empfiehlt, immer eine Dose Muschelfleisch unter den Ausrüstungsgegenständen des Floßes zu haben; sicherlich einer der besten Köder. Wir fügen dem die Verwendung der zahlreichen Krusten- und Schalentiere hinzu, die sich an der Floßunterseite festsetzen. Ohne selbst ins Wasser zu gehen, braucht man sich bloß über den Floßrand zu beugen und mit der Hand unter dem Floß herzufahren, um Entenmuscheln abzupflücken, die ausgezeichnete Köder sind, wenn man sie von ihrer Schale befreit hat. Viele Schiffbrüchige nutzen als Köder auch Reste von Fische, die sie auf andere Art und Weise gefangen haben. Aber bevor wir diese aufzeigen, wollen wir uns noch des Mißgeschicks von Alain Bombard erinnern, der mit nachgeschleppter Schnur zu angeln versuchte und sich das eine Schnurende um den Knöchel band, um sich mit etwas anderem zu beschäftigen, aber gleichzeitig auch die kleinste Zugveränderung der Leine verspüren zu können. Ein großer anbeißender Fisch hätte ihm so beinahe eine schmerzhafte Verwundung zugefügt. Diese Art solle man nicht anwenden, gibt er selbst zu. Fischfang mit nachgeschleppter Schnur kann sehr ergiebig sein, wenn sich keine Haie in der Umgegend befinden. Er sollte jedoch erst nach Befischung der Floßunterseite und der unmittelbaren Umgebung erfolgen. Die Schnur sollte in der Verlängerung der Floßlängsachse ausgelegt sein. So fingen die Baileys mit ihrer zu einem Haken umgebogenen Sicherheitsnadel die meisten Doraden, so wurde Poon Lim mit seinem krummgebissenen Nagel Rekordhalter im Überleben auf See und so gelangte Alain Bombard mit seinem Knochenhaken zu Essen und Trinken.

Wir möchten diesen Teil über Fischfang mit Angelschnur mit einigen Zeilen von Maralyn Bailey abschließen:»Anfang Juni, als Maurice' Erkrankung mir die Aufgabe des Fischfangs auferlegte, achtete ich sehr auf unseren letzten kleinen Haken. Maurice ließ den Fisch den Haken immer ganz verschlingen, bevor er ihn anschlug. Er brauchte dafür sechs oder acht Stücke Köder pro Fisch. Mir war das zu langwierig. Ich hatte meine Technik dahingehend verbessert, daß ich bei Annäherung des Fisches an den Haken etwas an der Schnur zog. Das entmutigte mein Opfer nicht, sondern bewirkte das Gegenteil. Wenn die Fische merkten, daß das Verlockende sich entfernte, schwammen sie schnell darauf zu und verbissen sich fest. In diesem Augenblick zog ich sie mit aller Kraft an Bord und brachte sie ins Beiboot. Vielleicht war das nicht besonders stilvoll und elegant, aber ich fand Gefallen daran. Manchmal riß ich die Schnur auch hoch. Der Fisch zappelte am Haken in der Luft und fiel auf der anderen Seite wieder ins Wasser. Mir schien, als ob sie ihren Spaß daran hätten; jedenfalls hatte ich immer genug Liebhaber für meine Zirkusnummer am fliegenden Trapez.«
Im Vergleich zur einfachen und klassischen Angelschnur erscheinen die anderen Fangmethoden als handwerklich sehr schwierig. Aber es wird sich zeigen, daß sie sehr oft auch wirksamer sind. Sie haben alle miteinander gemeinsam, daß sie unter den Augen anwendbar sind und sich nur mit den Fischen befassen, die ständig neu»in Symbiose« mit dem Floß leben.

– Die Harpune

Dabei kann es sich um den Pfeil eines Unterwassergewehres handeln, wie es Bombard bei seiner Fahrt durch das Mittelmeer besaß. Wir glauben, daß, ebenso wie Tauchermaske und Schnorchel, die dem Menschen zum ersten wahren Schritt in die Unterwasserwelt verhalfen, auch das Unterwassergewehr selbst von einem Neuling auf diesem Gebiet als Teil der Notausrüstung bei Schiffbruch vorgesehen werden sollte. Das Unterwas-

Von einfallsreichen Schiffbrüchigen angefertigte Fischfanggeräte

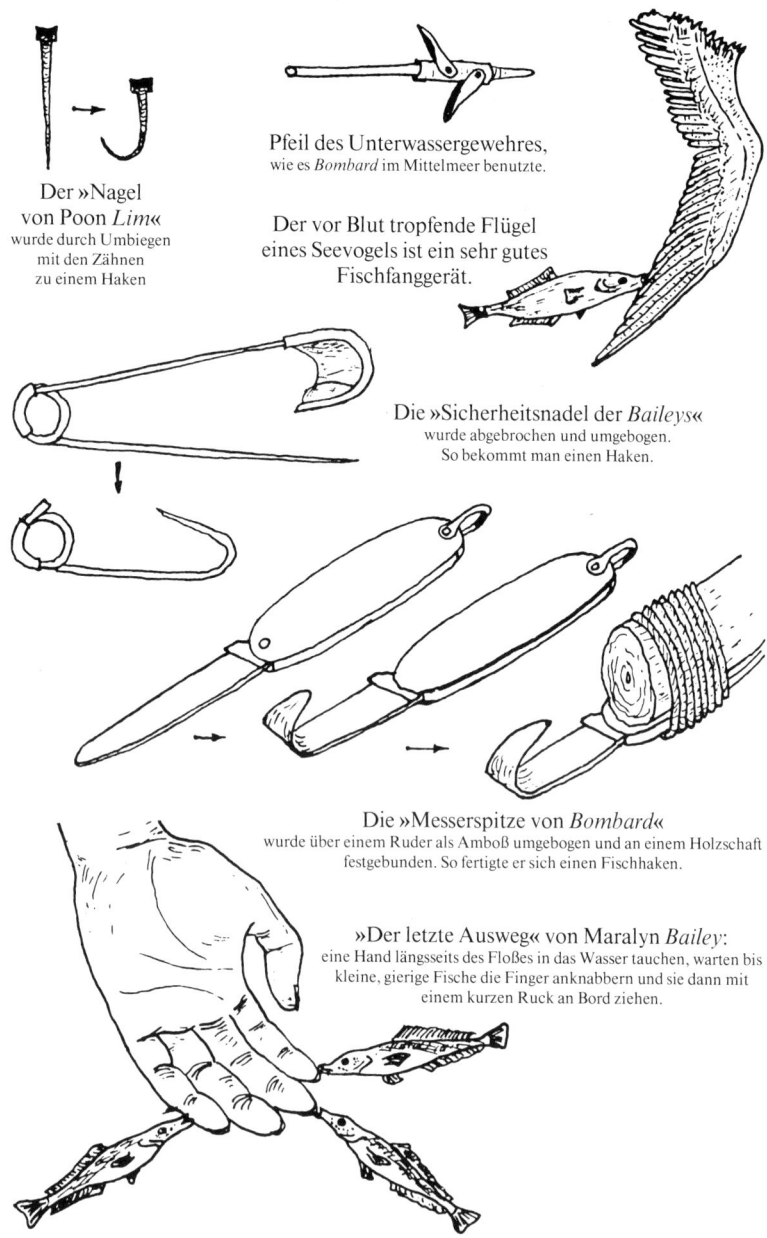

Der »Nagel
von Poon *Lim*«
wurde durch Umbiegen
mit den Zähnen
zu einem Haken

Pfeil des Unterwassergewehres,
wie es *Bombard* im Mittelmeer benutzte.

Der vor Blut tropfende Flügel
eines Seevogels ist ein sehr gutes
Fischfanggerät.

Die »Sicherheitsnadel der *Baileys*«
wurde abgebrochen und umgebogen.
So bekommt man einen Haken.

Die »Messerspitze von *Bombard*«
wurde über einem Ruder als Amboß umgebogen und an einem Holzschaft
festgebunden. So fertigte er sich einen Fischhaken.

»Der letzte Ausweg« von Maralyn *Bailey*:
eine Hand längsseits des Floßes in das Wasser tauchen, warten bis
kleine, gierige Fische die Finger anknabbern und sie dann mit
einem kurzen Ruck an Bord ziehen.

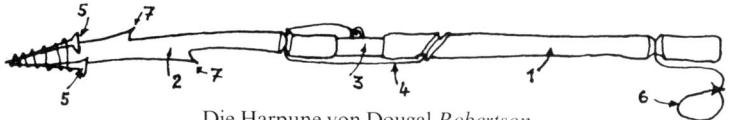

Die Harpune von Dougal *Robertson*

1. Ruderschaft als Griff; 2. eigentliche, aus einer Ruderbank aus Zypressenholz geschnitzte Harpune; 3. Kupferhülse, verbindet 1 und 2; 4. Sicherungsleine, verbindet 1, 2 und 3; 5. am Ende der Harpune als Spitze verwendete Nägel; 6. Sicherungsschlaufe, die um das Handgelenk gebunden wird; und 7. in das Zypressenholz geschnitzte Widerhaken.

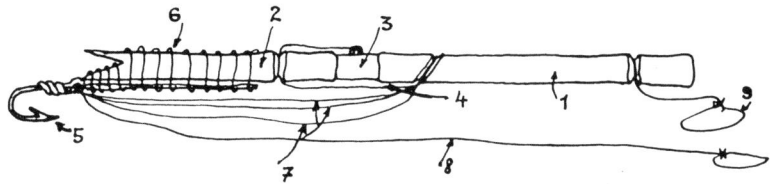

Zweite Bauweise eines Fischhakens von Dougal *Robertson*

1. Ruderschaft als Griff (gleicher Schaft wie bei Harpune); 2. aus der Ruderbank geschnitztes Holzstück; 3. Kupferhülse, verbindet 1, 2 und 4. Sicherungsleine, verbindet 1, 2 und 3; 5. Angelhaken als Fischhaken; 6. Kupferdraht, hält 2 und 5 zusammen; 7. Nylonschnur, verbindet 1 und 5; 8. Sicherungsleine aus Nylon, an 5 angebracht; und 9. Sicherungsschlaufe, die um das Handgelenk gebunden wird.

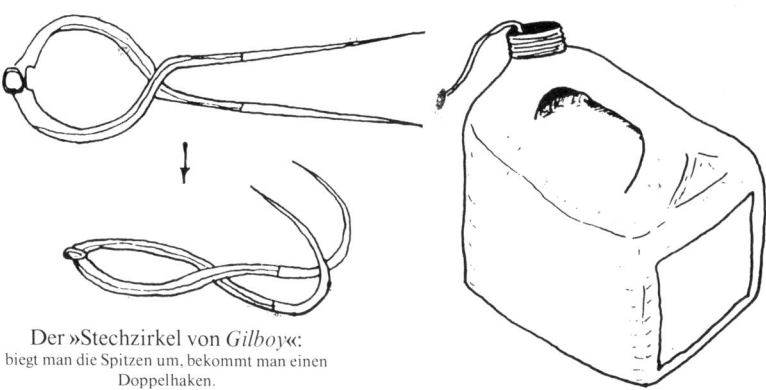

Der »Stechzirkel von *Gilboy*«:
biegt man die Spitzen um, bekommt man einen Doppelhaken.

Die »*Bailey*-Fischfalle«:
Dabei handelt es sich um einen Plastikkanister von 20×20×18 cm, bei dem der der Einfüllseite gegenüberliegende, schmalere Wandung ausgeschnitten ist. Eine Schnur mit Köder wird durch die normale Einfüllöffnung in den Kanister gelassen. Der so mit einem Köder versehene Plastikkanister wird am Griff gehalten und in das Wasser gesenkt. Schwimmt ein vom Köder angelockter Fisch in den Kanister, braucht »*die Falle*« nur herausgezogen und an Bord des Floßes ausgeschüttet werden.

Wir machen den Vorschlag, den oberen Kiefer eines kleinen Hais als Haken zu verwenden.
Eines der Kieferenden wird mit einem Holzschaft verbunden. Das ergibt dann eine Art Sense. Allerdings muß dann aber das andere Kieferende bei A abgetrennt werden.

145

sergewehr kann sowohl unter als auch über Wasser benutzt werden. Zu Anfang sollte der Schiffbrüchige nur auf Fische direkt unter ihm schießen, um nicht von der Lichtbrechung getäuscht zu werden. Nach und nach wird er lernen, den Winkel zu berechnen, unter dem er wegen dieser Lichtbrechung auf den Fisch anlegen muß. Ist die Spitze des Pfeiles gerade unterhalb der Wasserlinie, ist die Durchschlagskraft so stark, daß man den harpunierten Fisch kaum noch verliert, was bei den mit Bordmitteln erstellten Harpunen nicht immer der Fall ist.

Aus einem Ruderschaft baute Robertson sich seine erste Harpune. In den Schaft schnitzte er Widerhaken und verstärkte die Spitze durch zwei Nägel. Nachdem er diese Harpune zerbrochen hatte, baute er sich eine zweite, die er diesmal aus einer Ruderbank aus »robustem und faserartigem« Zypressenholz schnitzte. Sie ähnelte der ersten im großen und ganzen bis auf die Anordnung der Widerhaken rundum. Er zerbrach sie auch wie die erste. Wahrscheinlich machte er damit Jagd auf Doraden von 20 Pfund und mehr.

Man sollte also mit Ausnahme der Metallharpunen eher einen Fischhaken verwenden, denn wie das Beispiel von Robertson zeigt, muß man große Fische harpunieren.

– Der Fischhaken*

Auch mit einem Fischhaken kann der Schiffbrüchige ihn begleitende Fische fangen. Neben der Angelschnur ist der Fischhaken wohl mit das erfolgversprechendste Fischfanggerät. Erinnern wir uns einiger verschiedener Bauweisen. Bombard schmiedete sich förmlich einen Fischhaken, indem er über einem als Amboß dienenden Ruder die Spitze eines kleinen Taschenmessers zurechtbog, das er danach mit dem Ruderschaft verband. Gilboy bog die Schenkel eines Stechzirkels um. Robertson wiederum fabrizierte wohl den raffiniertesten behelfsmäßigen Fischhaken nach seinen Rückschlägen mit den Harpunen, von denen er übrigens den Schaft übernahm: ein großer Angelhaken wird zum Fischhaken, der mit dem Schaft durch Kupferdraht fest verbunden ist. Der Haken selbst ist durch zwei Sicherungsleinen noch zusätzlich gesichert; die eine umschlingt den Schaft selbst, die andere wird in der Hand gehalten.

* A. d. Ü.: auch Gaff, Gaffe oder Knocke genannt.

Der Fischhaken wird vorsichtig in das Wasser eingetaucht und unter die begleitenden Fische geführt. So können zehn Kilo Fisch oder mehr aus dem Wasser geholt werden. Es ist aber darauf zu achten, daß durch hastige Bewegungen die Luftkammern des Floßes nicht beschädigt werden und daß der Fisch nicht wieder ins Wasser zurückspringt. Um einen derartigen Mißerfolg zu vermeiden, muß der Fisch durch eine Griff mit Daumen und Mittelfinger in die Augen betäubt werden, sobald er auf dem Boden des Floßes liegt. Danach muß schnellstmöglich die Schwanzflosse abgeschnitten werden, damit der Fisch durch eine Schlagbewegung dieser Flosse nicht über die Luftkammern springen kann.

Es ist erstaunlich, daß eine Vielzahl von Schiffbrüchigen, die auf andere Weise ihren Einfallsreichtum im Bauen von Gerätschaften bewiesen haben, nicht an das Gaff als Fischfanggerät gedacht haben. Zwar stand einigen überhaupt kein Material zur Verfügung, aber viele hatten jedoch die Mittel dazu und wären nach unserer Auffassung und Kenntnis ihrer Möglichkeiten in der Lage gewesen, sich einen Haken zu erstellen und diesen an irgendeinem Schaft zu befestigen. All denjenigen, die über eine vollständige Ausrüstung verfügen wollen, empfehlen wir einen richtigen Bootshaken. Hat ein Schiffbrüchiger – wie viele vor ihm – einen kleinen Hai gefangen, sollte er den Kopf nicht zurück ins Meer werfen, nur weil er befürchtet mit dem scharfen Gebiß das Floß zu beschädigen. Wir schlagen daher vor, diesen schrecklichen Kiefer herauszutrennen sowie Ober- und Unterhälfte herauszubrechen. So erhält man zwei, mit spitzen und scharfen Zähnen bewehrte Halbkreise, die an einem Holzschaft befestigt werden können. Mit diesem einer Sense ähnlichen Gebilde kann man wie mit dem Gaff Fische aufspießen und sie an Bord schaffen. Ist kein Schaft vorhanden, kann man eine Kieferhälfte auch in der Hand halten, wenn man die Hand vorher zum Schutz gegen die scharfen Zähne mit einem Tuch umwickelt hat.

– Zur Erinnerung erwähnen wir, daß Aldrich, einer der mit Benzinmangel über dem Pazifik niedergegangenen amerikanischen Piloten, mit seinem Messer Fische durchstoßen und an Bord gebracht hat. Seine Kameraden, die es ihm nicht nachmachen konnten, bewunderten ihn wegen seiner Geschicklichkeit.

– Fischfang mit bloßer Hand, mit oder ohne Köder

Bei Fischfang mit bloßer Hand mit Köder machen wir uns die gierige Gefräßigkeit bestimmter Fischarten zunutze, die das nicht mehr so schnell loslassen, wonach sie gebissen haben. So hielt z. B. Maralyn Bailey den vor Blut tropfenden, ausgerissenen Flügel eines gefangenen Tölpels ins

Wasser. Sofort verbissen sich Fische darin, und mit einem Ruck brachte sie die Fische ins Floß. An diesem Tag hatte sie mit dieser Methode großen Erfolg und verlor somit keinen ihrer wertvollen Haken aus Sicherheitsnadeln. Auf gleiche Art und Weise benutzte sie später das Schulterblatt einer Schildkröte, Fleischfetzen oder blutbespritze Haihaut. Man kann aber auch ein mit Blut getränktes Tuch und nicht brauchbare Eingeweide von Fischen oder Schildkröten verwenden. Man sollte sich immer in Erinnerung rufen, daß fast alle Fischarten für Blutgeruch besonders empfindlich sind; also nicht nur Haie, wie man leicht glauben könnte.

Man kann sogar seine Exkremente als Köder verwenden, um Fische anzulocken. Das schon bereits erwähnte Tuch kann mit Exkrementen getränkt werden. Allerdings leidet der Schiffbrüchige wochenlang unter Verstopfung. Wir werden noch sehen, daß man Verstopfung durch Spülungen mit Öl (Schildkrötenöl) oder mit Brackwasser bekämpfen kann. Hat der Darmtrakt dann seine Funktion wieder aufgenommen, verfügt man auch über eine neue Möglichkeit, Köder zu bekommen.

Fischfang mit bloßer Hand ohne Köder bezieht sich nur auf Haie. Wir haben schon gesagt, daß häufig Haie das Floß untersuchen kommen, um es herumschwimmen und sich dann an seiner Unterseite reiben. Bei großen Haien muß alles mögliche unternommen werden, um sie vom Floß fernzuhalten. Sind sie dagegen aber nicht länger als 1,50 Meter, kann man versuchen, sie zu fangen, da sie dem Schiffbrüchigen reichhaltige Nahrung bieten. Die gängige Fangmethode besteht darin, daß man den Hai, wenn er längsseits des Floßes schwimmt, an seinem Schwanzteil packt; und zwar dort, wo der langgestreckte Körper in der großen Schwanzflosse endet. Man muß dabei auf ein kräftiges Umherschlagen gefaßt sein, da ja ein Großteil der Kraft des Haies eben aus dieser Schwanzflosse herrührt. Aber die rauhe Haut bietet einen guten Halt, und der Hai kann über den Floßrand gezogen werden. Sobald das Maul aus dem Wasser auftaucht, muß es mit einem Stück Holz, einem zusammengerollten Stück Stoff, einem Ruderblatt oder ähnlichem geknebelt werden. Der Hai wird mit aller Gewalt in diesen Knebel beißen; sein scharfes Gebiß wird somit für das Floß und seine Insassen weniger gefährlich. Zum Töten sollte man einen großen Knüppel oder etwas ähnliches nehmen, mit dem man einen kräftigen Schlag auf die langgezogene Nasenspitze ausführt. Der Hai ist dort besonders verwundbar und hört auf, in alle Richtungen herumzuzappeln. Danach nimmt man ein Messer, schlitzt die Kiemen auf und schneidet die Augen heraus. War der Schlag auf die Nasenspitze nicht kräftig genug, sticht man mit dem Messer auf den Hai ein. Da dies aber bei einem wie wild zappelnden Hai sehr schwierig ist, besteht größte Gefahr, daß man dabei das Floß beschädigt.

Dies ist ein Beispiel für den großen Einfallsreichtum von Maralyn Bailey, mit dem sie viele kleinere Fische fing. Was wäre besser, als sie selbst ihre Erfindung erklären zu lassen:»Unsere Haken brachen einer nach dem anderen ab oder wurden von zu großen Fischen abgerissen. (Wir verweisen noch einmal darauf, daß diese Haken aus Sicherheitsnadeln gemacht wurden.) Wir mußten uns also etwas anderes einfallen lassen, um Fische fangen zu können. Wenn wir unsere Fänge putzten, warfen wir nicht brauchbare Eingeweide und Abfälle in einen Eimer, um den Boden des Beibootes nicht zu beschmutzen. Als wir mit dem Putzen fertig waren, entleerten wir den Eimer ins Meer und spülten ihn noch einmal aus. Drückerfische schwammen herbei und schlugen sich um die Abfälle. Oftmals holte Maurice den Eimer mit einem Fisch darin ein. Da kam mir eine Idee. Ich nahm einen alten Kanister aus blauem Plastik, der 20 auf 20 auf 18 cm maß und oben einen Griff hatte. Die Einfüllöffnung befand sich an dem einen Griffende. Ich bat Maurice, ein viereckiges Loch in die der Einfüllseite gegenüberliegende, schmalere Wandung zu schneiden. Dann entfernte ich den Verschluß und ließ eine Schnur mit einem Köder in den Kanister ein. Ich hielt den Kanister am Griff, tauchte ihn ins Wasser, bis sich die eingeschnittene Öffnung unter Wasser befand. Anfänglich waren die Fische noch vorsichtig, schwammen bis zur Öffnung und drehten dann schnell ab. Aber es waren von Natur aus gierige Tiere, die sich gegenseitig übertrumpfen wollten. Bald waren zwei oder drei vor der Öffnung und betrachteten gierig den Köder. Dann wagte sich ein Mutiger in den Kanister vor, schnappte nach dem Köder und zog ihn ein wenig in Richtung der Öffnung, bevor er wieder aus dem Kanister schwamm. Ich widerstand der Versuchung, ihn zu fangen, und erklärte Maurice, daß man sie erst daran gewöhnen müsse. Maurice war von meiner Geduld begeistert. Ich fütterte die Fische mit Fleischstücken, bis ein paar von ihnen mit mir dieses Fangmich-Spiel spielen wollten. Schließlich entschloß ich mich, einige zu fangen. Es war so einfach, darauf zu warten, bis der gewünschte Fisch in den Kanister geschwommen war, und dann die Beute mit der Falle aus dem Wasser zu ziehen und das Tier vor den Füßen von Maurice abzustellen! Die anderen schienen gar nicht zu bemerken, daß einer der ihren fehlte, und machten mit sogar noch größerer Lust weiter. Maurice war von der Wirksamkeit der Falle begeistert, als ich zum Frühstück etwa 20 Fische fing, mit nur ganz wenig Ködern und ohne Gefahr, unseren Haken aufs Spiel zu setzen. Leider war diese Fangmethode nur auf Drückerfische anwendbar. Andere Arten waren sehr viel furchtsamer und vorsichtiger.«
– Wir müssen hier noch eine ganz andere Methode des Fischfangs erwäh-

nen; das »Auflesen« Fliegender Fische. B. Gilboy überstand die letzten Tage seines Lebens als Schiffbrüchiger nur, weil er Fliegende Fische auflas, die nachts auf seinem Boot gelandet waren. Dies ist kein Einzelbeispiel; ein Fliegender Fisch flog Romer sogar mitten ins Gesicht. Fast alle Schiffbrüchigen haben mit dieser Nahrungsquelle Bekanntschaft gemacht, die je nach Größe ihres Gefährtes oder eines als Falle dienenden Segels mehr oder minder reichhaltig war. Bombard fing im Atlantik jeden Morgen fünf bis fünfzehn Fliegende Fische mit seinem Segel, das eines der größten in all den hier aufgeführten Berichten war. Es besteht also ein berechtigtes Interesse, sich ein großes Segel zu bauen, und wenn es wie bei den Deserteuren von Sankt Helena aus Hemden gefertigt ist; einmal um schnelle Fahrt zu machen und zum anderen eine Falle für Fliegende Fische zu haben. Funktionieren die Batterien einer Taschenlampe noch, kann mit dem Licht der Fangerfolg noch gesteigert werden. Wie viele andere Tiere werden Fliegende Fische von Licht angelockt. Dabei sollte man besonders das Segel anleuchten.

– In dem Bewußtsein, daß der menschliche Geist noch viele andere Fangmethoden finden wird oder schon gefunden hat, wollen wir hier aus Gründen der Vollständigkeit eine Fangtechnik vorbringen, deren Ursprünge sich im Dunkel der Vergangenheit verlieren und die Thor Heyerdal während seiner Kon-Tiki-Expedition wiederentdeckt hat. Fängt man einen Hai oder eine Schildkröte, zieht man meist auch Schiffshalterfische mit aus dem Wasser. Dieser Fisch hängt sich gerne mit dem Saugorgan auf seiner Schädelplatte an größeren schwimmenden Objekten fest; bei Heyerdal war es sein Balsafloß. Unter Ausnutzung dieser Besonderheit des Fisches kann man sich einen oder mehrere Schiffshalterfische regelrecht halten und wie japanische Fischer, die mit dressierten Kormoranen, denen sie den Hals etwas abgebunden haben, andere Fische fangen. Hat man einen Schiffshalterfisch von seinem Träger gelöst, muß man ihm sofort eine Schnur um den Schwanz binden und ihn ins Wasser zurücksetzen. Während man selbst nun seinen Träger tötet und zerlegt, kann der Schiffshalterfisch sich am Floß festsaugen, bis er einen weniger passiven Träger findet. Schwimmt dann ein großer Fisch oder eine Schildkröte vorbei, wird der »angeleinte« Schiffshalterfisch sich lösen und sich an einem neuen Träger festsaugen. Man braucht also bloß die »Leine« einzuholen, um den wieder neu einsetzbaren Schiffshalterfisch und den Träger, an dem er sich festgesaugt hat, ins Floß zu bekommen. Wie bei jeder anderen Fangmethode braucht man auch hier Geduld. Man muß die »Leine« beobachten. Streckt sie sich, ist das ein Zeichen dafür daß der Schiffshalterfisch einen neuen Träger gefunden hat, den man mit viel Fingerfertigkeit an Bord ziehen kann. Die Saugkraft dieses eigenartigen Organs ist ausreichend genug.

b) Verwertung und Zubereitung von Fisch

Nur sehr wenige Schiffbrüchige verfügen über einen kleinen Kocher. Jedoch ist sein Brennstoff sehr schnell aufgebraucht. Kann der glückliche Besitzer seine ersten Fische noch braten oder kochen, so kommt er dann aber doch bald in die Lage aller Schiffbrüchiger: er muß seinen Fisch roh essen. Einige Fischarten haben ein wohlschmeckendes, andere jedoch ein minder gut schmeckendes Fleisch. Wir verdanken Maralyn Bailey einen wahren gastronomischen Führer, der alle Fischarten beinhaltet, die sie während der 117 Tage auf See angetroffen hat. Bevor wir jedoch von ihrem Erfahrungsschatz profitieren werden, wollen wir noch einmal Bombard zitieren, der nach dreitägigem Fasten einen Riesenzackenbarsch fing und ihn roh aß: »Ich hatte einen starken Brechreiz, als sich dieses rosafarbene Fleisch an meine Lippen führte. Mein Gefährte hatte wohl die gleiche Abneigung. Ich hatte es jedoch schon einmal im Labor ausprobiert und mußte so mit gutem Beispiel voran gehen. Ich weiß doch, daß es gut ist und daß der erste Bissen rutscht. Es hat geklappt; die Überwindung ist besiegt! Wir pfiffen auf unsere gute Erziehung und rissen mit unseren Zähnen Fleischstücke heraus, die, oh Wunder, uns auf einmal so lecker und appetitlich erschienen. Die Reste legten wir zum Dörren auf unser Zelt, nachdem wir vorher noch die darin enthaltene Flüssigkeit mit einer ‚Saftpresse' herausgepreßt hatten. In den folgenden Tagen lebten wir von diesem Fleisch. Jede Zivilisation hat bestimmte Gerichte mit einem Tabu belegt. Würden Sie Heuschrecken oder Regenwürmer essen? Nein. Ein Moslem darf kein Schweinefleisch essen. Ich habe einmal in England Walfleisch gegessen. Leider wußte ich nicht, daß es Wal war, ich hätte es dann nämlich nicht gemocht. Viele Menschen können nur Pferde- oder Katzenfleisch essen, im Glauben es sei Rind oder Kaninchen! Das ist alles ein Frage der Gewohnheit. Hätten unsere Großmütter wohl Tartar mit der gleichen Ungezwungenheit gegessen wie wir? Ich jedenfalls habe am ersten Tag soviel gegessen, daß ich beinahe seekrank geworden wäre.«

Kommen wir jetzt auf die Summe der Beobachtungen zurück, die die Baileys gemacht haben, und versuchen, daraus das Wesentliche für uns zu entnehmen.

Die meisten, mit Schnur oder Gaff gefangenen Fische sind Doraden, wie sie von vielen Autoren genannt werden. Hierbei handelt es sich um eine Goldmakrelenart, die in tropischen und subtropischen Meeren vorkommt, eine Länge von 1,20 bis 1,30 Metern erreichen kann und an ihrer steilen Stirnlinie zu erkennen ist. Ihr Fleisch schmeckt ausgezeichnet. Diese Fische sind sehr wasserhaltig. Man kann sagen, daß Doraden sehr vielen Schiffbrüchigen das Leben gerettet haben. Wo es Doraden gibt, sind auch

Fliegende Fische vorhanden, die die bevorzugte Nahrung der Doraden sind. Oft kommen Fliegende Fische auch nur aus dem Wasser, um nicht Beute der Doraden zu werden. So findet man auch häufig im Verdauungskanal einer Dorade einen oder mehrere Fliegende Fische. Aus zahlreichen Berichten geht hervor, daß diese, mit Verdauungssäften bereits mehr oder weniger in Berührung gekommenen Fliegenden Fische als Köder genommen wurden. Dies war sehr falsch, denn der Schiffbrüchige verschenkt so ein bereits »vorverdautes« Fleisch, dessen Geschmack nach Dixon besonders lecker ist.

Fliegende Fische schmecken gebraten besonders gut. Roh haben sie nicht den gleichen guten Geschmack wie Doraden oder andere Arten. Treten Fliegende Fische reichlich auf, kann vor allem ihr Kopf als Köder genommen werden. Die Filets sollten gedörrt und aufbewahrt werden.

Drückerfische sind flache, 15 bis 20 cm lange Fische, deren Kopf fast den halben Körper ausmacht. Der erste Strahl ihrer Rückenflosse sind aufrichtbar; man sollte sich davor hüten. Drückerfische sind sehr gefräßig; die Baileys fingen manchmal um die hundert Fische an einem Tag: »Sie zu fangen, war noch einfach. Wir brauchten aber viel Zeit, sie aufzuschneiden und zu putzen, was sehr anstrengend war. Unsere Finger taten uns bis auf die Knochen vom Schneiden mit der Schere weh. Leider hatte die Gier, mit der diese Fische nach dem Köder schnappten, auch einen unerfreulichen Nebenaspekt. Als wir unsere Hände im Wasser wuschen, schnappten die Drückerfische mit ihren kleinen Mäulern voller spitzer Zähne gleich nach unseren Fingern. Manchmal konnten wir gar nicht schnell genug die Hand wieder aus dem Wasser ziehen, da hatten sie schon die Haut durchgebissen. Wir dachten sogar daran, daß wir unsere Finger zum Fischfang benutzen könnten, wenn wir keinen Haken oder keinen frischen Köder mehr hätten.«

Maralyn Bailey empfiehlt, das Fleisch in kleine Würfel zu schneiden und sie in Süßwasser zu marinieren, wenn man über entsprechende Reserven verfügt. So erhält man rohen Fisch nach Tahiti-Art; mit dem einzigen Unterschied, daß Süßwasser den Limonensaft ersetzt. Limonensaft wirkt durch die darin enthaltene Säure, wohingegen Süßwasser, das größere hypotonische Eigenschaften besitzt, eine Veränderung der Zellstruktur des Fleisches bewirkt, was eine Geschmacksverbesserung mit sich bringt und darüber hinaus noch den Appetit anregt.

Haie belegen in den Fangstatistiken einen der ersten Plätze. Dabei handelt es sich natürlich um die kleineren Haie, die man mit der Hand fängt. Über den Geschmack ihres Fleisches gibt es geteilte Meinungen. Diejenigen, die großen Hunger hatten, schätzten es in der gleichen Weise wie die Bewohner entlegener Inseln, die regelmäßig Hai essen. Andere hingegen, die viele andere Fischarten als Nahrungsquelle hatten, verwendeten Haifleisch nur als Köder und probierten lediglich Leber und Milch. Sie ahmten somit andere Völker, wie die Paumotu, die Bewohner des Tuamotu-Archipels nach, die ebenfalls andere, wohlschmeckendere Fischarten als Nahrung zur Verfügung haben. Somit ist ihr ziemlich bitter und scharf schmeckendes Fleisch wohl eher als Flüssigkeits- denn als Nahrungsquelle zu sehen. Aber noch viele andere Fischarten begleiten gewöhnlich das Floß. Selbst in einem für das Überleben auf See und den Fischfang so wenig geeigneten Meer wie das Mittelmeer konnte Bombard eine bemerkenswerte Fangstrecke erzielen, im Gegensatz zu Lucien und Catherine, die nie den Versuch starteten, obwohl sie beim Baden unter ihrem Floß zahlreiche Fische bemerkten.

In vielen Berichten, selbst in so ausführlich dokumentierten wie dem der Baileys, werden Fische genannt, deren Arten nach zoologischer Erkenntnis nicht mit den übereinstimmen können, die im Wasser, unter dem Floß gesehen wurden. Vielen Fischarten wurden fälschliche, je nach Meer unterschiedliche Namen gegeben, die in keinen streng systematischen Namenskatalog passen. So lassen wir hier unseren kurzen Ausflug in die Welt der am meisten von Schiffbrüchigen gefangenen Fische enden und wenden uns nun drei Fragen von allgemeiner Bedeutung zu:
– Kann man alle Fische essen?
– Gibt es Variationsmöglichkeiten für Nahrung auf Fischbasis?
– Wie kann man Fisch haltbar machen?

Kann man alle Fische auf die eine oder andere Art essen?

In seinem Logbuch schreibt Bombard mit Datum vom 29. November 1952: »Habe heute mit meinem am Ruderschaft befestigten Messer einen Drückerfisch gefangen. Zögere noch, ihn zu essen, da in einem Buch steht, er sei eßbar, er aber nach einem anderen giftig ist. Lasse es lieber bleiben. Jedoch sollten sich die Spezialisten für Schiffbruch endlich einmal einig werden!« Soweit also das Problem, das aber im Grund genommen einfach zu lösen ist. Bei Drückerfischen gibt es zwei Spezies. Die eine kommt im Korallenriff vor und ist giftig. Die andere findet sich im offenen Meer und ist ungiftig. Dieses Beispiel vom Drückerfisch kann auf alle anderen Fischarten ausgedehnt werden. Unter dem Eindruck des großen Hungers muß man auf offener See alle Fische als ungiftig ansehen. Alle bekannten Fälle von Fischvergiftung gehen auf in Inselnähe oder in Lagunen gefangenen Fisch zurück.

Von Dougal Robertson sowie Maurice und Maralyn Bailey häufig gefangene Fischarten.

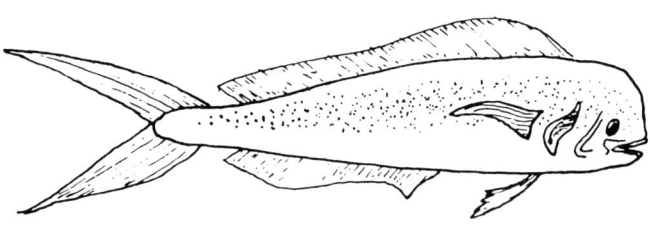

Dorade, Goldmakrele (auch Unechte Dorade oder Dolphin genannt).
Ist an der steilen Stirnlinie erkennbar. Folgt oft Fliegenden Fischen und sucht gerne im Schatten des Floßes Schutz. Kann ein Gewicht von 30 kg erreichen. Hinter dem Kiemendeckel fand *Bombard* einen hakenförmigen Knochen. Zahlreiche Schiffbrüchige verdanken diesem Fisch ihr Leben.

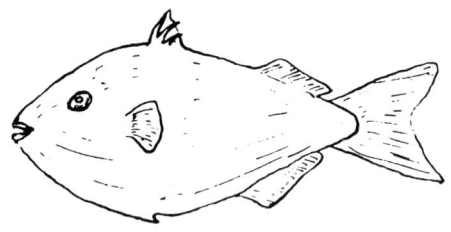

Drückerfisch
Ist an seiner 3-strahligen Rückenflosse erkennbar, deren einzelne Strahlen gegeneinander verhakt werden können. Neben zahlreichen Riff-Spezies gibt es auch eßbare Hochsee-Spezies (sogar im Mittelmeer: Balistes capriscus), die die Ernährungsgrundlage der *Baileys* waren. Hält sich gerne im Floßschatten auf. Kann 20 cm Länge überschreiten.

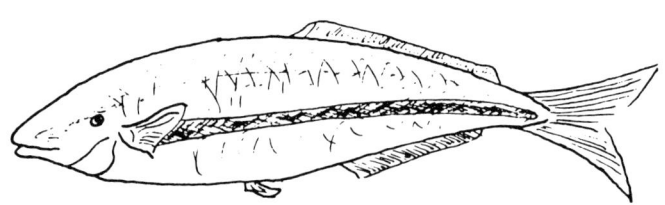

Von den *Baileys* als ein Vertreter aus der Familie der Chaeniden beschrieben.
Ist an seinem leuchtendblauen Streifen auf silbrigem Grund erkennbar. Der Streifen erstreckt sich auf beiden Seiten über die gesamte Körperlänge.

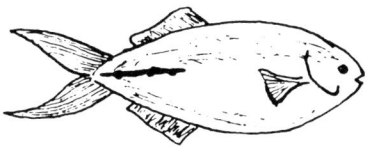

Von den *Baileys* **Stöckerfisch genannte Spezies.**

Dies dürfte jedoch ein Irrtum sein, da der Stöcker, auch Bastardmakrele genannt, der von ihnen abgegebenen Beschreibung nicht entspricht. Der oben abgebildete Fisch ist goldfarben, besitzt eine vorstehende Verknorpelung auf jeder Seite und mißt zwischen 20 und 25 cm.

Fliegender Fisch.

Es gibt um die 40 Arten. Flüchtet vor Feinden durch »Davonfliegen«. Fällt häufig in Flöße. Kann eine Länge von 45 cm erreichen. Kommt auch im Mittelmeer vor.

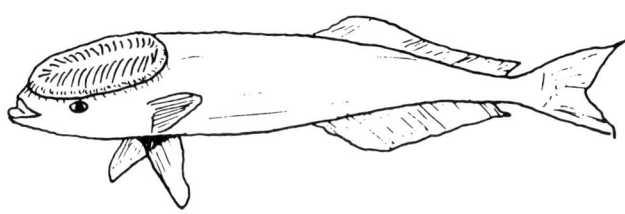

Schiffshalter, Remora.

Ist an seinem Saugorgan auf der Schädelplatte erkennbar. Kommt in allen tropischen und gemäßigten Meeren vor. Saugt sich an beweglichen Trägern (Großfische, Haie, Schildkröten und sogar Flößen) fest. Mit dem Schiffshalter kann man Großfische fangen. Die größten Vertreter der 8 bekannten Arten können bis zu 1 m Länge haben.

155

Von den *Baileys* als ein Vertreter aus der Familie der Chirocentriden beschrieben.
Ist an der hellgelben Schwanzflosse erkennbar. Hält sich gerne im Floßschatten auf. Kann 60 cm Länge
erreichen.

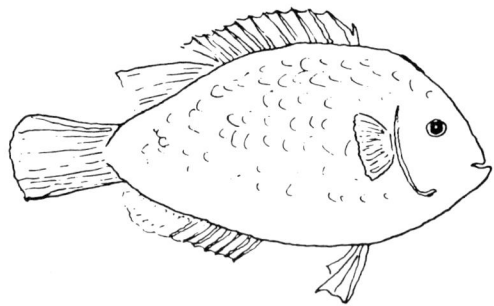

Von den *Baileys* als ein Vertreter aus der Familie der Siganiden beschrieben.
Auch hierbei muß es sich um einen Irrtum handeln, da es in dieser Familie nur eine Art gibt, den Siganus,
auch Kaninchenfisch genannt, der nur in Riffgebieten lebt. Der oben abgebildete Fisch ist braun-weiß
marmoriert. Die *Baileys* fanden ihn besonders schmackhaft.
(Die Zeichnungen wurden den Illustrationen von Peter A.-G. *Milne* für die *Baileys* und denen von Pam
Littlewood für die *Robertsons* nachempfunden.)

Trotz dieser globalen Beantwortung der Frage muß eine Nuancierung vorgenommen werden. Dabei sollte man sich aber nicht von folgenden, wissenschaftlichen Betrachtungen zu einem Trugschluß verleiten lassen. Das Blut bestimmter Fische kann giftig sein. Man spricht hierbei von Ichtyohämotoxizität, die man bei Zitteraalen, Meeraalen, Muränen und Zitterrochen findet, also alles Fischen, mit denen der Schiffbrüchige wohl kaum in Berührung kommt. Der Giftstoff selber, Ichtyootoxin genannt, wird von den Drüsen ausgeschüttet und kann schon in kleinsten Mengen tödlich sein wie zum Beispiel beim Puffer- und beim Kugelfisch, die im Korallenriff leben. Holt man diese Fische aus dem Wasser, blähen sie sich sehr charakteristisch auf. Man sollte sie wieder ins Wasser zurückwerfen (die Japaner kennen dennoch eine ausgezeichnete Zubereitungsart). Ist schließlich das Fleisch selbst giftig, sprich man von Ichtysarcotoxizität, wie sie bei zahlreichen Korallenfischen und nur bei wenigen anderen Spezies wie zum Beispiel bei der Meerbarbe und dem Rötling vorkommt. Dies sollen die einzigen Vergiftungsursachen sein, die uns hier in diesem Zusammenhang interessieren. Wir wollen noch einmal darauf verweisen, daß man auf offener See nicht daran denken sollte. Stellt der Schiffbrüchige jedoch durch einen außergewöhnlichen Zufall nach Fischgenuß an sich Symptome fest, die Trunkenheit ähneln und von Sehstörungen begleitet sind, sollte er sich nicht übermäßig aufregen. Er hat sich eine leichte Fischvergiftung zugezogen, die harmlos ist und nicht lange anhält.

Obwohl keiner der uns bekannten Berichte davon spricht, kann es sein, daß Thunfische und Makrelen, die von Bakterien befallen sind und in ihnen eine Histamin-Überproduktion verursachen, eine allgemeine Nesselsucht mit Hyperämie in Gesicht und oberen Atemwegen auslösen. Das sieht zwar schlimm aus, ist aber nicht schwerwiegend.

Im Rahmen der einzelnen Vergiftungen, die durch Fisch hervorgerufen werden, müssen wir noch auf die *Ciguatera*vergiftung zu sprechen kommen. Dabei handelt es sich um ein Nervengift, dessen erste Anzeichen etwa drei Stunden nach Genuß des Fisches auftreten. Übelkeit, dann Erbrechen mit Lähmungserscheinungen der Lippen und des Mundes sind Alarmmerkmale und müssen sofortige Magenspülungen zur Folge haben, damit durch weiteres Erbrechen der Magen vollständig entleert wird. Wiederholen wir noch einmal, ein Schiffbrüchiger wird kaum auf offener See giftige Fische fangen, stellt er jedoch *Ciguatera*vergiftung an sich fest, muß er sich sofort erbrechen. Die beste Methode ist folgende: zwei oder drei Gläser Salzwasser trinken, sich über Bord beugen und Zeige- und Mittelfinger tief in den Rachen stecken, um einen Reflex zu erzeugen, der nach mehrmaliger Wiederholung im Brechakt endet. Zwei- bis dreimal hintereinander angewandt, hat man so seinen Magen vollständig entleert. Als weitere Symptome können Bauchschmerzen, Durchfall, Gliederschmerzen, Muskelschwäche, Sehstörungen und starke Kopfschmerzen auftreten. Bei *Ciguatera* ist das Gift in der Leber bestimmter Fische, darunter Haie, enthalten. Es handelt sich um eine Ichtyohepatotoxizität, die praktisch nur nach Genuß der Leber von Fischen auftritt, die gewöhnlich eßbar sind, sich aber in einer Korallenlebensgemeinschaft aufgehalten haben. Als Zusammenfassung dieses ein wenig trockenen Unterabschnittes wollen wir darauf verweisen, daß es zwar nicht unnütz ist, über die Giftigkeit einzelner Fische Bescheid zu wissen, um die Ursache einer ernsthaften, aber vorübergehenden Störung zu kennen, daß aber der Schiffbrüchige auf offener See alle Tiere nutzen sollte, die er zu fangen bekommt – mit einer einzigen Ausnahme vielleicht, den Quallen, die zwar reichlich auftreten und eine Verlockung darstellen, aber gefährlich sein können.

Gibt es Variationsmöglichkeiten für Nahrung auf Fischbasis?

Hier müssen wir wieder einmal auf die Baileys zurückgreifen. Während ihrer 117 Tage auf See hatten sie Zeit genug, eine Vielzahl von Rezepten zu entdecken. Zunächst einmal muß man aber einige Behälter haben. Hat der Schiffbrüchige von Anfang an keine, wird er sicherlich schon einige aus Därmen, Schwimmblasen usw. gebaut haben, in denen die besseren Stücke Fischfleisch aufbewahrt werden können. Genauso wie die Baileys sollte man seine Mahlzeiten variieren, denn eines der größten Übel ist Appetitlosigkeit, die in Zusammenhang mit der monotonen Ernährung und dem damit verbundenen Widerwillen etwas zu essen steht. Ohne es zu bemerken, ißt der Schiffbrüchige immer weniger, obwohl es ihm an Fisch nicht fehlt. Eines Tages hat er dann den Grad der Erschöpfung erreicht, von dem er sich nicht mehr erholt...
Die Baileys legten die Leber von Fischen in die eine Schale, die Eier oder die Fischmilch in eine andere und in eine dritte die Fischaugen. Auf diese Weise konnten sie mindestens einmal pro Tag, wenn die Witterungsverhältnisse Fischfang ermöglichten, die Monotonie durchbrechen, die ständige Mahlzeiten aus rohem Fisch nun einmal sind. Besteht kein Nahrungsmangel, sollte man den Tagesrhythmus des Körpers einhalten und drei- bis viermal täglich zu den normalen Essenszeiten essen. Sind im Nahrungsangebot Schildkröten, kann man, wie wir noch sehen werden, die Mahlzeiten noch variationsreicher gestalten und somit eine größere Ausgewogenheit erhalten.

Kann man Fisch haltbar machen?

In gewisser Weise besteht ein Zusammenhang zwischen den Problemen, die sich beim Erhalt von Süßwasser ergeben, und denen, die wir hier aufgeworfen haben. Die Versorgung mit Fisch, wie auch mit anderen Nahrungsquellen, also Seevögel und hauptsächlich Schildkröten, ist vom Wetter abhängig. Hat die See stärkeren Wellengang, wird Stille voraussetzender Fischfang unmöglich. Man kann sogar soweit gehen und sagen, daß Erhalt von Süßwasser mit Fischfang nicht vereinbar ist, denn ersteres bedeutet Wind, hohe See, ja auch Stürme, die die Begleitfische die stille Tiefe des Meeres aufsuchen lassen. Wie Süßwasser muß denn auch Nahrung, wenn sie reichlich vorhanden ist, gelagert werden.

Zur kurzzeitigen Haltbarmachung können dünne Streifen frischen Fischfleisches oder solche, aus denen bereits der Saft herausgepreßt wurde, in den Schatten zwischen zwei Tüchern, Segeltuch zum Beispiel, gelegt und von Zeit zu Zeit mit Salzwasser bespritzt werden. Die Verdunstung bewahrt eine gewisse Frische, und das übrigbleibende Salz setzt sich hauptsächlich im Tuch ab. Je nach klimatischen Bedingungen bleiben die Fleischstücke so mehrere Tage frisch.

Zur langzeitigen Haltbarmachung muß man Dörren. Die Fleischstücke werden in die Sonne gehängt. Sie drehen sich von alleine und bekommen auf jeder Seite gleichmäßige Sonnenbestrahlung ab. Hat man keine Aufhängmöglichkeit, kann man die Fleischstücke auch auf ein Tuch legen. Allerdings muß man sie häufig wenden. Auch sollte man nicht zu viele auf ein Stück Tuch legen, da sie immer wieder auf eine trockene Stelle gelegt werden müssen. Die vom Fleischstück noch feuchte Stelle muß in der Sonne trocknen. Nach einer Viertel- bis einer halben Stunde kann man sie wieder mit einem Fleischstück belegen. Bei Sonnenuntergang werden die Fleischstücke bis zum nächsten Morgen aufeinandergestapelt. Hier besteht Gefahr, daß sie Schimmel ansetzen. Wenn es an Tüchern nicht fehlt, sollten sie zwischen die einzelnen Stücke gelegt werden.

Je nach Dicke der Fleischstücke und der Stärke der Sonneneinstrahlung vollzieht sich der Dörrprozeß innerhalb weniger Stunden bis ein paar Tagen. Die gedörrten Fleischstücke können dann eng aneinander gelagert werden. Jedoch sollte man zu große Luftkammern zwischen den einzelnen Stücken vermeiden. Der Vorrat muß regelmäßig geprüft werden, um bei für Fischfang zu starken Seegang nicht die Überraschung zu erleben, nur noch einen Haufen schimmeliges Fleisch zu haben. In manchen Fällen muß der Dörrprozeß täglich oder alle zwei Tage wiederholt werden.

3) SCHILDKRÖTEN

Theoretisch kommen Schildkröten gemäß Darstellungen über die geographische Verteilung von Seereptilien hauptsächlich in einem Streifen um den Äquator vor, der sich etwa von 40° nördlicher Breite bis etwa 40° südlicher Breite erstreckt. Ein sich in diesem Streifen aufhaltender Schiffbrüchiger müßte also auf Schildkröten treffen und könnte dank ihnen überleben. Praktisch jedoch sieht das nach Auswertung der Berichte von Schiffbrüchigen anders aus. In unserer heutigen Zeit haben nur Schiffbrüchige, die sich in bestimmten Gebieten des Pazifischen oder des Indischen Ozeans aufhalten, wirklich eine Chance, ihren Speisezettel mit dieser Nahrungsquelle zu ergänzen.

Es gibt fünf Spezies von Schildkröten, die sich auf 2 Familien verteilen:
– zum einen die Cheloniidae oder Meeresschildkröten mit hartem Knochenpanzer, als da sind:

1) die Suppenschildkröte, die wohl bekannteste, deren Panzer beim Männchen 95 cm und beim Weibchen 80 cm lang sein kann. Ihr Gewicht kann um etliche Kilo zwischen 200 und 300 kg variieren. Sie legt große Strecken auf See zurück und schwimmt meist an der Wasseroberfläche. Ihre Zeugungsperiode ist weitestgehend von der geographischen Position abhängig, somit ist sie mehr oder weniger das ganze Jahr über häufig anzutreffen.

2) Die Echte Karettschildkröte hat einen charakteristischen Panzer, dessen Länge beim erwachsenen Tier 90 cm nicht übersteigt. Im Pazifik pflanzt sie sich in den Monaten November bis Februar und im Atlantik von April bis August fort, während dieser Zeiten kommt sie auf offener See selten vor.

3) Die Unechte Karettschildkröte ist sehr selten auf offener See beobachtet worden, da sich diese Spezies vornehmlich in Buchten und Mündungsgebieten aufhält. Sie kann 1,30 m Länge und mehr als 400 kg Gewicht erreichen.

4) Die Bastardschildkröten sind die kleinsten Vertreter. Auch der Panzer der ältesten Tiere ist kürzer als 70 cm. In der Karibik pflanzen sie sich von Dezember bis Februar fort; im Ostpazifik von August bis November.

5) Die Dermocheliidae stellen die zweite Familie dar, deren einzige Vertreterin die Lederschildkröte ist, die mehr als 2 m Länge und 500 kg Gewicht erreicht. Man kann sich leicht vorstellen, wie schwer es für einen Schiffbrüchigen ist, sich mit solchen Monstern abzugeben.

Wie bereits bei den Fischen werden wir nach Gebieten vorgehen:
- Fangtechnik
- Töten und Zerlegen
- Nutzungsarten.

a) Fangen von Schildkröten

Ebenso wie Haie werden Schildkröten mit bloßer Hand gefangen, wobei es zwei Probleme zu lösen gibt: Erstens; wie nähert man sich selbst der Schildkröte bzw. wie läßt man die Schildkröte sich dem Floß nähern, ohne daß sie wegtaucht, da ihr Auftauchort nicht so einfach zu bestimmen ist? Zweitens; wie fängt man die Schildkröte auf sichere Art, ohne daß sie auf Nimmerwiedersehen verschwindet? Dies setzt voraus, daß man sich nicht mit den größeren Formen, die wir aufgelistet haben, abgibt oder daß man in einem Fall, in dem es nichts zu verlieren gibt, nicht enttäuscht ist, wenn der Mensch in diesem ungleichen Kampf unterliegt. Betrachten wir nun jeder der beiden Probleme genauer.

Bemerkt ein Schiffbrüchiger an der Wasseroberfläche die dunkle Masse einer Schildkröte, so sollte er erst einmal diese Masse einige Augenblicke lang beobachten. Ist diese Masse ruhig, schläft die Schildkröte an der Wasseroberfläche. Man muß dann leise und vorsichtig an sie heranpaddeln. Bewegt sich die Masse, schwimmt sie also, sollte man leise warten, bis die Schildkröte sich aus Neugierde das Floß näher betrachten kommt. Es kann nämlich durchaus sein, daß Schildkröten das Floß als Artgenossen ansehen. Stellen sie dann das Gegenteil fest, schwimmen sie gerne unter das Floß, um einmal seinen Schatten zu nutzen und sich durch Reiben an der Floßunterseite von Parasiten zu entledigen und um zum anderen dort befindliche kleine Krusten- und Schalentiere abzufressen. Sie sollte erst ergriffen werden, wenn sie längsseits des Floßes ist. Am besten wartet man ab, bis sie nach mehreren Minuten unter dem Floß wieder auftaucht, um Luft zu holen. Dann ist sie nämlich etwas erschöpft, also in einem Zustand relativer Unterlegenheit, und verteidigt sich weniger heftig und nicht so lange. Auf diese Art haben die Baileys und Robertsons auch größere Schildkröten gefangen.

Es gibt noch eine weitere Fangmethode, die wir selbst etliche Seemeilen vor Panama ausprobiert haben. Man überrascht zwei Schildkröten während der Kopulation. Man nähert sich ihnen und fängt das Männchen, das sich auf den Panzer des Weibchens geschoben hat, bevor beide die Zeit finden, sich voneinander zu lösen und wegzutauchen.

Ist die Schildkröte längsseits, muß sie ergriffen und an Bord gezogen wer-

Schildkröten

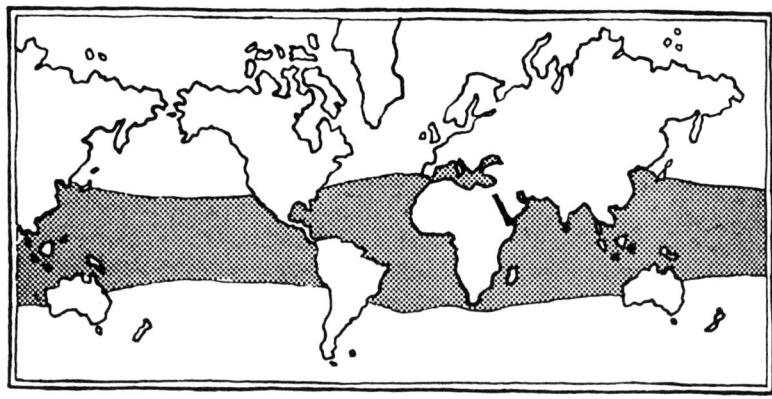

Verbreitung der Suppenschildkröte in den Weltmeeren.

Schildkröten können anhand ihres Panzers identifiziert werden. Sie bieten Schiffbrüchigen reichhaltige Nahrung. Aufgrund der Überlebensbedingungen ist nur der Fang von Jungtieren erfolgversprechend.

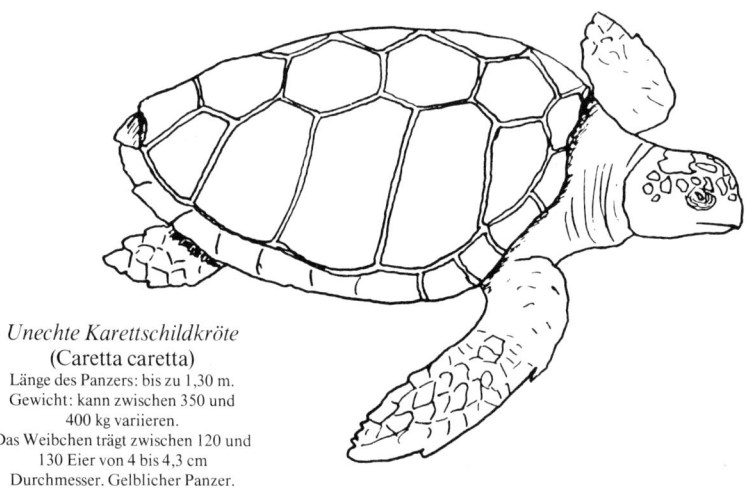

Unechte Karettschildkröte
(Caretta caretta)
Länge des Panzers: bis zu 1,30 m.
Gewicht: kann zwischen 350 und
400 kg variieren.
Das Weibchen trägt zwischen 120 und
130 Eier von 4 bis 4,3 cm
Durchmesser. Gelblicher Panzer.

Echte Karettschildkröte
(Eretmochelys imbricata)
Länge des Panzers: höchstens 90 cm.
Das Weibchen trägt zwischen 450 und
540 Eier von 3,5 bis 4 cm
Durchmesser. Schwarzgesprenkelter
gelber Panzer.

Suppenschildkröte
(Chelonia mydas)
Länge des Panzers: höchstens 98 cm.
Gewicht: kann zwischen 240 und 300 kg
variieren.
Das Weibchen trägt zwischen 250 und 500 Eier
von 4,5 cm Durchmesser. Weißlicher Panzer
mit dunklen Stellen am Austritt von Kopf und
Gliedmaßen.

Lederschildkröte
(Dermochelys)
Kann eine Länge von 2,30 m erreichen.
Gewicht: bis zu 600 kg.
Das Weibchen trägt bis zu 300 Eier von 5,5 cm
Durchmesser. Schwarzgefleckter, heller Panzer.

163

den. Das ist gar nicht so einfach; vor allem wenn man – wie die Familie Robertson – im Floß dicht beieinander sitzt und das Gleichgewicht halten muß, während der kräftigste Schiffbrüchige sich über Bord beugt. Die beste Technik ist, eines der Paddel der Schildkröte zu ergreifen, und zwar dort, wo es am dicksten ist; d. h. so nah wie möglich an der Austrittsstelle unterhalb des Panzers. Dann hält man die dicke Wölbung an der vorderen Kante fest. Die andere Hand packt den Panzer in der Mitte der dem Floß gegenüberliegenden Wölbung. Der eigene Körper ist dabei über Bord gebeugt, wodurch dem Tier ein Großteil seiner Kraft genommen wird. Dann muß die Schildkröte so gekippt werden, daß ihr Panzer erst auf der Außenwand, dann auf der Oberkante der Luftkammer zu liegen kommt. Nun ist der schwierigste Teil geschafft. Sie braucht jetzt nur noch auf den Floßboden zu rutschen. Dabei sollte man sich vor Schlägen mit den an allen vier Paddeln befindlichen Krallen und vor Bissen mit dem glücklicherweise nicht bezahnten Hakenschnabel hüten. Mit dieser Technik dürften Schildkröten mit 30 bis 40 kg Gewicht nicht entkommen. Andere Techniken bergen eine Gefahr für das Gummimaterial des Floßes; vor allem jene, bei denen man die Schildkröte auf ihre Bauchseite rutschen läßt, könnte eine Beschädigung der Luftkammern durch die Krallen hervorrufen. Es versteht sich von selbst, daß diese Aufgabe zu zweit leichter zu lösen ist, zumal die Gefahr des Kenterns geringer ist. Ist der Schiffbrüchige nun aber allein und erscheinen ihm Größe und Gewicht mit der Kraftanstrengung, die das Kippen des Tieres nun einmal ist, unvereinbar, kann er eine andere Technik anwenden; das Töten der Schildkröte im Wasser, was anscheinend nie zuvor versucht worden ist. Dabei wird der Schildkröte wie mit einem Lasso eine Schlinge um den Hals gelegt. Der Kopf kann übrigens nicht eingezogen werden. Man könnte das Tier jetzt erdrosseln, was bei einer großen Schildkröte aber mit sehr viel Kraft verbunden ist. Besser ist dagegen, sie zu ertränken, indem man mit der einen Hand das Lasso hält und ihr mit der anderen den Kopf unter Wasser drückt. Auch hierzu braucht man allerdings Kraft – und viel Geduld –, denn selbst nach 15 oder 20 Minuten ist noch nicht sicher, daß die Schildkröte ertrunken ist. Ist sie dann aber tot und kann sich nicht mehr wehren, ist es sehr viel leichter, sie an Bord zu hieven. Schneidet man ihr im Wasser die Halsschlagadern durch, ist ihr Tod nur eine Sache von wenigen Sekunden. Jedoch würde die Blutmenge im Wasser eine derartige Versuchung sein, der kein in der Nähe befindlicher Hai widerstehen könnte.

b) Töten und Zerlegen einer Schildkröte

Liegt die Schildkröte auf dem Rücken im Floß, beginnt für den Schiffbrüchigen die Metzgersarbeit. Um nicht Schlägen der Krallen ausgesetzt zu sein, sollte man sich auf die Schildkröte knien, wobei jedes Knie auf die Bauchseite eines der hinteren Paddel gesetzt werden sollte. Ein Messer wird am Hals der Schildkröte angesetzt. Es sollte wie eine Säge gehandhabt werden, da es wohl nicht scharf genug ist, zumal die Haut am Hals auch sehr hart ist. Auf beiden Seiten und ein wenig hinter der Luftröhre verlaufen die Gefäße: Halsschlagadern und Drosselvenen. Ein letzter Schnitt mit dem Messer trennt auch sie. Das Blut strömt heraus und muß in einem Behältnis aufgefangen werden. Es ist eine nicht salzige Flüssigkeit, die schnellstens getrunken werden sollte, da sie in weniger als einer Minute gerinnt.

Jetzt kann man mit dem Zerlegen beginnen. Dies ist fast immer eine lange und harte Arbeit, wenn man die Qualität der Schneidobjekte berücksichtigt, über die ein Schiffbrüchiger normalerweise verfügt. Zuerst schneidet man entlang des Randes der Bauchseite, hebt diese an und durchtrennt das sie noch zurückhaltende Gewebe. Dann kommt die Bauchhöhle zum Vorschein. Das Gedärm wird so tief wie möglich durchschnitten. Mit zwei Finger muß es oberhalb der Schnittstelle zusammengepreßt werden, damit die Fäkalien nicht heraustreten, die sich sonst über die anderen inneren Organe ausbreiten könnten. Ein weiterer Schnitt wird so weit als möglich an der Speiseröhre vorgenommen. Auch hier wird ein Austreten des Inhaltes vermieden. Das Ganze kann dann ins Meer geworfen werden, wo es alle möglichen Fischarten, auch Haie anlockt. Es kann auch nur der Inhalt herausgepreßt und der eigentliche Darm in einem Gefäß aufbewahrt werden, das mit Süß- oder Salzwasser gefüllt sein muß, damit der Darm nicht austrocknet. Er kann dann als Kaldaunen zubereitet oder als Köder verwendet werden. Wir haben auch bereits gesehen, daß man ihn durch Wenden in einen langen Schlauch verwandeln kann, der als nützliches Behältnis dienen kann.

Man fährt mit dem Zerlegen fort, indem man eine Muskelpartie ablöst, die die Leber und die kardio-pulmonaren Organe bedeckt. Nachdem diese entfernt sind, stößt man auf kräftige Muskelmassen, aus denen große Fleischstücke gewonnen werden können. Diese liegen nahe dem Panzer, dem Schulterblatt- und Beckengürtel, die entbeint werden müssen. Diese großen Muskel laufen in die Paddel, die sie bewegen und weswegen diese so kraftvoll sind. Zwar ist die Zerlegung äußerst schwierig, aber man erhält 25 bis 30 % des Schildkrötengewichtes an vorzüglichem Fleisch. In einem gesonderten Gefäß sollte man auch das Fett auffangen, das den Panzer von innen überzieht und die Muskeln geschmeidig hält. Läßt man es in der Sonne schmelzen, erhält man ein goldfarbenes Öl, das zu vielem nützlich ist.

c) Nutzung und Haltbarmachung von Schildkröten

Schildkröten bieten dem Schiffbrüchigen noch wesentlich mehr Möglichkeiten der Nutzung und der Aufwertung der Mahlzeiten als Fische. Man sollte das Blut möglichst bald trinken, da es sehr schnell gerinnt. Bei der Gerinnung setzen sich der Blutfarbstoff und eine Flüssigkeit ab, das Plasma. Das eine wie das andere kann als Zutat oder Soße zum rohen oder gedörrten Fisch- bzw. Schildkrötenfleisch verwendet werden. Die Leber wagte die Familie Robertson nicht zu nutzen; sie schmeckt jedoch ausgezeichnet. Sie muß allerdings möglichst bald gegessen werden, da sie nicht gedörrt werden kann und schneller als Fleisch verdirbt. Die Baileys berichten, daß die Leber des Weibchens größer und zarter als die des Männchens sei. Wir verweisen darauf, daß die Gallenblase entfernt werden sollte. Sie sollte jedoch nicht verletzt werden, da auslaufende Säfte der Leber einen bitteren Geschmack geben.

Die Eier des Weibchens – man erkennt es am fehlenden Schwanz oder am zumindest teilweise vom Panzer verdeckten Schwanz – sind je nach Entwicklungsstadium unterschiedlich groß. Sie ähneln Tischtennisbällen und sind sehr nahrhaft. Kann man aus ihnen kein Omelett zubereiten oder sie in einem von der Sonne erwärmten Metallbehältnis etwas stocken lassen, ißt man sie roh. In einem höheren Entwicklungsstadium bestehen sie fast ausschließlich aus Eigelb, das zwar schwer zu kauen und zu schlucken, aber besonders reich an Nährstoffen ist.

Aus dem in der Sonne geschmolzenen Fett gewinnt man Öl, das sich zusammen mit Plasma bestens zum Würzen von frischem oder gedörrtem Schildkröten- bzw. Fischfleisch eignet. Die Robertsons wandten es rektal als Mittel gegen Verstopfung an, schmierten damit verschiedene, rostige Instrumente, massierten mit ihm steife Glieder und strichen es über erkrankte Stellen der Haut, die so vor der salzigen Gischt geschützt waren. Das sie über genügend Behälter verfügten, bewahrten sie es auch auf, um bei Stürmen durch Veränderung der Oberflächenspannung des Wassers die Wellen nicht hochschwappen zu lassen. Dabei handelt es sich um ein erprobtes Verfahren, bei dem man Öl tropfenweise längsseits verteilt. Man braucht keine großen Mengen, um eine hohe Wirkung zu erzielen: etwa 2,5 bis 3 Liter pro Stunde. Zur Unterstreichung des großen Vorteils, den diese altbewährte Technik bietet, erwähnen wir lediglich, daß 1887 das

Passagierschiff *Normandie* der Compagnie Générale Transatlantique zwei Ruderboote der *Kjukan* aufnahm, in dem sich 14 Männer seit sieben Tagen inmitten eines Sturmes befanden: »Wir vergossen Treibstoff rund um die Boote,« erzählte der Kapitän. »Die Wellen kamen zwar bis an die Boote heran, brachen sich aber nicht.«

Auch die Knochen der Schildkröte sollten genutzt werden. Beißt man sie auf, gelangt man an das köstliche Knochenmark, das herausgeschlürft werden kann.

Wie wir bereits sagten, macht das Fleisch etwa 25 bis 30 % des Gesamtgewichtes aus. Die Muskeln können in Scheiben geschnitten werden, die dann wie »Steaks« sind. Sie können roh gegessen werden. In halbgedörrtem Zustand dürften sie sogar noch besser sein, obwohl man dann zur Verdauung mehr Flüssigkeit braucht. Man kann sie aber auch wie Fisch dörren. Generell sollte man allerdings möglichst viel rohes oder halbgedörrtes Fleisch essen, da der Dörrprozeß des Schildkrötenfleisches ungleich schwieriger als der von Fischfleisch ist. Außerdem wäre es doch schade, wenn man sich eine strenge Rationierung seiner Vorräte auferlegt und dann feststellen muß, daß das Fleisch durch Schimmelpilze ungenießbar geworden ist. Rohes Schildkrötenfleisch kann auch ausgepreßt werden. Man erhält dann das, was die Robertsons Schildkrötensaft nannten: eine Mischung aus Blut, Lymphsekreten und Gewebeflüssigkeiten, die eine ausgezeichnete Soße ergibt.

Als Abschluß dieses gastronomischen Ausfluges wollen wir noch einen Rezeptvorschlag von Lynn Robertson zum besten geben: Zwölf geschlagene oder zerdrückte Schildkröteneier, die mit Schildkrötensaft übergossen werden, sind zunächst einmal eine exzellente Soße, in der man einige gedörrte Fleischstücke, Frischfleisch und Streifen gedörrter Doraden marinieren kann. Hat man reichlich Fleisch, erscheint es unnötig, noch eine Schildkröte zu fangen, wenn sich dazu die Gelegenheit bietet. Da man aber nicht weiß, was die Zukunft bringt, kann man eine Technik der Baileys anwenden, bei der man die Schildkröte ganz einfach für einige Zeit noch am Leben läßt, indem man sie in das mit Meerwasser gefüllte, als Schwimmbassin dienende Beiboot verfrachtet oder sie an einem der hinteren Paddel angeleint um das Floß schwimmen läßt.

4) SEEVÖGEL

Theoretisch sind Seevögel in zweifacher Hinsicht dienlich: zum einen sind sie eine, manchen Berichten zufolge sogar die einzige Nahrungsquelle; zum anderen geben sie je nach Spezies die Entfernung des Schiffbrüchigen zum nächsten Land an. Für die Praxis trifft aber nur die erste Angabe zu. Bevor wir darauf zu sprechen kommen, wollen wir aber erst einmal die zweite Angabe erläutern. Fast alle Schiffbrüchigen, die sich durch Vogelbeobachtungen große Hoffnungen gemacht hatten, wurden bitter enttäuscht. Als Beispiel führen wir nur Alain Bombard an, der während seiner Überquerung aus wissenschaftlichen Gründen das *Raft-book* mitführte, ein amerikanisches Handbuch für Schiffbrüchige, in dem alle Seevögel beschrieben und die Entfernungen, die sie auf See zurücklegen, angegeben sind. Wir wollen hier alle Irrtümer aufführen, die er an mehreren Stellen seines Buches »Naufragé volontaire« anspricht:

– Sieht man drei Tropikvögel zusammen, ist man höchstens 80 Seemeilen von der Küste entfernt. Das ist falsch!

– Sieht man zehn Vögel zusammen, befindet man sich 100 bis 200 Seemeilen vor der Küste. Das ist falsch!

– Fregattvögel verbringen nie die Nacht auf See und entfernen sich nicht mehr als etwa 100 Seemeilen von der Küste. Das ist falsch!

– Der Nördliche Tölpel entfernt sich nicht mehr als 90 Seemeilen von der Küste. Das ist falsch!

– Der Sturmtaucher fliegt nicht weiter als 100 Seemeilen von Land weg. Das ist falsch!

– Der Seeadler ist ein Anzeichen dafür, daß die Küste nicht mehr als 60 bis 80 Seemeilen entfernt ist. Das ist falsch!

Am 27. November sieht Bombard eine Fliege auf der *Hérétique* sitzen; etwas, was im *Raft-book* nicht erwähnt wird. Er denkt natürlich sofort, daß Land nicht mehr weit entfernt sein kann. Er stellt aber dann fest, daß seine Vermutung ebenso falsch ist wie die Angaben im Handbuch. Am 4. Dezember bemerkt er einen Schmetterling. Auch hier liegt er falsch, denn er erreicht Barbados erst am 23. Dezember.

Kommen wir jetzt auf etwas Handfesteres zurück als diese Spekulationen, die der Anlaß vieler Enttäuschungen sein können, und sprechen über Seevögel als Nahrungsquellen und als Fischfanggerät.

Seevögel haben nicht die gleichen Verhaltensweisen wie Landvögel. Alle Seefahrer kennen den Besuch von zum Teil erschöpften Vögeln, die sich stunden- oder sogar tagelang auf ihrem Schiff aufhielten. Auch Schiffbrüchige wissen davon zu berichten. Nur sind Seevögel für sie keine Reisegefährten, sondern eine Nahrungsquelle. Sieht man einmal von Gene Aldrich ab, der einen Albatros durch einen Pistolenschuß tötete, werden Seevögel entweder mit der Hand oder durch Überwerfen eines großen Tuches gefangen. Letzteres ist übrigens die sicherste Methode, wenn man einen Seevogel mit einem spitzen und gefährlichen Schnabel, wie zum Beispiel Braune oder Blaufüßige Pazifiktölpel, fangen will.

In außergewöhnlichen Fällen – bei Bombard war es ein Sturmtaucher – werden Seevögel auch Opfer ihrer eigenen Gefräßigkeit. In diesem Fall verschlang der Vogel den Köder an einer nachgeschleppten Leine und hatte den Haken im Schlund. Bei Sturmtauchern rät Bombard, sie nicht zu rupfen, sondern ihnen die Haut abzuziehen, da sie sehr fetthaltig ist. Beim Fleisch lobte Bombard den Meeresfrüchten ähnlichen Nachgeschmack.

Man kann, wie bei Fischen, davon ausgehen, daß alle Seevögel eßbar sind. Deshalb sollte man auch einen Blaufüßigen Tölpel nicht wie Dougal Robertson entkommen lassen, der glaubte, daß das Fleisch »zäh, salzig und voller Schädlinge« wäre, ohne ihn überhaupt gefangen und vor allem probiert zu haben. Wir haben auch bereits gesehen, daß der blutende Flügel eines großen Vogels ein wunderbares Fischfanggerät ist, das Leine, Haken und Köder zugleich ist.

5) PLANKTON

Schon 1947 interessierte sich Thor Heyerdal während der Kon-Tiki-Expedition für Plankton. Das folgende schrieb er darüber: »Mehr als einmal sind Menschen auf dem Meer verhungert, weil sie glaubten, sie könnten nur von großen Fischen leben, die sie angeln, im Netz fangen oder harpunieren konnten. Dabei segelten sie buchstäblich in stark verdünnter roher Fischsuppe. Hätten sie zu Angelhaken und Netz ein Gerät gehabt, fein genug, die Suppe abzuseihen, in der sie saßen, hätten sie einen nahrhaften Satz gefunden: das Plankton. Der Meeresbiologe Dr. A. D. Baykov brachte uns auf die Idee und schickte uns auch ein Fischnetz, das in einem genauen Verhältnis zu den Dingen, die wir fangen wollten, stand. Das »Netz« war ein Seidengewebe mit fast dreitausend Maschen im Quadratzoll. Es war wie ein hufeisenförmiger Beutel genäht und hing an einem Eisenring mit anderthalb Fuß Öffnung hinter dem Floß im Schlepp. Genau wie bei anderen Fischen war der Fang je nach Zeit und Ort verschieden. Der Fang nahm ab, als das Meer weiter westlich wärmer wurde. Außerdem hatten wir unsere besten Resultate in der Nacht, anscheinend tauchten viele Arten bei Sonnenschein in die Tiefe. Hätten wir auf dem Floß keinen anderen

Zeitvertreib gehabt, wäre es jedenfalls unterhaltsam genug gewesen, die Nase ins Plankton zu stecken, nicht wegen des Geruchs, denn der war übel, und nicht zum Appetitanregen, denn als gemischtes Kompott sah Plankton grauslich aus. Aber die phantasievollen Formen und Farben nahmen kein Ende, wenn wir es auf ein Brett ausschütteten und uns die einzelnen Kleintiere mit bloßem Auge betrachteten. Die meisten waren winzigkleine Garneelen oder frei schwimmende Fischeier, aber es gab auch Fischlarven und Schalentiere, wunderliche Miniaturkrabben in allen Farben, Quallen und eine endlose Variation von winzigen Geschöpfen.

Dort, wo der kalte Humboldtstrom unter dem Äquator nach Westen bog, konnten wir alle paar Stunden die Planktongrütze kiloweise aus dem Sack leeren. Das Plankton lag hier zusammengebacken wie weicher Kuchen in farbenreichen Schichten, braun, rot, grau und grün, je nachdem wir verschiedene Planktonfelder passierten. Wenn nachts Meerleuchten war, war es, als zöge man einen Sack mit funkelnden Juwelen herein. So schön dieser Nachtfang von weitem war, so gottlos wirkte er aus der Nähe. Je übler der Geruch, desto besser war der Geschmack, wenn man nur mutig einen Löffel Meerleuchten in den Mund führte. Waren viele Zwerggarneelen darunter, so schmeckte es wie Garneelen-, Hummer- oder Krabbenpastete. Waren es im wesentlichen Fischeier, so schmeckte es wie Kaviar und hin und wieder wie Austern. Das Pflanzenplankton war entweder so klein, daß es mit dem Wasser durch das Netz verschwand, oder aber es war so groß, daß wir es mit den Fingern herausfischen konnten. Zwei Mann an Bord meinten, Plankton schmecke schlecht, zwei waren der Ansicht, daß es gut sei, und zwei hatten schon beim Anschauen gegessen.«

Einige Jahre später hob auch Bombard das Interesse hervor, das ein Schiffbrüchiger für das Fischen von Plankton haben sollte. Er bewies auch, daß Plankton reich an Vitamin C ist und somit Skorbut vorbeugt, einer Mangelkrankheit, die bei alten Seefahrern gefürchtet war. Bombard fischte nur eine halbe Stunde täglich nach Plankton. Damit war sein Tagesbedarf an Vitamin C gedeckt. Außerdem verfügte er über genügend Fischnahrung und brauchte daher seine Fahrt durch das Auswerfen des Planktonnetzes nicht zu verlangsamen. Alles was man dazu braucht ist ein spezielles Netz. Zwar kann man auch Seiden- oder Nylonstrümpfe nehmen, aber die müssen erst einmal unter der Ausrüstung des Floßes sein. Und welche Frau eines Schiffbrüchigen trägt schon solche Strümpfe, wenn sie auf das Floß umsteigt? Der kleine Durchmesser dieser Strümpfe läßt auch keine großen Fangmengen zu. So beenden wir diesen Abschnitt mit dem Hinweis, daß ebenso wie der Sonnendestillierapparat das Planktonnetz auf jeden Fall Teil der Ausrüstung des Floßes sein sollte, wo es auch als Treibanker eingesetzt werden kann.

6) KRUSTEN- UND SCHALENTIERE

Sie stellen nur einen verschwindend geringen Teil der Nahrung von Schiffbrüchigen dar. Nach den von uns analysierten Berichten haben lediglich B. Gilboy, Poon Lim und die Bourdens während einer gewissen Zeit allein von Krusten- und Schalentieren gelebt. Die meisten anderen haben nicht daran gedacht, sich über Bord zu beugen, um herumschwimmende kleine Krebse zu fangen oder an der Unterseite sitzende Entenmuscheln abzupflücken. Zwar ist die Ernte nicht besonders groß, aber sie kann wiederholt werden und reicht aus, um sich trotz Hunger etwas Energie zu bewahren. Die kleinen Krebse werden aufgebissen und wie Krabben roh gegessen. Entenmuscheln und Seepocken – in manchen Gegenden der Welt eine Delikatesse – trafen nicht ganz den Geschmack von Gilboy, der auf ihnen herumkaute, ohne sie herunterzuschlucken!

7) ALGEN

Wir haben bereits dem Kapitel über den Kampf gegen den Durst entnommen, daß 1954 Wiktors Zvejnieks 66 Tage auf See überlebte, indem er sich fast nur von treibenden Algen ernährte. Dies ist eins der wenigen Beispiele, die wir zu diesem Thema anführen können. Man sollte sich daran erinnern, denn was ein Schiffbrüchiger gemacht hat, können auch andere machen.

Die an der Wasseroberfläche treibenden Algen haben leider nichts mit denen gemein, die von einigen fernöstlichen Völkern, vornehmlich den Japanern, geschätzt werden. Ihr Geschmack ist nicht besonders, aber sie enthalten die paar Kalorien, die den Unterschied zwischen Entkräftung und Überleben ausmachen.

8) PROBLEME DES KANNIBALISMUS

Um vollständig zu sein, verbleibt uns nur noch das heikle Thema des Kannibalismus. Ein jüngster Vorfall des Überlebens unter schrecklichen klimatischen Bedingungen in den Hochanden hatte philosophische, moralische und religiöse Betrachtungen zu dieser Problematik zur Folge. Eine große Fernsehdiskussion darüber wurde von einer beträchtlichen Zuschauermenge verfolgt. Wir wollen uns über dieses Thema nicht näher auslassen, sondern haben stellvertretend Fälle von Kannibalismus, ausgehend vom Floß der *Medusa* über die Deserteure von Sankt Helena bis zu den Abenteuern des John Dean, für sich sprechen lassen. In unserer jüngsten Zeit, 1972, haben Lucien und Catherine ehrlicherweise zugegeben, während ihrer zwölftägigen Irrfahrt im Mittelmeer in ihren mehr oder weniger wachen Vorstellungen mit diesem Gedanken gespielt zu haben. Ich komme hier zum Ende, möchte jedoch anfügen, daß ich selbst einmal Menschenfleisch gegessen habe. Allerdings geschah dies unter keinen der hier aufgeworfenen Umständen (erst später erfuhr ich auch, was sich gegessen hatte). Ich muß gestehen, es hat mir geschmeckt!

KAPITEL III

Der Kampf gegen Müdigkeit

Werden Schiffbrüchige von einem Schiff aufgenommen oder stoßen sie auf Land, sind sie immer in einem beklagenswerten Zustand. Der stete Schlafmangel, die bedrängende Enge auf dem Floß, der Gewichtsverlust und die Unterernährung sind die drei Faktoren, die zusammen relativ schnell eine physische Schwäche herbeiführen. Sie vermischen sich mit einem vierten Faktor, der nur schwer zu erfassen und rein psychischer Natur ist. Wir werden diese vier Faktoren nun nacheinander untersuchen und Gegenmittel nennen.

1) SCHLAFMANGEL

Schlafmangel wird in allen Berichten von Schiffbrüchigen erwähnt, mit Ausnahme vielleicht derer, die sich an Bord ihres eigenen Schiffes und somit in einem relativen Komfort befinden. Schlafmangel ist das normale Ergebnis von etwas, das schnell zu einem Teufelskreis wird: die ständige Unbequemlichkeit, die ihrerseits die Ursache anderer Kettenreaktionen ist, die zu physischer Erschöpfung führen.

Beispiele wie das von Blackburn, der mit allen Mitteln verhinderte einzuschlafen, da er wußte, daß er bei dieser Kälte nie wieder aufwachen würde, sind glücklicherweise die Ausnahme. In der Mehrzahl der Fälle ist es unmöglich, eine gute Einschlaflage zu finden. So kommt es dann zu Schlafmangel oder zumindest zu kurzfristigem Schlaf, der immer dann unterbrochen wird, wenn der Floßboden auf die Wellen klatscht oder wenn sich Fische am Floß reiben und gegen den Boden stoßen. Dieser ohnehin schon wenig erholsame Schlaf wird zusätzlich noch durch gefährliche Augenblicke gestört, wenn der Schiffbrüchige sich wachhalten muß, um gegen eine starke See anzukämpfen und um zu verhindern, daß Wellen oder Brecher ihn überspülen oder sogar zum Kentern bringen.

Schlaf ist bekanntlich ebenso unerläßlich wie Wasser. Bestimmte Organismen kommen sogar länger ohne Wasser aus als ohne Schlaf. Der paradoxe Teil des Schlafes, der die Traumphase beinhaltet, ist für eine Vielzahl von Lebewesen absolut notwendig. Wird dieser paradoxe Schlaf verringert oder fehlt er ganz, gerät man schnell in einen pathologischen Zustand mit Wachträumen und sich anschließenden optischen und akustischen Halluzinationen. In einer gewissen Anzahl älterer Berichte war wohl das, was der Erzähler als Wahnsinn oder Delirium abtat, einfach das Ergebnis dieser Halluzinationen.

2) STÄNDIGE UNBEQUEMLICHKEIT

Das Problem der Unbequemlichkeit steht in direktem Zusammenhang mit den Ausmaßen der Rettungsboote und -flöße. Man erinnere sich nur des 21 Tage dauernden, akrobatischen Lebens in den Wanten der *Junon* von John Mackay und seinen Gefährten oder der dreimonatigen Sitzhaltung von Romer in seinem Kajak. Das andere Extrem, also eine relative Bequemlichkeit, findet sich bei Willis, Gilboy und den Überlebenden der *Marie-Jeanne*, also bei Schiffbrüchigen in ihrem eigenen Boot. Die meisten anderen Fälle liegen zwischen diesen beiden Extremen und sind im wesentlichen durch die kleinen Ausmaße des Floßes gekennzeichnet sowie durch die Tatsache, daß es zuweilen mit mehr Personen als der vom Hersteller vorgelegten Zahl besetzt ist. Die Hersteller scheinen sich im übrigen nicht immer genügend Gedanken über einen für Schiffbrüchigen ausreichenden »Lebensraum« zu machen. Als Beispiel dafür mag das 2,50 m auf 1,25 m große Gummiboot dienen, das die U. S. Navy für die drei Besatzungsmitglieder eines Torpedoflugzeuges vorsah. Harold Dixon, der sein Leben einem solchen Boot verdankt, erzählt humorvoll: »Eine unserer ersten Entdeckungen war, daß es praktisch unmöglich sein würde zu schlafen. Überzeugen Sie sich doch einmal selbst davon und legen Sie sich auf den Rücken. Aber so, daß die Beine unter den Körper zu liegen kommen – wir hatten nicht den Platz, unsere auszustrecken. Dann bitten Sie einen kräftigen Mann, Ihnen mit einer Planke kurz auf Kopf und Schultern zu hauen. Haut er alle drei Sekunden ein paar Mal zu, so imitiert er damit genau das Schlagen der Wellen gegen den Boden. Jetzt bitten Sie noch jemanden, Ihnen in regelmäßigen Abständen einen Eimer kaltes Wasser ins Gesicht zu schütten. Um auch noch die Geräuschkulisse zu haben, lassen Sie dann leere Kippwagen um Sie herumfahren. Nach 34 Stunden finden Sie das Ganze dann etwas monoton.«

Dieser Abschnitt über ständige Unbequemlichkeit kann in einem Wort zusammengefaßt werden: die Fastunbeweglichkeit. Sie ist verantwortlich für Muskelschwund, Ankylose und Versteifungen, Druckstellen auf der Haut mit Bildung von Geschwüren bis hin zu Verschorfungen. Unbeweglichkeit verursacht auch einen Kalziumverlust der Knochen, wie man ihn bei einem drei Monate eingegipsten Gliedmaß vorfindet. Man erinnere sich der Dekalzifizierungsprobleme Bombards. Vor kurzem wurde dieser Kalziumverlust auch bei Kosmonauten festgestellt.

3) ENTBEHRUNGEN UND UNTERERNÄHRUNG

Durch Unterernährung und die daraus folgenden Mangelerscheinungen werden Entbehrungen augenscheinlich zu einem bedeutenden Faktor der Müdigkeit, die den Schiffbrüchigen früher oder später überwältigt. Der Gewichtsverlust während seines Lebens auf See ist äußerst hoch und liefert dafür den Beweis.

Die jeweiligen Auswirkungen des einen oder des anderen dieser drei Faktoren enden in physischem Verfall, in physiologischer Deprivation wie die Mediziner sagen, die schnell das Ende des Schiffbrüchigen bedeuten kann. Auf eine halbkomatöse Verfallsphase folgt dann der Tod. In bestimmten Fällen ist physische Erschöpfung bereits von Anfang an vorhanden. Sie ist eine direkte Folgeerscheinung des Schiffbruchs und stellt für die Folgezeit eine große, direkte Bedrohung dar, da sie äußerst schwer zu überwinden ist. Dies war so bei Lucien und Catherine im Mittelmeer, als sie innerhalb von 36 Stunden dutzende Male kenterten, was sie für die folgenden zwölf Tage total entkräftete. Glücklicherweise kommt physischer Verfall jedoch in den meisten Fällen schrittweise mit Höhen und Tiefen, aber nie offen zu Tage tretend. Somit ist es notwendig, diesem vorzubeugen und von Anfang an dagegen anzukämpfen.

Bevor wir uns nun mit den Mitteln beschäftigen, die wir gegen das einsetzen, was wir ganz allegemein unter dem Begriff Müdigkeit verstehen, wollen wir noch etwas über die psychischen Faktoren sagen, die Müdigkeit je nach Sachlage beschleunigen oder hinausschieben können. Hierbei handelt es sich um sehr subjektive Aussagen, die nur äußerst schwer aus den Berichten des ersten Teils zu ziehen sind. Es ist kaum möglich, sie zu »klassifizieren«, wie wir es mit allen anderen Faktoren getan haben. Es liegt aber auf der Hand, daß sie eine wesentliche Rolle spielen, obwohl sie meist verborgen bleiben. Will man das fast Unfaßbare trotzdem greifbar machen, könnte man sagen, daß es auf das Temperament des einzelnen ankommt. Einige werden ihrem Leben als Schiffbrüchige passiv gegenüberstehen, andere werden versuchen, es aktiv zu beherrschen. Dies ist auch der ganze Unterschied zwischen denen, die gegen die aufkommende Müdigkeit ankämpfen, und denen, die sich resignierend von ihr überwältigen lassen. Die erste Verhaltensweise bringt uns ganz selbstverständlich zu den Mitteln, die man anwenden kann, um physischen Verfall zu verhindern oder hinauszuzögern.

4) METHODEN DER MÜDIGKEITSBEKÄMPFUNG

a) *Um Schlafmangel so weit wie möglich entgegenzutreten*, muß zunächst einmal das Problem der Enge und der ständigen harten und schmerzhaften Schläge gegen den Floßboden gelöst werden. Alle Schiffbrüchigen sagten das gleiche aus: die Müdigkeit kommt über sie, sie haben das Bedürfnis nach Schlaf, aber als sie versuchen einzuschlafen, geht das nicht. Dagegen hilft nur ein Mittel – sich auszustrecken; wenn nicht auf dem Rücken, dann auf der Seite. Alle verfügbaren Textilien – Segel, Schwimmwesten, Ölzeug usw. – können als Matratzenersatz auf den Boden gelegt werden, um die Schläge von Fischen oder Wellen aufzunehmen. Bei mehreren Schiffbrüchigen an Bord muß der Reihe nach geschlafen werden. Der, der schlafen darf, hat alle Rechte und kann es sich bequem machen. Der oder die, die wach bleiben, machen sich ganz klein; sie wissen ja, daß sie auch an die Reihe kommen. Ich kenne Segler, die dem Beispiel Bombards folgend in ihrem Rettungsfloß eine Planke mitführen. Dies ist eine ausgezeichnete Lösung, die auch einen anderen Nutzen haben kann. Die Planke schützt den Schlafenden vor dem manchmal zentimeterhohen Wasserstand im Inneren des Floßes und trägt somit auch zum Kampf gegen Unbequemlichkeit bei.

b) Man kann ein Rettungsfloß nicht in ein luxuriöses und bequemes Gefährt verwandeln. Man muß seine Unbequemlichkeit hinnehmen, *aber man kann gegen die Folgen der dadurch entstehenden Fastunbeweglichkeit ankämpfen.*
Ein Bad ist bei weitem das beste Mittel. Alles, was wir im Kapitel über den Kampf gegen Flüssigkeitsverlust des Organismus gesagt haben, besitzt auch hier Gültigkeit. Angeleint um das Floß herumschwimmen ist das einzige wahre Muskeltraining, das ein Schiffbrüchiger betreiben kann. Bei

entsprechenden Wassertemperaturen können Bäder mehrmals täglich stattfinden. Vor allem sollte man nicht in den Glauben verfallen, daß die durch diese Bäder entstehende Muskelermüdung die bereits bestehende noch erhöhen wird. Es handelt sich nämlich nicht um die gleiche Art von Müdigkeit. Obwohl es paradox erscheint, kann man hier von einer gutartigen Müdigkeit sprechen, die darüber hinaus regulierende Wirkung auf Magen- und Darmfunktion, Schlaf usw. hat. Der einzige Nachteil dabei ist, daß der Appetit etwas nachläßt. Lassen klimatische Bedingungen oder Haie Bäder nicht zu, sollte man Gymnastik betreiben und Massagen vornehmen. Bombard machte täglich Lockerungsübungen; wie auch Lynn Robertson mit der ganzen Familie, vor allem aber mit den beiden kleinen Kindern. Sie verbrachte viele Stunden damit versteifte Gelenke zu massieren. Als Massageöl benutzte sie Schildkrötenöl.

c) Es mag widersinnig erscheinen, vom Kampf gegen Unterernährung zu sprechen, wo doch Schiffbrüchige genau damit die meiste Zeit verbringen. Einige kleine Details können jedoch den Zeiger der Waage zugunsten einer besseren Ernährung ausschlagen lassen. Wir haben dies an manchen Stellen im vorhergehenden Kapitel bereits erwähnt: möglichst oft die Nahrung variieren, sich jeden Tag mit dem, was man hat, neue Rezepte ausdenken, um nicht totaler Appetitlosigkeit zu verfallen. Auskünfte von Hungerstreikenden zeigen uns, daß der Phase, in der das Hungergefühl am stärksten ist, eine Phase der Gleichgültigkeit folgt. Dies trifft auch für den Schiffbrüchigen zu. Widerwille vor rohem Fisch-, Vogel- oder Schildkrötenfleisch; ständige Wiederholung immer der gleichen Mahlzeiten enden leicht in Appetitlosigkeit. Man muß sich aber zwingen zu essen; und zwar gut zu essen, indem man langsam kaut. Dies erleichtert auch die Tätigkeit eines ohnehin schon nicht bestens arbeitenden Magens. Die Ausschüttung von Magen-, Gallen- und Darmsäften hängt in großem Maße vom appetitlichen Ansehen eines Essens und der stimulierenden Wirkung ab. Es ist also besser, Fleischstücke in einer Art Teller schön anzuordnen, sie zu würzen, als in einen Fisch gleich hineinzubeißen!

KAPITEL IV

Der Kampf gegen
klimatische Bedingungen

Es ist höchst selten, daß ein Schiffbrüchiger ideale klimatische Bedingungen hat, denn dies setzt eine Ausgewogenheit von vier Elementen – Hitze oder Kälte, Regen oder Trockenheit – voraus, deren Extreme immer eine hohe Belastung darstellen. Jedes der beiden ersten Elemente kann mit dem einen oder dem anderen der beiden letzten zusammenauftreten.

1) HITZE UND TROCKENHEIT

Wir haben bereits Methoden des Kampfes gegen Hitze kennengelernt; es sind die Techniken, die zur Verhinderung des Flüssigkeitsverlustes des Organismus angewandt werden. Wir haben auch schon den Kampf gegen Trockenheit behandelt, der sich zwangsläufig aus dem Problem des Erhaltes von Süßwasser ergibt. Somit verbleiben uns nur noch Regen und Kälte.

2) REGEN

Darunter verstehen wir lang anhaltenden Regen, der als Lösung des Durstproblems ein hoher Preis ist. Regen, der in alles eindringt, das Floß vollaufen läßt, zu häufigem Ösen zwingt und der den Schiffbrüchigen mehr inmitten von Süß- als von Salzwasser leben läßt.

Mit Ausnahme eines Zeltes, dessen Plane wasserundurchlässig ist, oder, wenn das Floß kein Zelt besitzt, einer behelfsmäßigen Konstruktion aus Segeltuch, das von Rudern oder Paddeln getragen wird, wird der Schiffbrüchige wohl kaum über ernstzunehmende Schutzmöglichkeiten gegen Regen verfügen. Man stellt hierbei fest, daß Ölzeug sehr wichtig ist. Es sollte im Überlebenspack des Floßes vorhanden sein. Ölzeug ist in der Tat für das Überleben bei jeder Art von schlechtem Wetter so wichtig wie das Floß selbst für den Schiffbrüchigen.

3) KÄLTE

Hier wollen wir die relative Kälte in bestimmten Klimata oder Jahreszeiten nicht so sehr in Betracht ziehen, als vielmehr die wirkliche Strenge arktischer Kälte, von der wir in einigen Berichten gehört haben. Ersteres ist nichts anderes als der Unterschied zwischen Tag- und Nachttemperaturen, der sicherlich manchmal sehr unerfreulich und auch sehr schwer auszuhalten ist. So war es zum Beispiel bei Lucien und Catherine im September auf dem Mittelmeer. Im Gegensatz dazu gibt es die kaum vorstellbaren Berichte von Blackburn und seinen an den Rudern festgefrorenen Händen, von Quirini und seinen Gefährten, die 18 Tage im Dezember in Gewässern am Polarkreis zubrachten, und dann noch die Odyssee von Houiste, dessen Rettungsgefährt lediglich aus einem Stück Treibeis bestand. Derartige Beispiele kann man unmöglich analysieren. Sie zeigen lediglich auf, daß die menschliche Rasse Übermenschen hervorbringt, die sich den unvorstellbarsten klimatischen Bedingungen anzupassen wissen.
Spricht man von Kälte, so ist nicht immer Temperatur der ausschlaggebende Faktor. Auch der hinzukommende Wind kann manchmal schwere Auswirkungen haben. Stärker aufbrisender Wind hat großen Einfluß auf den Seegang und läßt die Temperatur sogar noch weiter fallen. Feuchtigkeit ist ebenfalls ein sehr wichtiger Faktor; der Abkühlungsprozeß des Wassers ist 23 mal höher als der der Luft. Bei gleicher Temperatur leidet ein Schiffbrüchiger mit feuchten Kleidern somit mehr unter der Kälte als einer mit trockener Kleidung.
Folgende Zeilen von Doktor H. Tanguy sind seinem ausgezeichneten, in der Zeitschrift *Bateaux* im April 1970 erschienenen Artikel entnommen, auf den wir uns schon einmal bezogen haben. Er faßt in vollendeter Weise Methode des Kampfes gegen Kälte zusammen:
»Die Widerstandsfähigkeit gegenüber Kälte ist abhängig von:
– dem Zeitraum, dem man ihr ausgesetzt ist;
– der unterschiedlichen Empfindsamkeit der Individuen, die mit der Dikke der Fettpolster, mit der Ausdauer und der psychologischen Widerstandskraft zusammenhängt;

- der Intensität der von den Muskeln geleisteten Arbeit (zuviel Aktivität zieht Erschöpfung und eine höhere Empfindsamkeit für Kälte nach sich; zuwenig Aktivität schmälert die Abwehrreaktionen des Körpers);
- der Lage im Floß (die meisten Kalorien werden im Stehen verbraucht);
- der Intensität der Müdigkeit und des Schlafmangels.

Ein allzu langer Aufenthalt in eiskaltem Wasser bedeutet schnellen und sicheren Tod. Welche Maßnahmen können also ergriffen werden, um der Kälte bestmöglich zu widerstehen?

- Die Flöße müssen geschlossen sein. Ideal ist es, wenn der Schiffbrüchige ganz von einer wärmeisolierenden Schicht umgeben ist: aufblasbarer Boden oder Boden aus Zellmaterial mit einem Gaspuffer gegen die Kälte des Wassers; doppelwandiges Zelt als Schutz gegen die Kälte von außen – das ist das Prinzip der Iglus.
- Können feuchte Kleidungsstücke nicht gegen trockene ersetzt werden, muß alles Wasser aus ihnen herausgewrungen werden. Anschließend Wasser vom Floßboden entfernen.
- Die besten Kälteschutz bietenden Kleidungsstücke sind aus Wolle sowie aus engmaschigen, Unterwäsche ähnlichen Stoffen. Kunststoffe und Ölzeug schützen gegen Wind und Feuchtigkeit.
- Verdauung verringert das Anpassungsvermögen an Kälte aus gefäßphysiologischen Gründen; ebenso anhaltendes Fasten. Somit wenig, dafür aber öfters essen.
- Alkohol erhöht den Wärmeverlust, da er gefäßerweiternd wirkt. Das sich einstellende Wärmegefühl ist nicht real. Ihm folgt schnell ein starkes Kältegefühl.
- Schlaf und reduzierte Muskelarbeit erhöhen die Widerstandsfähigkeit gegen Kälte.
- Enges Aneinandersitzen bewahrt Körperwärme
- Überlebensrationen sollten für gemäßigte Kälte fettreiche, für extreme Kälte zuckerreiche Nahrungsmittel enthalten.
- Vitamin C (1,5 bis 2 g pro Tag) ist die beste Medikation gegen Kälte.«

KAPITEL V

Der Kampf gegen Panik und Hoffnungslosigkeit

Von allen Übeln, die den Schiffbrüchigen angreifen, ist Panik sicher das gefährlichste; das Übel, auf dessen Konto die größte Zahl von Toten gebucht ist. Alles, was zu einem solchen Thema gesagt werden kann, betrifft nicht nur den gesonderten Fall des Schiffbrüchigen, sondern jede Art von schrecklichen Umständen, mit denen ein Mensch brutal und unerwartet konfrontiert werden kann.

Es gibt ungezählte Beispiele. Als erstes fallen einem gleich die täglichen Dinge des Lebens ein: Brand in einem überfüllten Gebäude, Stromausfall in der U-Bahn, Zugentgleisung usw. In allen Fällen erhöht sich die Zahl der Opfer durch Umstände, die in direktem Zusammenhang mit dem schwer zu erfassenden Faktor Panik stehen.

In dem uns befassenden Themenkreis scheint dieses Übel – mit Ausnahme der dramatischen Geschichte des »Floßes der Medusa« – die anderen 30 Helden, deren Geschichten wir erzählt haben, nicht sonderlich betroffen zu haben. Die Erklärung dafür ist sehr einfach: alle, die sich von Panik haben überwältigen lassen, haben nie Gelegenheit gehabt, ihre Geschichte erzählen zu können.

Wie wir wissen, war für Alain Bombard der Ausgangspunkt für die praktische Anwendung seiner Theorien das folgende Paradoxon: 90 % der Schiffbrüchigen sterben in den ersten drei Tagen, die dem Schiffbruch folgen, obwohl man viel länger braucht, um an Hunger oder Durst zu sterben. Im Vorwort zu seinem Buch »Naufragé Volontaire« erläutert er die Motive, die ihn verleiteten, sein Leben aufs Spiel zu setzen, um die Richtigkeit seiner Theorien zu beweisen. Er erinnert an den Untergang der *Titanic* : »Am 14. April 1912 stößt das Passagierschiff *Titanic* mit einem Eisberg zusammen und sinkt innerhalb weniger Stunden. Erste Rettungsschiffe treffen drei Stunden nach dem totalen Untergang des Schiffes ein und finden nur Tote und Wahnsinnige in den Rettungsbooten vor. Bezeichnenderweise befindet sich kein Kind unter zehn Jahren unter denen, die ihren Schrecken mit Wahnsinn und ihren Wahnsinn mit ihrem Leben bezahlt haben. Die Kinder handelten nach den Geboten der Vernunft.« Im weiteren analysiert Bombard die Gefühle der meisten Schiffbrüchigen:»Geht sein Schiff unter, glaubt der Mensch auch sein Universum ginge unter. Weil im zwei Better unter den Füßen fehlen, fehlen ihm auch zur gleichen Zeit jeglicher Mut und jegliche Vernunft. Findet er in diesem Augenblick ein Rettungsboot, ist er überhaupt nicht in Sicherheit. Er sitzt bewegungslos darin und ergeht sich in Selbstmitleid. Er lebt schon nicht mehr wirklich. Von Nacht umhüllt, von Wasser und Wind gepeitscht, von Einsamkeit, Geräuschen und Stille erschreckt, gibt er innerhalb von drei Tagen sein Leben auf.« Das Vorwort zu Bombards Buch endet mit einem Satz, der als Inschrift auf jedem Rettungsfloß zu finden sein sollte:»Ihr Schiffbrüchigen der Geschichte, Ihr jähen und übereilten Opfer, ich weiß, daß Ihr nicht durch die See gestorben seid, daß Ihr nicht durch den Durst gestorben seid, denn Ihr seid mit schwankenden Gefühlen unter dem Gekreisch der Möwen durch das Entsetzen gestorben.«

Mit diesen wenigen Zeilen ist alles gesagt. Uns bleibt nur noch der Versuch einer Analyse dieser geistigen Verwirrung sowie das Auffinden von Gegenmitteln, wobei wir allerdings wissen, daß Panik oft irrational ist und daß rationale Überlegungen nur wenig auf ein derartiges Übel einwirken. Nach Littré ist Panik *»eine plötzliche ausbrechende, unbegründete Angst«.* Littré war nie Schiffbrüchiger, denn sonst hätte er wohl eine andere Definition für diesen Begriff gefunden.*»Eine plötzlich ausbrechende Angst«,* das ist wohl das geringste, was man für einen Fall sagen kann, in dem ein Mensch innerhalb weniger Augenblicke vom Seemann zum Schiffbrüchigen wird. Das *»unbegründet«* ist sicherlich eine Übertreibung, denn der eigentliche Grund findet sich doch in jeder einzelnen der im ersten Teil dieses Buches enthaltenen Geschichten. Die mehr oder minder unbewußte Kenntnis all dieser Gründe ist es nämlich, die den irrationalen Prozeß der Panik auslöst. Hat sich Panik einmal eingestellt, wird sie von der Vorstellungskraft aufrechterhalten und gesteigert, wird dabei eine wahre Gefahr. Sie zieht unüberlegte Handlungsweisen nach sich, die fast immer in Unheil und Katastrophe enden.

1) VON ALLEN SCHIFFBRÜCHIGEN ANWENDBARE MITTEL

Was kann gegen Panik getan werden? Eine Frage, bei der man sich mit einer Antwort schwer tut. Jedoch kann man einige Regeln aus der Erfahrung derer ableiten, die kurz vor Panik standen oder dieses Gefühl einige Augenblicke lang kennengelernt haben. Als erstes muß gesagt werden, daß sich Unterschiede in den Antworten ergeben, je nachdem ob es sich um einen einzelnen oder um eine Gruppe von Schiffbrüchigen handelt. Beide Fälle haben jedoch ein Gegenmittel gemeinsam: die absolute Kenntnis der Überlebensausrüstung und das Vertrauen, daß man ihr entgegenbringt. Dies setzt voraus, daß die Teilnehmer an einer Hochseefahrt bereits vor dem Ablegen über die Rettungsmittel informiert werden, eine Einführung in Handhabung und Gebrauch erhalten haben und wissen, was sich im allgemeinen, vor allem aber im persönlichen Überlebenspack befindet, den jeder Seemann selbst zusammenstellen sollte. Kurz gesagt, nur durch Vorbereitung und Einstellung auf ein eventuelles Leben als Schiffbrüchiger kann man den Schiffbruch in dem Augenblick, in dem er mit aller Härte Realität wird, ohne Panik überstehen. Hätten Lucien und Catherine diesen ersten Grundsatz befolgt, wäre ihnen sicherlich ihre Irrfahrt im Mittelmeer erspart geblieben. Erinnern wir uns, daß Lucien einzig und allein in Panik geriet, weil er kein Vertrauen in sein Rettungsfloß hatte, weil er überzeugt war, daß es sich im Bedarfsfall nicht aufblasen würde.
Die zweite Regel ist, nie ein Schiff zu verlassen, solange es noch schwimmfähig ist – auch wenn es dem Anschein nach schon untergeht. Es ist immer noch besser, Schiffbrüchiger auf einem treibenden Wrack zu sein, wie zum Beispiel Gilboy, Vidot und Corgat, als in einem Rettungsfloß, das nur die letzte Möglichkeit sein sollte. Auch für diesen zweiten Grundsatz kann die Geschichte von Lucien und Catherine als Beispiel herhalten. Ihr Schiff, die *Njord*, wurde – immer noch schwimmfähig – weit vor ihnen aufgefunden.
Die anderen Mittel sind davon abhängig, ob es sich um einen einzelnen oder eine Gruppe von Schiffbrüchigen handelt.

2) DER SONDERFALL DES EINZELSCHIFFBRÜCHIGEN

Für einen einzelnen Schiffbrüchigen ist die Tatsache, den Klauen der Panik entkommen zu sein, für sich genommen schon ein Erfolg, der Gutes für die Zukunft verheißt. Wenn sich aus irgendeinem Umstand eine der

Klauen, eine der Irrvorstellungen, wegen der Panik überhaupt Fuß fassen kann, im Geist des Schiffbrüchigen festsetzt, gibt es kein Gegenmittel mehr. Zwar kann man Geist und Körper ständig beschäftigen, man kann sich all jene in Erinnerung rufen, die sich in ähnlichen furchtbaren Situationen befunden haben – ja sogar Beispiele schlimmerer Bedingungen finden, religiöse Gefühle, Glauben, Gebete zur Hilfe heranziehen, aber das alles ist nutzlos, wenn der Schiffbrüchige nicht selbst über die Fähigkeiten, das Temperament verfügt, das ihn die Panik überwinden läßt.

3) PANIK IN EINER GRUPPE VON SCHIFFBRÜCHIGEN

Aufgrund ihrer Ansteckungsgefahren kann Panik, die bereits ein Mitglied der Gruppe befallen hat, auch alle anderen infizieren. Besitzt aber im Gegensatz dazu ein einziges Mitglied die Fähigkeit, diesen wahren psychischen Krebs abzuschütteln, bestehen gute Aussichten, daß auch die anderen bald davon geheilt sind. Somit ist es für das Aufkommen von Panik entscheidend, ob sich in der Gruppe der Schiffbrüchigen ein Mann mit Nerven aus Stahl befindet, der im richtigen Augenblick unwiderruflich den leisen Hauch von Wahnsinn zu brechen weiß, der Panik hervorruft. Beispiele dafür gibt es genug. Die geeignetsten sind unserer Ansicht nach das von Käpten Bligh sowie das von Teehu, dem Perlenfischer von Manihiki. Diese Führungsaufgabe ist nicht einfach. Die gesamte, verfügbare Kaltblütigkeit muß zugunsten einer exemplarischen, überlegenen Ruhe eingesetzt werden, die ihrerseits die Gemüter der anderen beruhigen kann.

In manchen Fällen muß auch Gewalt angewandt werden. Die klassischen paar Ohrfeigen, ein altes Mittel bei Hysterie, können eine wohltuende Geste sein, die den Dämon der Panik austreibt. Andererseits kann auch ein Schlag an die Kinnspitze, ein »Knock-out«, die heilsame Besinnungslosigkeit erzielen, mit der auch ein Rettungsschwimmer einen Ertrinkenden daran hindert, ihn mit in die Tiefe zu ziehen. Dann folgen Überlegung und Verteilung von Aktivitäten, von ständigen, klar umrissenen Aufgabenbereichen mit einer Verantwortung des einzelnen gegenüber der Gruppe. Diese können eine psychische Stützfunktion haben.

Im Rahmen dieses Kapitels soll auch Hoffnungslosigkeit behandelt werden. Sie stellt sich leicht ein, wenn Lebensbedingungen oder Überlebensdauer eine gewisse Schwelle überschritten haben, die von Mensch zu Mensch sehr verschieden sein kann und ab der der Schiffbrüchige keine

Hoffnung mehr sieht davonzukommen. Hoffnungslosigkeit kann auch das Ergebnis einer großen Enttäuschung sein: ein Schiff, das ahnungslos vorbeifährt, ein Regenguß, der nur in der Ferne niedergeht, ein großer Fisch, der sich wieder losreißt usw. Hoffnungslosigkeit ist auch die Ursache für das Verhalten von Kommandant Denny, bis dahin eine Führerfigur, sich über Bord zu stürzen, um allem schneller ein Ende zu setzen. Aus Hoffnungslosigkeit trinken Lucien und Catherine auf einmal ihren gesamten Wasservorrat. Und es ist in der Tat Hoffnungslosigkeit, die M'Kannon von einem Menschenopfer sprechen läßt, damit die anderen überleben können. Jeder Schiffbrüchige hat die furchtbaren Momente am eigenen Leib verspürt, in denen die »Wut zu Überleben«* mit dem Begehren, sein Leben zu beenden, wetteifert. Fast alle, zumindest jene, die uns ihre Geschichte überliefert haben, konnten dieses Gefühl überwinden und fanden darin zuweilen einen neuen Grund weiterzukämpfen.

Während dieser Phasen der Hoffnungslosigkeit fanden viele Schiffbrüchige auch wieder zu den Gebeten ihrer Kindheit zurück, machten ihren Frieden mit Gott und gelangten so zu einer inneren Ruhe, derer sie sich unfähig glaubten. Die Seiten, die die Bourdens, die Robertsons oder die Baileys darüber schrieben, sind höchst bewegend und müssen selbst den ungläubigen Leser ebenso überzeugen wie auch der Bericht von Barry Wynne, der uns den unzerstörbaren Glauben von Teehu Makimare aufzeigt.

---

* A. d. Ü.: im Original »La rage de survivre«, gleichnamiger Titel des Buches von Jacques Vignes über Lucien Schiltz und Catherine Plessz.

KAPITEL VI

Der Kampf gegen Ertrinken

Ertrinken ist zusammen mit Panik die größte Todesursache. Von Bombard angeführte Statistiken aus den fünfziger Jahren, also in Friedenszeiten, verzeichnen etwa 200 000 Opfer von Schiffbrüchen pro Jahr. Diese erschreckende Zahl kann man grob unterteilen in 150 000 Ertrunkene und 50 000 Gerettete, die dank Rettungsbooten und -flößen zumindest die ersten Stunden und Tage überlebten.

Das Ertrinken scheint uns von den beiden normalen Ursachen her analysiert werden zu müssen: Während des Schiffbruches selbst und beim Kentern des Rettungsbootes oder -floßes.

1) WÄHREND DES EIGENTLICHEN SCHIFFBRUCHES

ist die Gefahr des Ertrinkens am höchsten. Verschiedene Umstände können begünstigende Faktoren sein.

Fehlende Schwimmwesten oder auch eine nur unzureichende Anzahl ist eine häufige Ursache und in jedem Fall ein Beweis für die Nachlässigkeit des Kapitäns oder des Schiffseigners. Selbst unter der Voraussetzung, daß alle Schiffbrüchigen schwimmen können, was heutzutage wohl zutrifft, wird das Fehlen von Schwimmwesten zu einem sehr großen Nachteil, sobald andere Risiken dazutreten.

Seegang ist ein weiterer Faktor. Starke See kann Panik erzeugen und den Schiffbrüchigen, der seine Gefährten oder das rettende Floß nicht mehr sieht, schnell an den Rand der Erschöpfung bringen. Es ist äußerst wichtig, alles daran zu setzen, daß das Floß möglichst nahe am Boot zu Wasser gelassen wird und daß es mit einem der Rollbewegungen des Wracks entsprechenden Spiel fest angebunden ist. Jeder steigt der Reihe nach in das Floß, setzt sich auf einen Punkt, wo er ein Gegengewicht zum folgenden darstellt und verzurrt möglichst schnell die vom Wrack gereichten, überlebenswichtigen Gegenstände.

Wassertemperatur ist ein wichtiger Faktor für Ertrinken, sobald sie die Grade erreicht, bei denen menschliche Widerstandsfähigkeit schnell nachläßt. Die amerikanische Marine hat eine Tabelle herausgegeben, die mehr als alle Worte den Zusammenhang von Kälte und Erschöpfung erklärt:

– Bei einer Wassertemperatur von 0° C liegt die Überlebensdauer unter einer Stunde.
– Bei 5° C ist eine Überlebensdauer von einer halben bis 3 Stunden gegeben.
– Bei 10° C ist eine Überlebensdauer von 1 bis 6 Stunden gegeben.
– Bei 15° C ist eine Überlebensdauer von 2 bis 24 Stunden gegeben.
– Bei 20° C ist eine Überlebensdauer von 3 bis 40 Stunden gegeben.
– Bei 25° C kann man von einer unbegrenzten Überlebensdauer ausgehen. Man ertrinkt dann lediglich aufgrund körperlicher Erschöpfung.

Ein anderer Faktor ist das *Gewicht der Kleidungsstücke*. Viele Schiffbrüchige, die ihr sinkendes Boot verlassen, ertrinken, weil sie vom Gewicht zuvieler Kleidungsstücke, die sie anhaben und retten wollen, in die Tiefe gezogen werden. Die Kleidungsgegenstände saugen sich mit Wasser voll und werden schnell zu einem beträchtlichen Gewicht. Man sollte also wissen, wie man sich im Wasser auszieht, die Taschen entleert, sich seiner Schuhe entledigt usw. Hemd und Hose allerdings können durch Luftblasen, die in machen Lagen in diesen Kleidungsstücken zurückgehalten werden, zur Schwimmfähigkeit beitragen. Denken wir auch an die Geschichte von Arne Nicolaysen, der 29 Stunden schwamm und seine Socken halb ausgezogen hatte, um einem Haiangriff vorzubeugen. Sein Beispiel – wie auch das von Tice – zeigt uns, daß man auf jeden Fall nicht in Hoffnungslosigkeit verfallen soll – selbst wenn man das Rettungsfloß aus den Augen verloren hat – und warten soll, bis die, die es erreichen konnten, sich auf die Suche nach den noch fehlenden machen.

2) ERTRINKEN NACH KENTERN DES RETTUNGSBOOTES ODER -FLOSSES

ist äußerst selten. In den von uns untersuchten Berichten tritt dieser Fall nur ein, wenn das Rettungsboot oder -floß nicht wieder umgedreht werden konnte und die erschöpften Schiffbrüchigen nicht mehr die Kraft hatten, sich festzuhalten. In anderen Berichten mit Kentern, besonders dem von Lucien und Catherine mit dutzenden von Kenterungen, konnten die Schiffbrüchigen zwar ihr Boot oder Floß unter immer größeren Anstrengungen wieder aufrichten, verloren aber den Großteil ihres Proviants und

Geräts. Jene, die ein Floß nicht mehr aufrichten konnten, haben nicht überlebt und konnten ihre Geschichte nicht weitergeben. Ihre Zahl dürfte sehr hoch sein, denn die, die wie Gilboy oder Teehu Makimare ein sehr großes Rettungsboot oder -floß wieder in seine richtige Lage bringen können, sind die Ausnahme. Wir behandeln hier nicht die Art und Weise, wie man ein Rettungsboot oder -floß wieder aufrichtet, und verweisen den Leser auf die Berichte, in denen wir das ausführlich nacherzählt haben – also den von Gilboy im Pazifik, den von Lucien und Catherine im Mittelmeer und vor allem den von Teehu Makimare.

KAPITEL VII

Der Kampf gegen »Unaufmerksamkeit« der Schiffe und gegen Gefahren des Anlandens

Im ersten Teil dieses Buches war es unmöglich, in jedem einzelnen Bericht die materiellen und psychologischen Probleme zu erwähnen, die sich – theoretisch – in dem Augenblick stellen, der für den Schiffbrüchigen das Ende eines Leidensweges bedeutet. Wir sagen »theoretisch«, denn die beiden Eventualitäten für einen glücklichen Ausgang des Überlebens auf See, ein vorbeifahrendes Schiff oder die Landung an einer Küste, sind voller Zufälle.

Die Auswertung der Geschichten unserer 31 Schiffbrüchigen hat ergeben, daß nach ihnen (mit Ausnahme der *Tearoha* Makimares) nie gezielt gesucht wurde und daß die zweite Eventualität überwiegt. Von 30 sind 18 an einer Küste gelandet, haben dort allerdings manchmal kaum bessere Lebensbedingungen als die auf See vorgefunden. Von vorbeifahrenden Schiffen wurden 12 gerettet. Allerdings muß man hinzufügen, von den 18, die schließlich an einer rettenden Küste landeten, haben viele ebenfalls Schiffe vorbeifahren sehen, konnten sich aber nicht bemerkbar machen. Hierin scheint demnach das ganze Problem zu liegen.

Es kommt schon fast einer Binsenwahrheit gleich, wenn man sagt, moderne Navigationsmittel hätten Leben und Mentalität der Seeleute verändert. Radar, Kreiselkompaß und vor allem Selbststeueranlagen haben vielen Schiffen, einschließlich Jachten, eine Sicherheit beschieden, die den alten Grundsatz, daß jedes Schiff über eine Wache verfügen muß, fast gänzlich in Vergessenheit hat geraten lassen. Lediglich bei Kriegsmarinen gibt es aus Gründen der Disziplin noch eine Wache. Für etwaige Schiffbrüchige sieht die Zukunft nicht rosig aus, konnten sie doch bisher immer mit der möglichen Hilfe rechnen, die bis vor kurzem noch die Wache auf allen Schiffen darstellte. Es wird von Mal zu Mal illusorischer, den klassischen Notsignalen Vertrauen zu schenken. Unser ganzes Problem liegt in dem Versuch, etwas anderes zu finden, das heutigen Navigationsbedingungen besser angepaßt ist.

1) MITTEL, SICH AUF SEE BEMERKBAR ZU MACHEN

Es ist hilfreich, Notsignale in drei Kategorien einzuteilen:
- klassische Mittel für Tag und Nacht;
- behelfsmäßige Mittel, wenn erstere nicht vorhanden;
- moderne Mittel, die noch nicht spezifiziert oder festgelegt sind, die aber jeder umsichtige Seemann kennen sollte.

a) klassische Mittel

Betrachten wir zunächst die, deren größte Wirkung nachts gegeben ist. Mit allen kann man sich sehr gut bemerkbar machen; allerdings liegt ihr Erfolg in der immer selteneren Person des Wachhabenden auf dem Schiff, der diese Signale entdecken soll. Ich habe selbst etwa 1500 Stunden nachts auf der Brücke eines Schiffes zugebracht und kann somit bestätigen, daß diese Signale nachts am besten sichtbar sein müßten.
Die wirksamsten Signale sind Fallschirmleuchtraketen »rot« von denen – nach französischer Gesetzesgebung – jedes Schiff der Kategorien I, II und IV vier Stück mitführen muß. Für Rettungsflöße der (A. d. Ü.: französischen) Klassen I, II und IV sind zwei vorgeschrieben. Die vier vom Gesetz vorgeschriebenen Raketen finden gut im persönlichen Überlebenspack Platz, das jeder umsichtige Seemann für ein eventuelles Leben als Schiffbrüchiger vorbereitet hat. Somit stehen ihm von Anfang an dann sechs Raketen zur Verfügung. Diese Raketen erreichen eine Höhe von 180 m und sind bei einigermaßen klarem Wetter bis zu 15 Seemeilen sichtbar. Lassen wir nun Jacques Vignes fortfahren, der anhand des Falles von Lucien Schiltz hierüber eine Analyse erstellt hat: »Zweck einer Fallschirmleuchtrakete ist Alarmgebung. Ist der Alarm dann ausgelöst, müssen die Retter bei ihrer Suche durch ein anderes Notsignal – Automatikhandfackeln »rot« – geführt werden (die von Lucien erwähnten Phosphorstäbe sind in Frankreich nicht zugelassen). Die erste Rakete wird vielleicht nicht bemerkt. Dies kann geschehen, weil sie völlig vergebens in zu großer Entfernung zur Küste abgeschossen wird, und ohne daß man sich vorher vergewissert hat, ob überhaupt die Möglichkeit besteht, daß sie von jemand bemerkt wird. Es kann aber auch sein, wie wir bereits gesehen haben, daß sie gar nicht die Aufmerksamkeit derer auf sich lenkt, denen man signalisieren will. Demzufolge kann es sich als notwendig erweisen, eine zweite abzuschießen, bevor man rote Handfackeln anwendet. Alarmgebung bedeutet nicht unbedingt Rettung. Wir haben anhand der *Njord* gesehen, daß die

Retter stundenlang nach den Schiffbrüchigen suchten, sie nicht fanden und daß die Schiffbrüchigen erst später von anderen Rettern aufgefunden wurden. Ein wichtiger Grundsatz für die Anwendung von Notsignalen ist, sie nicht voreilig einzusetzen. Man soll sie erst abschießen, wenn man wohl überlegt zu dem Schluß gekommen ist, daß die besten Voraussetzungen für ihre größtmögliche Wirksamkeit gegeben sind. Ihre Anwendung bei Tag ist oft eine unnötige Verschwendung.«

Vignes fährt mit seiner Analyse fort: »Ihre Anwendung ist übrigens nicht immer gefahrlos. Es gibt zahlreiche Fälle von Verbrennungen, die durch Notsignale verursacht wurden. Daß dies immer wieder geschieht, ist meiner Meinung nach durch zwei Faktoren bedingt. Erstens: obwohl viele Raketen hergestellt werden, werden sie glücklicherweise nur sehr selten angewandt. Die meisten von ihnen beenden ihr kurzes Dasein auf dem Grund des Meeres; man soll sie über Bord werfen, wenn ihr Verfalldatum erreicht ist. Notraketen sind also Dinge, mit denen überhaupt nicht oder nur selten umgegangen wird. Wäre dem nicht so, hätten sich die Hersteller sicherlich schon eine sicherere Handhabung ausgedacht. Zweitens: der Nutzer steht sicherlich nicht nur unter Streß, sondern ist auch ein Neuling auf diesem Gebiet. Sehr oft liest er zum erstenmal die Gebrauchsanweisung – und selbst wenn er sie schon zuvor einmal gelesen hat, hat er sie sicher vergessen. Beim gegenwärtigen Stand der Dinge ist eine derartige Situation wohl auch kaum vermeidbar, denn aus einleuchtenden Gründen ist die willkürliche Anwendung von Notsignalen streng untersagt – somit auch jedes Ausprobieren. Ist da kein anderer Weg möglich? Zum Beispiel ein versuchsweises Abschießen an bestimmten Orten und unter gewissen Umständen? Diese Fragen sind mehrmals aufgeworfen worden; ihre Beantwortung steht bis jetzt aus.«

Sechs der Handfackeln »rot«, die im Anschluß an die Raketen verwendet werden sollen, befinden sich an Bord der Flöße der (A. d. Ü.: französischen) Klasse I und nur drei an Bord der Flöße der (A. d. Ü.: französischen) Klassen II und IV. Ihre Sichtbarkeit beträgt bei relativ klarem Wetter fünf Seemeilen, verringert sich aber beträchtlich bei hoher See. Da ihr Feuer nur von der Hand in die Höhe gehalten wird, kann es manchmal von Wellenkämmen verdeckt werden.

Lassen wir Jacques Vignes weitererzählen: »Die Gefahr von Verbrennungen der Hand ist geringer als bei Raketen, allerdings kann die Hitzeentwicklung an der Umhüllung so stark werden, daß man gezwungen ist, die Handfackeln wegzuwerfen, noch bevor sie völlig abgebrannt sind. Selbst wenn die Hand geschützt ist, gilt das noch lange nicht für die direkte Umgebung. Vom Wind fortgewehte, heiße Asche kann Verbrennungen im Gesicht verursachen und Schäden an den Segeln oder noch schlimmer am

Gummifloß selbst anrichten, auf das man sich gerettet hat. Man muß also eine Stellung einnehmen, von der aus der Wind den Rauch direkt auf das Meer bläst.«

Tagsüber besitzen diese beiden Hauptnotsignale kaum Wirkung. Unsere Berichte liefern dafür den Beweis: Die Baileys sichten am achten Tag nach ihrem Schiffbruch ein Schiff in etwa 1,2 Seemeilen Entfernung. Sie schießen drei Raketen ab, die auch normal funktionieren, lenken aber damit keine Aufmerksamkeit auf sich. So auch mit ihrer vierten Rakete am 25. Tag. Die Robertsons schießen am siebten Tag bei trübem Wetter zwei Raketen und drei Leuchtkugeln ab, um sich einem Schiff bemerkbar zu machen, das in etwa drei Seemeilen Entfernung ohne Reaktion vorbeifährt. Im Mittelmeer hat auch Bombard einen derartigen Mißerfolg kennengelernt. Am 6. Juni, um 18 Uhr, schießt er zwei Raketen umsonst ab. Am nächsten Tag, dem 7. Juni, 14 Tage nachdem er Monaco verlassen hat, zündet er drei Raketen für ein Schiff, das etwa drei Seemeilen entfernt ist – ohne Erfolg. Dann benutzt er einen Rauchkörper, der sofort bemerkt wird.

Tagsüber sind somit Rauchkörper wirksamer. Unser Spezialist auf diesem Gebiet, Vignes, sagt dazu:»Bei Verwendung von Rauchkörpern besteht die Gefahr von Verbrennungen nicht. Hat man an der Lasche gezogen und sie ins Meer geworfen, entwickelt sich aus ihnen für mindestens vier Minuten dicker, roter Rauch. Sie haben allerdings einen Nachteil: sie können nur bei ruhiger See wirksam eingesetzt werden. Schon ein wenig Wind drückt den Rauch herunter und verweht ihn. Es scheint, daß treibende Rauchkörper genutzt werden können, um von einem Flugzeug geortet werden zu können. Ich persönlich habe damit keine Erfahrung gemacht und kenne auch niemand, der mir gültige Aussagen darüber machen kann.«

Wir können hier an dieser Stelle Jacques Vignes antworten. Ich hatte Gelegenheit, an diesbezüglichen Versuchen der (A. d. Ü.: französischen) Marineflieger im Pazifik teilnehmen zu können. Wir wollten die jeweilige Sichtbarkeit von treibenden Rauchkörpern und einer Art fluoreszierender Seewasserfärber testen, die sich auf der Wasseroberfläche als klar gegen das Blau des Ozeans abzeichnender Fleck ausbreiten. In Ermangelung von Schiffbrüchigen warfen wir selbst die Signale ab, drehten eine kleine Runde über den Tuomotu-Atollen und versuchten Rauch und Farbkleckse wiederzufinden. Ich kann versichern, daß beide, vorausgesetzt man blickt nicht in die Sonne, gut aus unserer Flughöhe von 2000 und 3000 m sichtbar waren. Ich gebe zu, daß dieser Versuch schon vom Ansatz her verfälscht war, da wir selbst die Notsignale absetzten und in etwa wußten, wo sie zu finden waren, aber dies ändert nichts an ihrer hervorragenden Sichtbarkeit bei schönem Wetter.

b) behelfsmäßige Mittel

Fehlen die klassischen Mittel oder wurden sie ohne Erfolg benutzt, muß man sich mit weniger herkömmlichen Mitteln zu helfen wissen. Auch hier muß der Unterschied von optimaler Wirkung bei Tag und bei Nacht gemacht werden.

Nachts muß man eine helle und langanhaltende Lichtquelle erzeugen, die Aufmerksamkeit auf einen lenken kann. Viele Schiffbrüchige unserer Tage besaßen eine Taschenlampe, deren Batterien und Glühbirne glücklicherweise noch betriebsbereit waren. Die Baileys benutzten am 25. Tag eine Taschenlampe – allerdings ohne Erfolg. Dahingegen war sie am 38. Tag das Rettungsinstrument bei den Robertsons, nachdem sie bei Anbruch der Nacht erst eine, dann eine zweite Leuchtkugel, was unserer Handfackel gleichkommt, abschossen. Eine Taschenlampe kann auch indirekt eingesetzt werden, so wie es Bombard tat, der mit ihr seine Segel anstrahlte und so fehlende Positionslichter ersetzte.

Leider findet sich in keinem Bericht die Anwendung von Elektro- oder Magnesiumblitzgeräten von Fotoapparaten. Es gibt allerdings auch nur sehr wenige Schiffbrüchige, die wie die Baileys daran denken, im Augenblick des Schiffbruches ihren Fotoapparat mitzunehmen; ihrer besaß übrigens kein Blitzgerät. Folgender Ratschlag kann gegeben werden: Jeder Seemann, der über einige Blitzlichter – oder besser noch über ein Elektroblitzgerät – verfügt, sollte diese auf jeden Fall mitnehmen. Nicht so sehr um eine Fotoreportage über sein Leben als Schiffbrüchiger zu machen, als sie viel mehr wie ein Notsignal einzusetzen. Der erzeugte Blitz ist sehr weit sichtbar. Wenn er mehrmals wiederholt werden kann, kann das rettende Schiff zu einem geleitet werden. Wir brauchen wohl nicht zu erwähnen, daß der komplizierte Mechanismus dieser Geräte feuchtigkeitsempfindlich ist und auch vor Gischt geschützt werden muß. Man sollte sie in einer hermetisch dichten Plastiktüte aufbewahren.

Eine weitere Methode ist, ein Feuer zu machen, Dies setzt natürlich voraus, daß man etwas Brennbares, Papier, Stoff, Plastik, Holzstücke sowie Streichhölzer oder ein Feuerzeug hat. All dies sind wahre Schätze für einen Schiffbrüchigen, und man braucht schon viel Willenskraft, diese wertvollen Dinge mit dem Hintergedanken zu verbrennen, daß das vorbeifahrende Schiff möglicherweise gar keinen Wachhabenden hat. Die Robertsons haben sogar – glücklicherweise ohne Erfolg – versucht, ihr Segel in Brand zu setzen, als sie am siebten Tag das erste Schiff sichteten.

Bei Tag wirksame Mittel beschränken sich, neben dem klassischen Schwenken mit dem Hemd, auf die Anwendung eines Spiegels oder von Rauch.

Der Signalspiegel ist lediglich Teil der Ausrüstung für Rettungsflöße der (A.d. Ü.: französischen) Klasse I. Bei den anderen ist er nicht vorgeschrieben, und es liegt auf der Hand, daß der Eigner selbst etwas tut, um diese Gesetzeslücke zu schließen. Bei richtiger Anwendung, d. h. Umlenkung der Sonnenstrahlen oder hellen Lichtes aus einer anderen Quelle auf das vorbeifahrende Schiff – und dies mit einer gewissen Ausdauer – hat sich der Spiegel als eine wirksame Methode erwiesen. Anhaltende oder unterbrochene Spiegelreflexe auf der Wasseroberfläche, die sich vom Glitzern der Wellen unterscheiden, ziehen den Blick eines aufmerksamen Wachhabenden an. Hier kommt natürlich hinzu, daß es einen solchen auch wirklich gibt. Wir kommen immer wieder auf das gleiche Problem zurück. Weiß ein Schiffbrüchiger aber, daß er vom Wasser oder aus der Luft her gesucht wird, kommt dieses Mittel voll zur Geltung. Rauch als Ersatz für Rauchkörper ist ebenfalls ein gutes Mittel. Rauch setzten die Baileys am 39. Tag ein, als das vierte Schiff vorbeifuhr. Nach den ersten drei Enttäuschungen hatten sie sich im Panzer einer Schildkröte eine kleine Feuerstelle gebaut, über der sie ein feuchtes Handtuch hoben und senkten und auf diese Art Rauchsignale wie bei den Indianern erzeugten. Es wäre beinahe ein Erfolg gewesen, denn das Schiff bemerkte sicherlich diesen ungewöhnlichen Rauch, hielt, drehte, fuhr dann aber weiter, ohne sie zu sichten. Die Baileys fanden selbst die Erklärung dafür. Sie befanden sich in einer Position, bei der die aufmerksamen Seeleute voll in die Sonne gucken mußten. Bei dieser Gelegenheit bedauerten sie, keinen Signalspiegel dabeizuhaben.

c) moderne Mittel

Im Gegensatz zum vorhergehenden handelt es sich hierbei nicht um selbst erstellte Mittel, sondern um höchst moderne Systeme, die man sich bereits vor dem Ablegen beschaffen muß. Wie bei allen anderen Aspekten des Lebens als Schiffbrüchiger muß auch hier der mögliche Einsatz vorbereitet und organisiert werden.

Das erste Mittel beruht auf einem etwa seit 40 Jahren bekannten Phänomen, das aufgrund internationaler Vereinbarung der SOFAR-Kanal (SO-FAR = Sound Fixing and Ranging) genannt wird. Hierbei handelt es sich um eine Wasserschicht im Meer, durch die sich Geräusche klar und nahezu unendlich fortpflanzen. Schallwellen, die in dieser etwa zwischen 600 und 1200 m Tiefe liegenden Wasserschicht ausgelöst werden, stoßen auf die darüber und darunter befindlichen Wasserschichten, deren unterschiedliche Reflexionseigenschaften diese Wellen dann fast ununterbro-

194

chen sich in diesem Kanal fortsetzen lassen. Die Detonation einer Sprengladung kann auf diese Weise in 25 000 Kilometern »gehört« werden. Man vermutet sogar, daß Wale durch Ausnutzung dieses SOFAR-Kanals auf tausende von Kilometern Entfernung miteinander kommunizieren können. Kommen wir nun zur praktischen Anwendung. Setzt man voraus, daß Schiffbrüchige über entsprechende Alarmsysteme verfügen, ist ihre Lokalisierung auf offener See durch auf der ganzen Welt verstreuten Horchstationen bis auf ungefähr 1500 Meter möglich.

Das zweite Mittel berücksichtigt einen grundlegenden Faktor für alle Schiffbrüchigen. Die Bordwache ist auf fast allen heutigen Schiffen in zunehmendem Maße durch eine Radarwache ersetzt. Das Ortungsproblem am Tage wie in der Nacht könnte zumindest teilweise gelöst werden, wenn Rettungsflöße zweifelsfrei auf Radarschirmen erschienen. In diesem Zusammenhang empfehlen wir, Zelt und Luftkammern sämtlicher Flöße mit einem Metallic-Anstrich zu versehen, um so ein besseres Echo zu erzeugen. Da wir um die Auslegungsschwierigkeiten wissen, die ein derartiges Floß inmitten des »Rauschens« (Bezeichnung elektrischer Störungen verschiedenster Herkunft) durch die Wasseroberfläche hervorrufen kann, empfehlen wir, daß auf allen Flößen große Ballone, zwei oder drei zum Beispiel, vorhanden sind, deren Wandung mit dem gleichen Metallic-Anstrich versehen werden sollte. Stellen wir uns nun vor, ein Schiffbrüchiger sichtet ein Schiff. Er greift nach den Ballonen und bläst sie mit voller Lungenkraft auf. Noch besser wäre es, er würde eine kleine Patrone mit komprimiertem Wasserstoff (die er umsichtig mit den Ballonen in seinem Überlebenspack vorgesehen hat) benutzen, um eine bessere Steigfähigkeit zu erzielen. Die ans Floß gebundenen Ballone erreichen so eine Höhe von 15 bis 20 oder sogar mehr Metern und geben ein gut erkennbares Echo auf dem Radarschirm ab, an dem sich sofort der Blick festhaftet. Man sollte vielleicht doch erwähnen, daß diese Ballone im Gegensatz zum Treibanker erheblich die Drift des Floßes nach Lee steigern können.

d) Zu Anfang dieses Kapitels erwähnten wir, daß 30 unserer Schiffbrüchigen und ihre vielen Gefährten nie gezielt gesucht wurden (mit Ausnahme vielleicht der Schiffbrüchigen der *Central America*, worüber wir keine Informationen besitzen, aber wo es sehr wahrscheinlich ist, daß S. O. S. gefunkt wurde, da einige Schiffe schnell vor und nach dem Schiffbruch an der Unglücksstelle waren).

Somit muß man auch diese glücklicherweise immer häufiger verbreitete Möglichkeit in Betracht ziehen, da auch kleinere Schiffe sich mit Funkempfangs- und Funksendegeräten ausrüsten. Sehr gut ist es, wenn man ein batteriebetriebenes Radiotelefon besitzt, das bei Schiffbruch leicht und vor allem schnell mitgenommen werden und in einem dichten Plastiksack an Bord des Floßes installiert werden kann. Unter derartigen Bedingungen kann, wenn man einmal von so äußerst seltenen Fällen wie dem der Familie Robertson absieht, die nur vier Minuten Zeit zum Verlassen der *Lucette* hatte, S. O. S. gesendet werden, noch bevor man in das Rettungsfloß umsteigt. Die Möglichkeit, daß man aufgefunden wird, beinhaltet allerdings zwei wesentliche Dinge: Man muß den Ort des Schiffbruches kennen – und man muß dort bleiben.

Ersteres setzt voraus, daß man jeden Tag seine Position bestimmt hat. Im Augenblick des Schiffbruches ist man unter Einbeziehung der letzten Positionszeit, der zurückgelegten Entfernung, der eingeschlagenen Richtung usw. in der Lage die geschätzte Position des verlassenen Wracks durchzugeben. Ist ein batteriebetriebenes Radiotelefon an Bord des Floßes, kann der Schiffbrüchige mit seinen Rettern in Kontakt bleiben und erhöht so wesentlich die Wahrscheinlichkeit, geortet und aufgenommen zu werden.

Zweitens sollte man am Ort des Schiffbruches verbleiben. Dazu muß man unbedingt den Treibanker auswerfen und sich in Geduld üben, denn Suchaktionen sind immer sehr langwierig. Wir brauchen wohl nicht hervorzuheben, daß Wasser und Proviant so behandelt werden sollten, als ob keine Suchaktion eingeleitet sei.

Es können die gleichen Notsignale verwendet werden, wie wir sie hier vorgestellt haben. Sie sind umso wirksamer, da die Retter aufmerksam und ständig nach ihnen Ausschau halten.

2) GEFAHREN DES ANLANDENS

Als die Deserteure von Sankt Helena am 8. Juli 1810 die Küste von Brasilien erreichten, waren sie nur noch zu fünft. Anrollende Brecher trugen an diesem Tag die Körper drei Ertrunkener an den Strand. Für sie – wie für viele andere vor und nach ihnen – war das Land keine Verheißung.

Ein Korallenriff, das Floß und Insassen zerreißt, eine zu steile Klippe, als daß erschöpfte Schiffbrüchige sie hinaufklettern könnten, riesige Strandbrecher, die das Floß kentern lassen und die Insassen verschlingen, Küstenströme, die Floß und Insassen wieder auf die offene See hinausziehen – das ist nur ein kurzer Abriß der Gefahren des Anlandens.

Selbst auf die Gefahr ständiger Wiederholung hin wollen wir hier wieder das Wort an Alain Bombard geben: »Schiffbrüchiger, mein Freund, da hast Du nun endlich Land in Sicht, und alles scheint zu Ende, da wäre es doch wirklich zu dumm, wenn Du in diesem Augenblick durch das Land stirbst, das Dein Heil ist. Du hast Zeit. Nur Deine Ungeduld kann noch alles zerstören. Halte Dich zurück, beobachte und wähle, Vergiß' nicht, daß 90 % aller Unfälle beim Anlanden geschehen. Du mußt eine Stelle finden, an der sich die Wellen nicht so stark brechen, wo es einen Sandstrand gibt und keine mörderischen Felsen. Beobachte also sorgfältig die Farbe des Meeres. Alle weißen Stellen sind Anzeichen für sich brechende Wellen und sollten Dich warnen, denn sie verbergen ein Riff. Steuere nur auf strudelfreie und glatte Großflächen zu.«

Bombard gelang es, unter Ausnutzung der Drift in den Küstenwind zu kommen und so die Küste auf der Suche nach einem Sandstrand abzufahren. Überlassen wir es wieder ihm, uns seine instruktive Erfahrung zu erzählen:»Dort, in 300 m, wollte ich an Land gehen. Ich brauchte mehr als drei Stunden, um diese Strecke zu überwinden. Jetzt, wo ich den Sandstrand entdeckt hatte, waren alle Ängste meines Lebens vorüber. Ich hatte mein Gefährt mitsamt des ganzen Materials ohne Schaden über den Ozean gebracht. Meine Notizen, die vielleicht hunderte von Leben retten können, wollte ich jetzt besonders schützen. Das auszuführende Manöver war für so einen erschöpften Mann wie mich besonders anstrengend. Wie an den Stränden Afrikas und der Antillen brachen sich die Wellen nicht ständig mit gleicher Kraft, sondern in einem sich erst steigernden, dann fallenden, regelmäßigen Rhythmus, der an jedem Strand verschieden ist. Die 7. oder die 16. Welle ist immer am gefährlichsten. Sie müssen auf alle Fälle vermieden werden. Hier, an diesem Strand, handelte es sich um einen 7-Wellen-Rhythmus. Ich bekam den Wind von der Seite und brachte das Boot mit dem Heck zum Strand. Bei der dritten Welle drehte ich mich um, um etwas näher an den Strand zu kommen. Bei der fünften Welle drehte ich mich wieder um in meine ursprüngliche Position, um so die anrollende siebte Welle besser mit dem Bug zu nehmen. Mehr und mehr näherte ich mich auf diese Weise der Küste und drehte mich jedesmal vor der immer gefährlicher werdenden siebten Welle um. Fischer, die mich gesichtet hatten, schienen noch nicht verstanden zu haben, was das Ungewöhnliche meines Anlandens war oder daß ein Boot, das aus dieser Richtung anlandete, nur von den weit entfernten Küsten ihrer Vorväter kommen konnte.«

Ein Ratschlag Bombards ist auf jeden Typ Küste anwendbar:»Halte Dich zurück, beobachte und wähle.« In dem entscheidenden Augenblick des Anlandens gewinnen Treibanker und lokale Strömungen einen Wert, der die gesamten Erfahrungen, die der Schiffbrüchige Tag für Tag mit seinem Floß gemacht hat, nur noch abrundet.

KAPITEL VIII

Der Kampf gegen Krankheiten

Alle, das Überleben auf See beherrschenden Faktoren verursachen andererseits auch das, was man die Pathologie des Schiffbrüchigen nennen könnte. Es erscheint logisch, daß die zahlreichen Erkrankungen, unter denen der Schiffbrüchige früher oder später leidet, ihre Erklärung finden in:
– den klimatischen Bedingungen, die er ohne wirklichen Schutz und normalerweise ohne geeignete Kleidung, aber – unabhängig von Breite und Jahreszeiten – immer von Feuchtigkeit und der korrosiven Wirkung des Salzes begleitet ertragen muß;
– den schlechten Bedingungen, die sich aus zu wenig und zu unausgewogener Ernährung und Flüssigkeitszufuhr ergeben, was Auswirkung auf metabolische Prozesse hat und sich im wesentlichen in den übrigen Krankheitserscheinungen durch Verringerung der körpereigenen Abwehrkräfte niederschlägt;
– den harten Lebensbedingungen auf dem Floß, die die Ursache für Schlafmangel und fast totale Unbeweglichkeit sind.
Hierbei handelt es sich lediglich um ein generelles Schema. Noch viele andere Faktoren kommen mit hinzu. Aber es scheint uns, daß wir mit diesen drei Hauptkrankheitsursachen die gesamte Pathologie des Schiffbrüchigen abdecken, die wir uns nun im einzelnen ansehen wollen. Aus Gründen der Verständlichkeit, und weil wir dem Kapitel nicht den Anstrich einer »Fachvorlesung für Pathologie« geben wollen, wollen wir klinische Störungen und Erscheinungen sowie Gegenmittel Organ für Organ – besser noch Apparat für Apparat – untersuchen. Die von uns gewählte Reihenfolge entspricht der Erscheinungshäufigkeit, wie sie in den Berichten des ersten Teils zu finden war.

1) *Der Bewegungsapparat* ist den Berichten zufolge am häufigsten betroffen; ja man kann sogar sagen, daß er ständig betroffen ist. Das Fehlen jeglicher körperlichen Betätigung stellt den Schiffbrüchigen auf die gleiche Stufe mit dem Verwundeten, der mit einem gebrochenen Gliedmaß drei Monate das Bett hüten muß. Knochen dekalzifizieren, Muskeln bilden sich

zurück und Gliedmaße versteifen. Dagegen gibt es nur ein einziges Mittel: Bewegung in Form von Gymnastik, Massagen, Bädern usw. Wir verweisen den Leser hier auf das viel allgemeinere Kapitel über den Kampf gegen die Müdigkeit.

2) *Haut, Fuß- und Fingernägel sowie Mundschleimhäute* werden am zweitstärksten angegriffen. Aus der Mehrzahl der Berichte geht hervor, daß alle möglichen Hautprobleme auftreten können: Furunkel; zuerst kleine, sich dann aber durch Salzwassereinwirkung zu richtigen Geschwüren entwickelnde Wundstellen, die nicht verheilen wollen; Druckstellen auf der Haut eines immer weniger durch Muskeln geschützten Skelettes mit Bildung von Geschwüren hauptsächlich am Gesäß und in der Sakralgegend, die sich dort ausweiten und verschorfen können.

Da es an Bord der Rettungsflöße, selbst der (A. d. Ü.: französischen) Klasse I, keine richtige Notapotheke gibt, glauben wir auch nicht, daß unser Schiffbrüchiger daran gedacht hat, eine für sein persönliches Überlebenspack zusammenzustellen. Was macht man also um ersten Anzeichen vorzubeugen, bevor sie sich in ein echtes Leiden verwandeln? Wie kann man Hauterkrankungen stabilisieren oder gar heilen, bevor sie sich ohne entsprechende Behandlung bis ins Unerträgliche verschlimmern? Wir schlagen unter Zuhilfenahme der Bordmittel vor:

A) als erstes Vorbeugemaßnahmen zu treffen, an die der Schiffbrüchige nicht genügend denkt:

– Bewegung – wieder einmal – zur Verhinderung von Druckstellen auf der Haut und ihre darausfolgende Empfindlichkeit;

– verschiedene Vorsichtsmaßnahmen zur Verhinderung der auch kleinsten, normalerweise nicht schwerwiegenden Verletzung wie Umwickeln der Hand mit Tüchern oder einem Stück Stoff, während man angelt, einen Fisch zubereitet oder eine Schildkröte zerlegt;

– größtmöglicher Schutz vor der Tropensonne bis die Haut die zwölfstündige intensive Bestrahlung am Tag verkraften kann, die noch durch Reflexion der Wasserebene verstärkt wird;

– Ausnutzung jedes Regens zur Entfernung der Salzschichten auf Körper, Kleidungsstücken und anderen Stoffen, um Hautreizungen gering zu halten;

– danach Stoffstücke, die als Verbandmittel benutzt werden können, zum Trocknen in die Sonne hängen, da die UV-Strahlung sterilisierende Wirkung besitzt.

B) Treten dann erste Hautreizungen auf, denn trotz der oben genannten Vorbeugemaßnahmen können sie fast zwangsläufig auftreten, muß alles getan werden, um eine Ausweitung zu unterbinden. Durch Regenwasser oder – wenn reichlich vorhanden – durch Süßwasser entsalzte Stoffstücke werden als Verband über die zu behandelnde Stelle gelegt, um sie vor Sonneneinstrahlung und salziger Schicht zu schützen. Anstelle einer heilenden Salbe könnte man ein Stück Fischleber oder Fischmilch irgendeines Fisches zwischen der gereizten Hautstelle und dem improvisierten Verband auftragen. Fischleber oder -milch sollten jeden Tag erneuert werden. Verfügt man über Schildkrötenöl, sind fette Verbände wegen der guten, abdeckenden Wirkung indiziert. Zwischen zwei Verbänden sollte die Hauterkrankung einige Zeit der frischen Luft, aber vor Sonne und Gischt geschützt, ausgesetzt sein, damit die Wunde schneller trocknet.

An Hornhäuten, insbesondere an den Nägeln, können sich Veränderungen zeigen. Hier verweisen wir auf die Untersuchungen von Surgeon-Captain John Ducan Walters vom »Institute of Naval Medicine of the Royal Navy«, der sich mit den Baileys befaßte: »Die Farbveränderung der Nägel von Maralyn ist sehr interessant. Die normale, durchscheinende rosa Farbe ihrer Nägel veränderte sich während des ersten Monats auf dem Floß nicht. Dann, etwa zwei Wochen später, wechselte sie erst von rosa zu blaßrosa und schließlich zu perlweiß. Trotzdem wurden die Nägel nicht brüchig und deformierten auch nicht. Wenn jetzt die Nägel weiter herauswachsen, erkennt man auf jedem eine klare, querverlaufende Trennlinie zwischen perlweißer und normaler Farbe. Obwohl die Füße den gleichen Bedingungen ausgesetzt waren, ist an den Fußnägeln eine derartige Farbveränderung nicht festzustellen. Verschiedene Vermutungen oder Erklärungen bezüglich dieses Phänomens wurden zwar geäußert, aber einleuchtend war bisher noch keine davon.« Bombard hingegen verlor alle Fußnägel.

C) In diesem Zusammenhang wollen wir noch erwähnen, daß Bombard ab dem fünften Tag an einem Abszeß an den Mundschleimhäuten litt, der sich schneller als gewöhnlich vergrößerte, was er auf Verringerung der körpereigenen Abwehrkräfte zurückführte (zu diesem Zeitpunkt nahm er keine Nahrung zu sich und trank nur Salzwasser). Nachdem Bombard den Abszeß mit der im Feuer sterilisierten Spitze seines Taschenmessers geöffnet hatte, heilte er schnell ab.

3) *Die Verdauungsorgane* werden ebenfalls ziemlich früh, allerdings weniger spektakulär in Mitleidenschaft gezogen. Ein erstes Erscheinungsbild kann Seekrankheit sein. Floßbewegungen sind für alle Schiffbrüchigen sehr viel unterschiedlicher als die gewöhnten Schiffsbewegungen. Erbrechen und hydro-elektrolytische Störungen, die durch Seekrankheit hervorgerufen werden, können die Insassen eines Rettungsfloßes gleich zu Anfang ihres Schiffbrüchigendaseins in einen jämmerlichen physischen Zustand

bringen. Zur Ausrüstung der Flöße der (A. d. Ü.: französischen) Klasse I gehören sechs Tabletten gegen Seekrankheit pro Person. Zur Ausrüstung der Flöße der (A. d. Ü.: französischen) Klassen II und IV gibt es nur sechs insgesamt – herzlich wenig um sich im neuen Gefährt an die See zu gewöhnen. Die von Seekrankheit Betroffenen müssen auf jeden Fall den Vorrang haben, sich auf dem Floßboden niederzulegen. Gibt es ausreichende Wasserreserven, sollte ihre Ration erhöht werden. Zweckmäßigerweise fügt man noch etwas Salzwasser hinzu, um dem Organismus wieder Natriumchlorid zuzuführen. Chlor und Natrium sind die elektrolytischen Stoffe, die der Organismus am meisten durch Erbrechen von Magen- und Gallensäften verliert. Eine andere Methode, Seekrankheit entgegenzutreten, ist ständige, anstrengende Beschäftigung, ösen oder rudern zum Beispiel. Darüber hinaus kennt wohl jeder noch ein »Hausmittel«, mit dem man auch einen gewissen Erfolg erzielen kann.

Hungergefühl kann in den ersten Tagen Schmerzen in der Oberbauchgegend erzeugen, die sich in bis zu den Schultern ausstrahlenden Krämpfen äußern. Gewöhnlich lassen sie am dritten oder vierten Tag nach.

Wir wollen hier noch einmal daran erinnern, daß Magen- und Darmstörungen, also Erbrechen und Durchfall, von denen wir sagten, sie seien Folge von Meerwasserzufuhr, nicht auftreten, wenn das Meerwasser nach den von Bombard aufgestellten Regeln getrunken wird (800 ml pro Tag auf mehrere Schluck verteilt und nicht über eine Dauer von sieben Tagen hinaus sowie vor allem die Grundregel, Meerwasser zu trinken, bevor der Flüssigkeitsverlust beginnt).

Verstopfung findet sich ebenfalls an Bord von Rettungsflößen. Bei der Mehrzahl der Schiffbrüchigen dauerte sie Wochen an. Glücklicherweise ist sie schmerzlos, da die Gase ständig entweichen. Sie hat auch nichts mit Darmverstopfung zu tun. Ihre Ursache liegt teilweise in körperlicher Inaktivität und dem durch krassem Ernährungswechsel hervorgerufenen Ungleichgewicht; vor allem durch fehlende Ballaststoffe. Wie bereits aufgezeigt, haben Spülungen mit Brackwasser oder Schildkrötenöl einen guten Einfluß auf diese Störung.

Im Gegensatz dazu wird selten von Durchfall berichtet. Durchfall hat sehr viele schlimmere Auswirkungen, da er – wie Erbrechen – in großem Maße mit dem Verlust hydro-elektrolytischer Stoffe verbunden ist. Demzufolge muß die Flüssigkeitsration erhöht sowie Natriumchlorid in Form von etwas Meerwasser zugeführt werden. Bei Maurice Bailey hatte der Durchfall schon Ähnlichkeit mit den Symptomen von Ruhr, wahrscheinlich hervorgerufen durch den Genuß verdorbenen Fisch- oder Schildkrötenfleisches. Auch Bombard litt, etwa einen Monat vor seiner Landung auf Barbados unter einem 14 Tage andauernden Durchfall verbunden mit starken

Darmblutungen, der ihn stark schwächte und beinahe zweimal das Bewußtsein verlieren ließ.

Zu Ende dieses Kapitels wollen wir über eine Affektion reden, über die nie gesprochen wurde, die aber auch bei bestimmten Schiffbrüchigen auftreten kann – dem »streßbedingten« Magen- oder Zwölffingerdarmgeschwür. Es ist bekannt, daß großer und ständiger Streß innerhalb von wenigen Tagen die rasche Bildung eines Magengeschwürs bewirken kann. Es gibt aber kaum ein streßreicheres Leben als das eines Schiffbrüchigen. Bei der Entstehung eines derartigen Geschwürs kommt Furcht, Angst, ständige Nervosität – mit einem Wort allen Komponenten der Panik – eine große Bedeutung zu. Dies unterstreicht nur noch einmal die Bemühungen, Panik mit all den Mitteln, die wir im Kapitel über den Kampf gegen Panik aufgezeigt haben, entgegenzutreten.

4) *Die Sinnesorgane* sind ebenfalls in dieser Aufstellung über die Pathologie des Schiffbrüchigen vertreten. Vor allem das Auge ist betroffen, da es die starke Reflexion der UV-Strahlen auf der Wasseroberfläche ertragen muß. Erinnern wir uns nur daran, daß Jean de Léry glaubte, blind zu werden und daß einer von Houistes Gefährten dann auch für 48 Stunden erblindete, nachdem er nach 15 Tagen auf dem treibenden Wrack die Küste erreichte. Deshalb muß Augenentzündungen vorgebeugt werden. Am besten nimmt man eine Sonnenbrille mit stark getönten Gläsern mit. Des weiteren sollte sich der Schiffbrüchige einen behelfsmäßigen Sonnenschirm bauen, sich mit dem Rücken zur Sonne setzen, die Augenlider so weit wie möglich schließen, sich – sofern vorhanden – unter der Zeltplane aufhalten oder sich ein lichtdichtes Tuch über das Gesicht legen, wenn er seine Augen nicht zur Erfüllung irgendeiner Aufgabe braucht. Tritt dennoch eine Augenentzündung ein, sollte er seine Augen mit einer lichtdichten Binde verhüllen und mindestens 48 Stunden kein Licht an die Augen kommen lassen, bevor er wieder richtig sehen will. Jedoch sind seine Augen dann immer noch sehr empfindlich. Daher sollten die Vorsichtsmaßnahmen noch strenger befolgt werden.

Bindehautentzündungen werden auch häufig angezeigt. Fehlen Augentropfen, kann man nur Augenbäder mit möglichst reinem Regenwasser empfehlen, um die Bindehaut von seropurulenten Sekreten zu reinigen.

Hörstörungen werden nur von Jean de Léry berichtet, der nach Betreten von Land eine starke Beeinträchtigung seiner Hörfähigkeit feststellte, die ihn – glücklicherweise zu Unrecht – glauben ließ, taub zu sein.

5) *Die Atmungsorgane* scheinen lediglich bei Sandy Robertson, die an einer Broncho-Pneumonie litt, sowie bei Maurice Bailey wirklich betroffen

gewesen zu sein. Letzterer hatte lange Zeit Atemstörungen, klagte über Schmerzen im Brustkorb und spuckte mehrmals Blut.
Es ist schon verwunderlich, daß Störungen der Atemwege bei Menschen, die zwangsläufig so großen Temperaturschwankungen ausgesetzt sind, so selten vorkommen. Selbst von denen, die wie Blackburn, Houiste und Quirini zum Beispiel strengste Kälte erlebten und schreckliche Erfrierungen oder Amputationen davontrugen, wurden Störungen der Atemwege nicht berichtet. Somit dürfte das Leben an der frischen Luft zumindest in diesem Fall etwas Gutes haben!

6) *Die Nieren* passen sich relativ gut den Lebensbedingungen eines Schiffbrüchigen an. Die Nieren versuchen sogar, den Flüssigkeitsverlust auszugleichen, indem sie bei ungenügender Flüssigkeitszufuhr die Harnausscheidung verringern. Aber die Nieren dürfen nicht überfordert werden, da sie sonst ab Überschreiten einer gewissen Toleranzschwelle zur Verschlechterung des Allgemeinzustandes beitragen.
Die Nieren haben sehr viel Arbeit zu leisten, wenn der Schiffbrüchige Salzwasser trinken muß. Die maximal 800 ml pro Tag führen dem Körper etwa 28 Gramm Kochsalz zu, die die Nieren relativ lange ohne Gefahr einer Nierenentzündung absondern können. Die Aufgedunsenheit in Bombards Gesicht bei seiner Ankunft auf den Balearen nach 10 von 14 Tagen Salzwassertrinken (allerdings nicht in steter Folge) war symptomatisch für diese Tendenz zur verzögerten Ausscheidung des Salzwassers. Jedoch sind die Nieren ein Organ, das sich ziemlich schnell wieder erholt. Die von Bombard empfohlene Methode bleibt also voll anwendbar.

7) *Das Herz* verträgt das Leben eines Schiffbrüchigen ebenfalls gut, wenn man einmal von einem Abfall des arteriellen Druckes und einer Tachykardie (ständige Steigerung des Herzrhythmus) absieht, was wahrscheinlich mit der anhaltenden Anämie in Zusammenhang steht, über die wir noch sprechen werden.

8) *Die Geschlechtsorgane* sind der »arme Verwandte« in dieser Pathologie. In unseren Berichten gab lediglich Maralyn Bailey das Ausbleiben ihrer Menstruation für drei Monate nach der ersten an, die sich mit zehn Tagen Verspätung einstellte. Dies ist kein beunruhigendes Symptom; derartige Störungen treten bei unter Streß leidenden Frauen des öfteren auf. Dabei spielt die Streßursache keine Rolle.
Aufgrund der wohl verständlichen Scham der Schiffbrüchigen wissen wir nicht, ob unter derartigen Überlebensbedingungen ein Sexualleben stattge-

funden hat. Sollte sich jemand dafür interessieren, möge er den Bericht der ACALI-Expedition lesen, die 1973 von Santiago Génoves durchgeführt wurde. Dieser Soziologe und Anthropologe wollte die wissenschaftlichen und menschlichen Aspekte der zwischenmenschlichen Beziehungen unter härtesten Belastungen untersuchen. Zu diesem Zweck ließ er ein Floß von zwölf Metern Länge und sieben Metern Breite bauen, auf dem elf, aufgrund von zahlreichen psychologischen Tests sorgfältig ausgewählte Personen eingeschifft wurden. Die Zusammensetzung dieser Mannschaft ist erwähnenswert: neben dem Mexikaner Génoves selbst; eine israelische Doktorin der Medizin; eine Schwedin, Marineoffizier von Beruf; ein Grieche als Funker; eine schwarze amerikanische Familienmutter; eine weiße amerikanische Kellnerin; eine französische »Froschfrau«; eine algerische Bibliothekarin; ein angolanischer Priester; ein Familienvater aus Uruguay sowie ein Japaner mit dem Beruf eines Fotografen. Sie verließen Las Palmas am 12. Mai 1973 und erreichten nach 4632 Seemeilen 101 Tage später die Insel Cozumel vor der Halbinsel Yucatan. Die Presse brachte damals ständig Berichte über sie und taufte das Floß vielsagend »Sex-Floß«. Der Großteil des Werkes von Santiago Génoves enthält psycho-soziologische Betrachtungen über dieses Abenteuer; allerdings können diese hier nicht weiterverfolgt werden.

9) *Die großen Stoffwechselprozesse* sind fast alle beeinträchtigt. Eine der Hauptursachen ist das fast vollständige Fehlen von Kohlehydraten in der Nahrung eines Schiffbrüchigen, der sich nur von Fisch ernährt. Ohne es zu ahnen, lebt der Schiffbrüchige so nach einer Abmagerungsdiät, wie sie augenblicklich von Frauenzeitschriften angepriesen wird. Schiffbrüchige verlieren erheblich an Gewicht: 25 Kilo in 65 Tagen bei Bombard, 10 beziehungsweise 15 Kilo in 38 Tagen bei den Robertsons und 20 Kilo bei jedem der Baileys nach 177 Tagen Überleben auf See. Bei den anderen liegen die Zahlen nicht vor, aber die Beschreibung der Ärzte und ihre Schwierigkeiten bei der Wiederherstellung ihrer Patienten lassen die phantastischsten Vermutungen zu. Dies war der Fall bei Zvejnieks, bei Widdicombe und Tapscott sowie bei Antoine Vidot und Selby Corgat, die praktisch keinen Fischfang betrieben. Ihre Abmagerungen beruhen im wesentlichen auf ungenügende Nahrungszufuhr. Der Organismus verwertete seine eigenen Reserven. In derartigen Fällen sind alle Stoffwechselprozesse berührt, besonders der Eiweißstoffwechsel. Fehlende Eiweißstoffe sind die Ursache von Mangelödemen, wie sie oft von Schiffbrüchigen berichtet werden.

Anämie tritt ebenfalls auf: Bombard hatte bei seiner Ankunft auf Barbados nur noch 2 500 000 rote Blutkörperchen pro Kubikmillimeter. In seinem

Fall verstärkten die starken und häufigen Darmblutungen zusätzlich die anderen Ursachen der Anämie, die noch nicht näher bekannt sind. Mangel an bestimmten Vitaminen, insbesondere B 12, wie auch Unterernährung und eine gewisse Störung der Nierenfunktion sind sehr wahrscheinlich Auslöser. All diese Affektionen sind Begleiterscheinungen der Anämie und vereinigen in ihr ihre Wirkungen.

Wir haben bereits gesehen, daß der Phosphor- und Kalziumstoffwechsel durch fehlende körperliche Aktivität beeinträchtigt wird.

Von Skorbut, also Mangel an Vitamin C, wird selten berichtet, da die Dauer des Überlebens auf See kaum an die monatelangen Zeiträume heranreicht, die die Seefahrer noch vor einigen Jahrhunderten auf See zubrachten. Jedoch zeigen sich in manchen Berichten erste Anzeichen von Skorbut (Teehu Makimare). Um Skorbut vorzubeugen, fing Bombard täglich etwas Plankton. Die Baileys wiederum aßen Augen, Hirn und Bauchspeicheldrüse von Fischen, in denen sich Vitamin C besonders reichlich ansammelt.

Nur der Vollständigkeit halber erwähnen wir hier durch giftigen Fisch hervorgerufene Stoffwechselstörungen, verweisen aber den Leser diesbezüglich auf das Kapitel über den Kampf gegen den Hunger.

10) Somit verbleibt uns nur noch die Abhandlung eines Organs, *des Gehirns*, mit allem, was damit zusammenhängt und sich in Gefühlen wie Angst, Hoffnungslosigkeit und Panik äußert. In der Pathologie des Schiffbrüchigen ist dies der am schwierigsten zu umreißende Befall, weil dadurch auch in der einen oder anderen Weise alle sonstigen organischen oder funktionellen Störungen mit betroffen sind.

Dieser Problematik ist das Kapitel über den Kampf gegen die Panik und die Hoffnungslosigkeit gewidmet. Wir wollen es hier durch ein Zitat aus der Studie von Surgeon-Captain Walters über die Baileys vervollständigen: »Es ist schwierig, den mentalen und emotionalen Zustand von Maralyn und Maurice Bailey während ihres Abenteuers und der Zeit kurz danach im Nachhinein zu beurteilen, aber es scheint, daß sie keine bleibenden Schäden diesbezüglich zurückbehalten haben. Schwierigkeiten in diesem Bereich haben ihre Ursache nicht nur in mangelnder objektiver Betrachtung, sondern auch in der Tatsache, daß eine mentale Störung ebenso durch mangelnde Ernährung wie durch längere Isolation in einer feindlich gesinnten Umgebung hervorgerufen werden kann. Jedoch zeigt uns ihre Geschichte, daß es möglich ist, unter scheinbar unüberwindbaren Bedingungen ohne irreparable mentale Störungen zu überleben.«

»Im Augenblick des Schiffbruches waren Maralyn und Maurice Bailey ruhig genug, um eine vernünftige Auswahl von Lebensmitteln, Wasser und

Gerätschaften von unschätzbarem Wert für die spätere Zeit auf das Floß zu schaffen. Diese Sicherheit in Augenblicken großen Stresses leitet sich weitestgehend von einer guten Einübung von Überlebenstechniken und von einem Vertrauen in seine eigenen Fähigkeiten ab, wodurch Panik mit allen fatalen Auswirkungen kleingehalten werden kann. Unter dem Stimulanz der Gefahr reagiert der Körper durch erhöhte physische und mentale Aktivität, die danach einer Anspassungsphase an die Überlebenssituation weicht. Bei längerer Überlebensperiode stellt sich eine gewisse mentale Schädigung ein, die individuell und umständehalber bedingt ist. Reizbarkeit, Aggressivität, Egoismus und Visionen sind häufige Reaktionen. Bei großem Wasser- und Nahrungsmangel sieht man alle Besorgnis auf Essen und Trinken konzentriert. Zuweilen konstatiert man auch Neigung zu Mord und Selbstmord oder auch Delirium, aber echter Wahnsinn ist selten; es sei denn, der Schiffbrüchige hat Salzwasser getrunken oder leidet an einer schweren Verwundung oder Krankheit.«

»Auch im Fall von Maralyn und Maurice gab es Perioden der Depression, der Angst, der Bedrückung und der Selbstvorwürfe, jedoch haben sie diese Schwierigkeiten sehr gut überwunden. Sie fischten, dachten sich Gesellschaftsspiele mit dem ihnen zur Verfügung stehenden Material aus, schrieben viel und sprachen von der Zukunft; alles Aktivitäten, die ihnen helfen, die Moral – und somit ihre Überlebenschancen – aufrechtzuerhalten.«

In diesem Abschnitt über das Gehirn siedeln wir auch ein Phänomen an, das die oft genug vernachlässigten übersinnlichen Fähigkeiten des Menschen anspricht. Ich meine das Phänomen der Vorahnung. In unseren Berichten gibt es dafür drei Beispiele (d. h. eines auf zehn), die nicht von der Hand zu weisen sind. Diese Vorahnungen waren so genau, daß diejenigen, die später den Mut aufbrachten, darüber zu reden, sich bei einem Großteil der Öffentlichkeit, bei dem der Horizont nur bis zur Nasenspitze reicht, der Lächerlichkeit aussetzten. Das erste Beispiel stammt von Bombard selbst, der alle Erfahrungen gemacht hat, die man auf diesem Gebiet machen kann. Am 23. November verspürt er in sich ein Gefühl der Unruhe wachsen, ohne daß es dafür irgendein äußeres Anzeichen oder eine Erklärung gegeben hätte. Aber lassen wir ihn selbst erzählen: »Unruhe ist ein ungenaues Wort dafür. Ich könnte es eher mit dem Gefühl vergleichen, daß ich mich retten, daß ich fliehen mußte. Aber wovor? Ich weiß es nicht! Aber ich mußte mich sofort in Sicherheit bringen. Ich befand mich in einer Lage ähnlich den Tieren, die mich umgaben. Es schien, als hätte ich an ihrem Instinkt teil. Ich holte mein nautisches Handbuch heraus, um die Passage über Anzeichen eines Taifuns nachzulesen. Ich suchte den goldfarbenen Himmel ab, an dem sich einige schwarze Punkte am Horizont zeigten. Obwohl ich nichts Beunruhigendes bemerkte, spürte ich, wie etwas in mir vorging. Hätte ich gekonnt, wäre ich sofort vor der direkt auf mich zukommenden Katastrophe geflohen. Nach meiner Ankunft auf Barbados erfuhr ich, daß verschiedene Schiffe sogar einige hundert Seemeilen weiter nördlich in die gleiche Störung geraten waren und daß die Seeleute an Bord genau den gleichen Effekt verspürt hatten wie ich.« Hier werden rationale und kartesianisch-logische Geister den Einwand erheben, meteorologische Veränderungen, höchstwahrscheinlich ein Abfall im barometrischen Druck habe (durch Vorgänge, die auch sie nicht erklären können) Einwirkung auf die Hirnrinde. Sie mögen wohl recht haben, aber schauen wir uns noch die beiden anderen Beispiele an.

José Bourdens hatte einen echten prekognitiven Traum. Viele Tage bevor sie und ihr Mann die Insel Bathurst verließen, die für sie einer langsamen Agonie gleichkam, hatte José Bourdens geträumt, daß sie am ersten April gerettet würden. Wie wir uns erinnern, wurden sie nach vier Tagen Drift auf einem von Stunde zu Stunde stärker sinkenden Floß schließlich errettet. Henri Bourdens befand sich im Halbkoma. Es war der erste April.

Auch Catherine Plessz hat die gleiche Erfahrung gemacht. Ihr träumte, daß sie am zwölften Tag ihrer Drift im Mittelmeer gerettet würde. Sie glaubte daran – und dann doch wieder nicht, da sich ihre Lebensbedingungen, die sie mit Lucien teilte, von Tag zu Tag dramatisch zuspitzten. Am zwölften Tag wurden sie dennoch errettet.

Mehr wollen wir zu diesem Thema nicht sagen. Diejenigen, die darin nur eine zufällige Übereinstimmung sehen, mögen einmal den ehrlichen Versuch unternehmen, sich ein wenig mehr für diese erstaunlichen Phänomene zu interessieren. Andererseits sollte der Schiffbrüchige, der eine Vorahnung hat, keine zu großen Hoffnungen in sie legen, denn sie könnte auch Ursache einer bitteren Enttäuschung werden.

11) Wir wollen zum Abschluß dieses Kapitels auch noch über die Probleme reden, die durch Rückkehr zu normaler Kost entstehen, wenn der Schiffbrüchige gerettet worden ist. Paradoxerweise ist dies ein neues Übel für ihn. Er hat hier einen letzten Kampf zu führen, den Kampf gegen Wiederernährung. In zahlreichen Fällen wird dieser Kampf in einem Krankenhaus von einem Team von Ärzten und anderen Spezialisten geführt. In einem präagonischen Stadium, in dem sich zum Beispiel Zvejnieks, Widdicombe, Tapscott und auch andere befanden, ist während der ersten Tage Flüssigkeits- und Nährstoffzufuhr nur intravenös möglich und muß mit Hilfe vielfältiger biologischer Untersuchungen genau dosiert werden. Jede anders bedingte Ernährungsart könnte fatale Auswirkungen haben. In den Berichten haben wir dafür zahlreiche Beispiele gefunden, insbesondere in

dem von Jean de Léry:»Etwa zwanzig starben an Land, weil sie ihren Hunger zu schnell stillten.«

Sieht man einmal von diesem wahren Phänomen Poon Lim ab, der vor seiner Einlieferung in das Krankenhaus von Belem vor den ungläubigen Augen der Fischer, die ihn aufgefunden hatten, unter anderem einen gehäuften Teller Paprika in sich hineinstopfte, so ist die Mehrzahl der Schiffbrüchigen mit dem Kampf gegen Wiederernährung gut zurecht gekommen. Im großen und ganzen muß man nur den Willen möglichst unterdrücken, alles in sich hineinzustopfen und die verlorene Zeit wieder aufzuholen. Die Nahrungszufuhr sollte auf möglichst viele, kleinere Mahlzeiten verteilt werden und während der ersten Tage nur flüssig (sehr zuckerhaltige Getränke) sein. Dann kann man langsam wieder zu fester Nahrung übergehen.

Schon an Land getroffene Maßnahmen und Vorbereitungen für ein mögliches Leben als Schiffbrüchiger

PRAKTISCHE RATSCHLÄGE ANHAND DER ERFAHRUNG UND NACH MEINUNG VON SCHIFFBRÜCHIGEN DER JÜNGSTEN ZEIT

Zusätzlich zu dem, was der Schiffbrüchige in seinem Floß finden wird, sollte er unbedingt weitere Lebensmittel, Wasser und Gerätschaft aller Art an Bord schaffen, denn nur diese Zusatzausstattung verschafft ihm einige Trümpfe in dem Spiel, bei dem es immer um Leben oder Tod geht.

Jeder Skipper, der seines Namens würdig ist, muß sich bereits die Handgriffe überlegt haben, die er im Fall eines Schiffbruchs ausführen muß – und dies unter folgenden Gegebenheiten:
– ruhige oder stürmische See mit allen dazwischenliegenden Seen;
– Schiffbruch bei Tag oder bei Nacht, wenn letzteres: Funktioniert Bordbeleuchtung, ja oder nein;
– mehr oder minder lange, verfügbare Zeitspanne bis zum vollständigen Untergang des Schiffes (muß äußerst kurz angesetzt werden);
– eigentliche Ursachen des Schiffbruchs (Sturm, Kollision, Explosion, Feuer an Bord).

Diese vier Gegebenheiten können sich einander ergänzen und zahllose Situationen eines Schiffbruches ergeben, dessen Folgen wiederum sehr unterschiedlich sein können. Hier nun einige Beispiele der jüngsten Zeit:
– schneller Untergang des Schiffes, am Tag, bei ruhiger See: wie bei den Robertsons;
– langsamerer Untergang des Schiffes, am Tag, bei ruhiger See: wie bei den Baileys;
– Schiffbruch bei schlechtem Wetter, in der Nacht: wie bei Lucien und Catherine (sie hatten genügend Zeit, da ihre *Njord* nicht sank).

In Abhängigkeit dieser verschiedenen Situationen müssen gewisse Vorsorgemaßnahmen getroffen werden:
– ständiger Aushang einer Auflistung der Handgriffe, die jeder bei Schiffbruch ausführen muß;

Verbesserungsmöglichkeiten an einem handelsüblichen Rettungsboot oder -floß, wie sie von David Lewis vorgeschlagen werden.

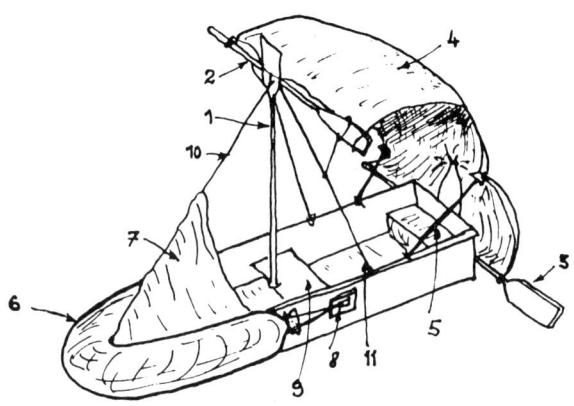

Das Dingi der Familie *Robertson*

Obwohl *D. Robertson* keine Kenntnis der Vorschläge von *D. Lewis* hatte, setzte er diese an seinem Dingi in die Praxis um. 1) Mast aus einem Ruder; 2) Rahe aus einem Paddel; 3) zweites Ruder; 4) Segel; 5) Schot; 6) Luftkammer des alten Floßes, am Bug als Schwimmkörper befestigt; 7) Zelt; 8) Leebordhalter, an dem die Luftkammer befestigt ist; 9) Mittelbank; 10) Vorstag; und 11) Pardune.

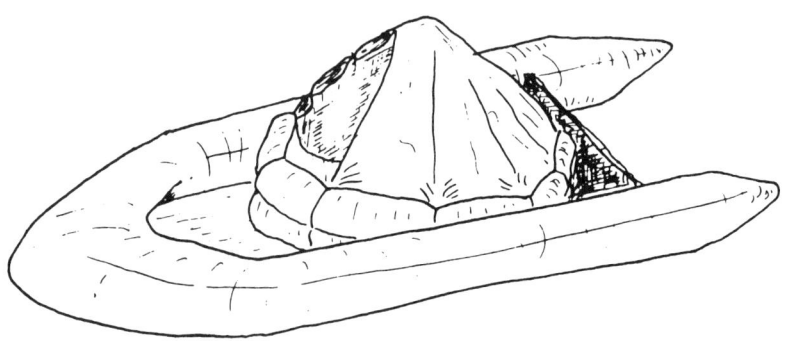

Erster Vorschlag von *D. Lewis*

Die große Ausführung eines leichter zu steuernden Gummifloßes birgt ein kleines, rundes oder ovales Rettungsfloß als »Kabine«.

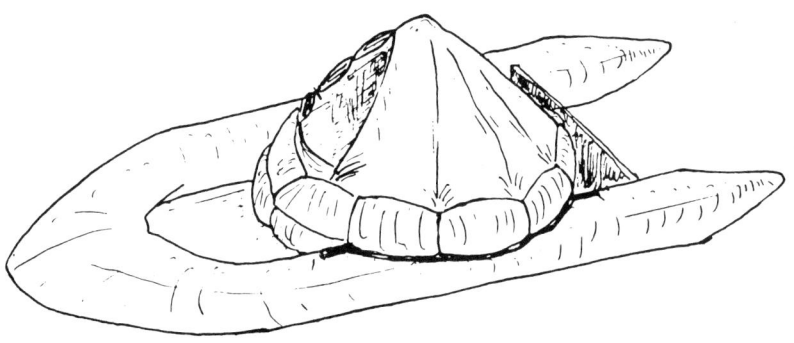

Zweiter Vorschlag von *D. Lewis*
Der Hersteller könnte eine aufblasbare Kuppel in die große Ausführung eines Gummifloßes integrieren.

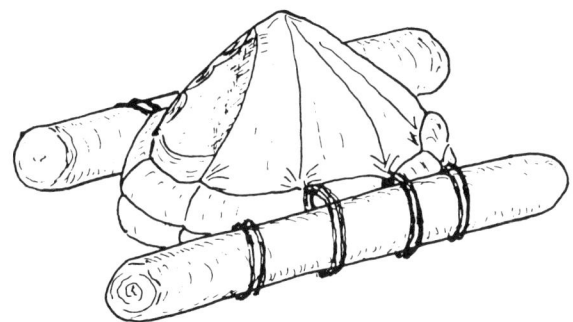

Dritter Vorschlag von *D. Lewis*
Zwei aufblasbare, zylindrische Schwimmkörper werden vom Schiffbrüchigen an jeder Seite des Gummirettungsfloßes befestigt. Das Ergebnis ist ein katamaranähnliches Gefährt.

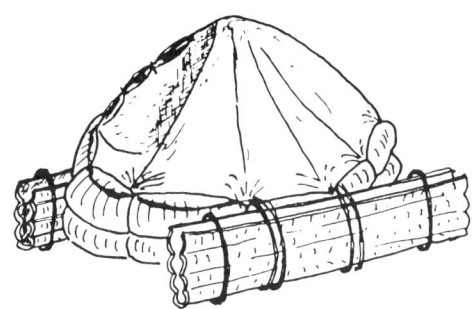

Variante zum dritten Vorschlag von *D. Lewis*
Hier werden die Schwimmkörper durch zwei Luftmatratzen ersetzt, die ihrer Länge nach U-förmig umgeschlagen sind.

211

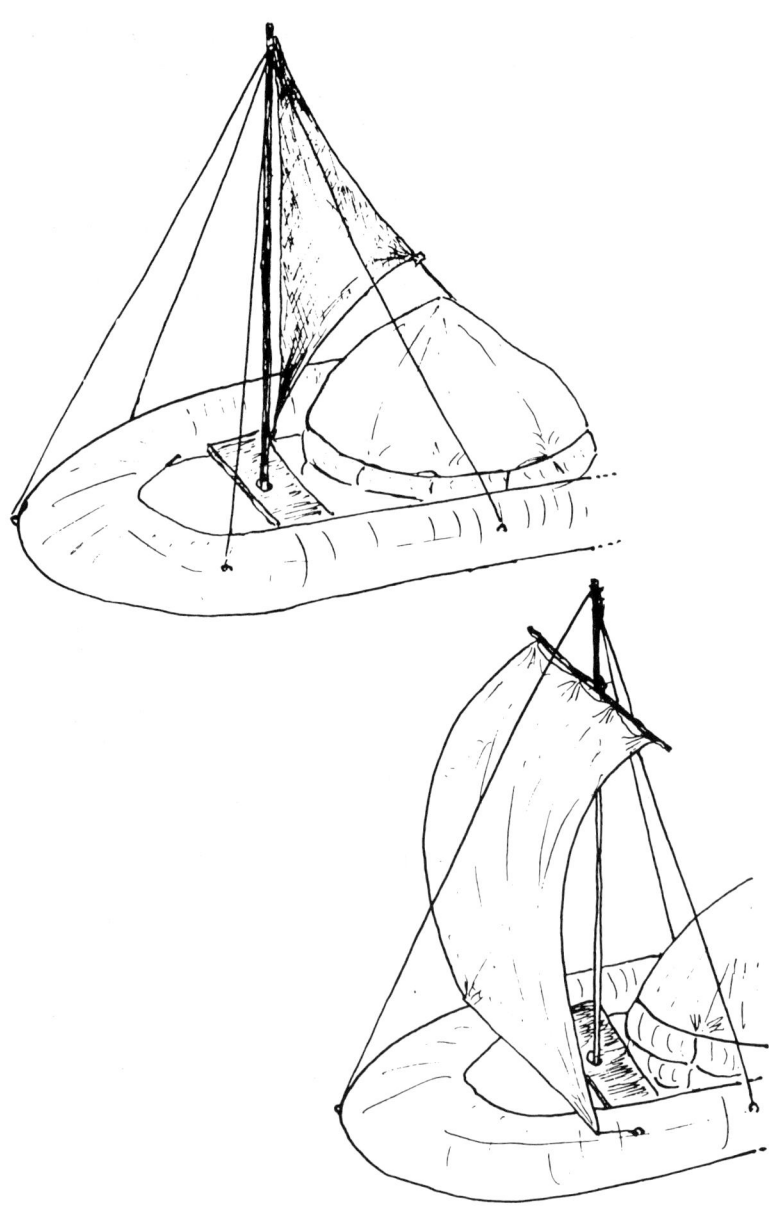

Zwei Möglichkeiten, wie man sich zusätzlich zu einem der beiden ersten Vorschläge
von *D. Lewis* eine Nottakelage baut.

D. *Lewis* erachtet Mast, Segel, Schot – und Steuerruder (das hier nicht dargestellt ist) – für absolut notwendig.

– Aushang einer Checkliste, auf der die unbedingt mitzuführenden Dinge enthalten sind, sofern der Faktor *Zeit* ihre Mitnahme erlaubt;
– Vorbereitung eines Plastiksackes oder -behälters, in dem die nötigsten Dinge, die unglücklicherweise nicht Teil der Ausrüstung des Floßes sind, aufbewahrt werden. Es ist verständlich, wenn ein sehr auf die Sauberkeit und gute äußere Erscheinung seines Schiffes bedachter Skipper diesen Sack oder Behälter nicht ständig auf seiner Brücke verzurrt haben will. Er sollte ihn dann aber an einem Ort aufbewahren, der allen an Bord bekannt und unter selbst ungünstigsten Bedingungen (Dunkelheit, Sturm usw.) einfach zugänglich ist.
Betrachten wir nun die praktische Anwendung.

1) WAHL DES RETTUNGSFLOSSES

In Frankreich gibt es drei Klassen: I, II und IV (die Klasse III findet bei Sportseglern keinen Gebrauch). Diese drei Floßtypen unterscheiden sich in ihrer Struktur, die sehr schwierig abzuändern ist, und in ihrer Ausrüstung, die schon viel leichter zu verbessern ist. *Bei der Wahl eines Floßes muß man also auf die Struktur achten;*
a) Ist die Hauptsorge eines Skippers, nicht nur im Einklang mit Bestimmungen zu stehen, ist für ihn Sportsegeln auch gleichbedeutend mit Sicherheit, dann können wir ihm nur raten, trotz Preisdifferenz und unabhängig von der Größe und der Art seines Schiffes *sich in jedem Fall ein Floß der höchsten Klasse* zu kaufen,* bei dem das Zelt eine doppelte Wandung oder sogar mehrere dicke Schichten wasserundurchlässigen Segeltuches hat, bei dem das Zelt mit einer Vorrichtung zum Auffangen von Regenwasser versehen ist und bei dem der Boden doppelt ausgelegt ist, wodurch eine bessere Schwimmfähigkeit und Isolierung gegeben ist.
Man kann sich in der Tat nur schwerlich vorstellen, daß sich das Los eines Schiffbruchs lediglich auf seegehende Jachten der ersten Kategorie beschränkt, für die das Rettungsfloß der (A. d. Ü.: französischen) Klasse I zwingend vorgeschrieben ist. Es gibt zahlreiche Beispiele von Schiffbruch in Küstennähe, an denen Jachten anderer Kategorien beteiligt sind und die das Gegenteil beweisen. Durch das Spiel von Strömungen und Winden können Schiffbrüchige schnell das Gesetz übertreten und benutzen dabei ein Floß, das ihnen eben dieses Gesetz empfohlen hat;
b) Trotz verhältnismäßig höherer Kosten sollte man immer ein Floß kau-

---

* A. d. Ü.: im Original».. . ein Floß der Klasse I . . .«

fen, das vom Hersteller für mehr Personen ausgelegt ist, als man selbst darauf unterbringen will. So ist für zwei Mann ein Floß mit sechs Plätzen kein übertriebener Luxus – sechs ist lediglich die von der Gesetzgebung auferlegte Höchstzahl.

c) Schließlich kann man nicht von der Wahl eines Rettungsfloßes reden, ohne auch seinen Hauptnachteil zu berücksichtigen: die Unmöglichkeit, ein Gefährt zu steuern, das von seiner Auslegung her den Kapriolen von Wind und Wellen ausgeliefert ist. Wir geben hierzu die Auffassung von David Lewis wieder, der in den Jahren 1972 und 1973 die erste Einhand-Überquerung des Atlantik unter unvorstellbar unmenschlichen Bedingungen mit zweimaligem Kentern und Mastbruch unternahm: »Wie aber kann er (Lewis spricht hier vom Schiffbrüchigen) sich mit seinen eigenen Mitteln retten, wenn auch das teuerste Gummifloß mit Zeltdach, das es zu kaufen gibt, ihn war sehr lange auf See am Leben halten kann, er es aber nicht durch Segel oder auf andere Art auf Land zusteuern kann? Man ist wohl realitätsfremd, wenn man hofft, die Hersteller würden ein überdachtes Gummifloß *mit Segel und mit Steuerruder* für einen ganz kleinen Markt bauen (obwohl die Philosophie der passiven Sicherheit für Soldaten im Kriegsfall oft nicht anwendbar ist). Zwischenzeitlich muß man also improvisieren. Dafür bieten sich mehrere Möglichkeiten an:
1) Jedes der größeren Gummifloßtypen (Avon, Zodiac, Gemini usw.) könnte eines der kleineren runden oder noch besser ovalen Gummiboote mit Zeltdach aufnehmen. Man bekäme so eine kleine, Schutz bietende Kabine.
2) Noch zufriedenstellender wäre ein Aufbau aus einer aufblasbaren, geschlossenen Kuppel, die produktionsseitig auf einem handelsüblichen, großen Gummifloß angebracht wird. Man bräuchte nur noch ein wenig Platz außerhalb zu belassen, um das Gefährt zu manövrieren. Dergestalt wäre das eine ausgezeichnete Lösung, die auch nicht zu teuer wäre.
3) Aufblasbare, zylindrische Längsschwimmer könnten auf jeder Seite eines Gummirettungsfloßes angebracht werden, wodurch dieses – ähnlich einem einfachen Katamaran – eine Art Schwimmzellen erhält. Auch hierbei wäre eine produktionsseitige Anbringung wünschenswert. Die Vorrichtung könnte aber auch im Wasser (in Polargebieten von einer Mannschaft im Taucheranzug) zusammengebaut werden, nachdem der Sturm nachgelassen hat. Es wäre relativ einfach, eines der oben genannten Gefährte mit einem Mast, einem Segel und einem Steuerruder zu versehen, wenn die dafür nötige Ausrüstung bereits vorher zusammengestellt wurde.«
Wir überlassen es dem Leser, die Vorschläge von David Lewis zu überdenken, und hoffen, daß er durch die praktische Anwendung einen unschätzbaren Nutzen für sich selbst gewinnt. Sollte jedoch ein Hersteller diese Vorschläge in die Tat umsetzen, schlage ich jetzt schon vor, daß das so in Serie hergestellte Floß den Namen D. Lewis tragen sollte.

2) AUSRÜSTUNG DES FLOSSES

Zusätzlich zur Standardausrüstung des Rettungsfloßes sollte sich jeder Skipper ein Überlebenspack zusammenstellen, den er sehr schnell auch bei einer nur kurzen Zeitspanne zwischen Schiffbruch und Untergang während der Nacht und unter schlimmsten Bedingungen bei der Hand hat. Unsere diesbezüglichen Vorschläge beruhen auf Auskünften von Schiffbrüchigen der jüngsten Zeit. Es versteht sich von selbst, daß eine derartige Liste nie den Anspruch auf Vollständigkeit erheben kann.

a) Zusatzausrüstung für das Floß

– eine Bilge-Pumpe; von einigen zum schnellen Ausschöpfen eines Ruderbootes für unerläßlich erachtet;
– ein Reparaturset, das den Belangen besser angepaßt ist als das in der Ausrüstung aller drei (A. d. Ü.: französischen) Klassen vorgesehene. Aus persönlicher Erfahrung empfehlen wir das Kunststoffflickzeug, das Besitzer eines Schwimmbeckens benutzen, bei dem das Betonbassin mit einer Plastikfolie ausgekleidet ist. Ohne das Becken zu entleeren, können die Kunststoffflicken unter Wasser angebracht werden und scheinen eine befriedigende Wirkung zu haben;
– ein oder zwei Luftmatrazen, deren Ausmaße dem Floß angepaßt sein sollten. Sie bringen sehr viel Bequemlichkeit, beugen vielen Hautproblemen und Druckstellen auf der Haut vor, können als Wasserbehälter oder Schwimmkörper für eine bessere Stabilität benutzt werden und haben noch viele andere Verwendungsmöglichkeiten;
– der Überlebenspack von weitvorausschauenden Schiffbrüchigen sollte dazu noch aufblasbare, zylindrische Schwimmkörper, einen kleinen Mast, ein Segel und ein Steuerruder umfassen – Dingen also, die David Lewis bereits in dem Wissen ansprach, daß ihre praktische Umsetzung von Schiffbrüchigen mit handwerklichen Durchschnittskenntnissen nicht ausgeführt werden kann und die bereits im voraus überdacht werden müssen;
– schließlich Taue, viele schwimmfähige und unverwüstliche Seile und Kabel, wie sie zum Ziehen von Wasserskifahrern verwendet werden. Derartige Dinge sind an Bord von Rettungsflößen immer Mangelware und können täglich auf vielzählige Weise Nutzen haben. Dies gilt auch für eine Rolle Segelgarn, die wenig Platz wegnimmt und einen hohen Nutzwert hat.

b) Notsignalmittel

– Die vom Gesetz für die Schiffsausrüstung vorgeschriebenen Fallschirmleuchtraketen sollten in einer Seitentasche des Sackes mit dem Überlebenspack aufbewahrt werden. So sind sie eine Ergänzung zu denen der
Floßausrüstung.
– Zwei oder drei große Gummiballone, die – wie wir empfohlen haben –
mit einem dicken Metallic-Anstrich versehen sein sollten, dienen als
Radarreflektor. Zweckmäßigerweise sollten auch eine kleine Patrone
mit komprimiertem Wasserstoff zum Aufblasen und Nylonseile von der
Stärke einer Angelschnur zum Befestigen der Ballone am Floß mitgeführt werden.

c) Wasser

– Für Wasserkanister aus Plastik (mit der Luftblase zur besseren
Schwimmfähigkeit) ist der Sack mit dem Überlebenspack zu klein. Wir
kommen später noch darauf zurück.
– Ein oder mehrere Solardestillierapparate sollten allerdings im Sack enthalten sein. Ihr Anschaffungspreis ist verschwindend gering im Verhältnis zu dem unschätzbaren Wert, den sie für das Überleben auf See haben.

d) Lebensmittel

– Je nach Geschmack und Appetit des Skippers werden viele und schwere
Konservendosen in den Überlebenspack kommen. Jedoch sollten auch
Lebensmittel mit einem hohen Gehalt an Kohlehydraten mitgeführt
werden (Kohlehydrate binden Wasser im Organismus und fehlen fast
völlig in Fischfleisch).
– Von Zeit zu Zeit sollten die Konserven verbraucht und sofort durch
neue ersetzt werden.
– Als Beispiel für die Vielzahl von Lebensmitteln, die im Überlebenspack
mitgeführt werden können, nennen wir nur: Trockenfrüchte, Schokola-
de, Süßwaren, mit Zucker und Fetten angereichertes Mehl von verschiedenen Getreidesorten, gesüßte Kondensmilch, Milchpulver, Marmelade
und Fruchtsäfte in Dosen usw.
– Ein kleiner Trockenspirituskocher und einige versiegelte Streichholz-
schachteln sollten natürlich auch darunter sein.

e) Angelzeug

Das an Bord der Rettungsflöße vorhandene Angelzeug ist nicht ausreichend:
– Es bereitet keine Schwierigkeiten, Anzahl und Stärke von Haken und Leinen zu vervollständigen. Es sollten viele, unterschiedlich starke Leinen mitgeführt werden, die auch in vielen anderen Gelegenheiten nützlich sind.
– Es ist wichtig, große Haken von fünf bis sechs Zentimetern Länge dabei zu haben, die mit einem Holzschaft verbunden gute Fischhaken abgeben; mit die besten Fanggeräte für große, neben dem Floß schwimmende Fische.
– Zum Angelzeug sollte auch eine Konservendose mit Muscheln gehören, da Muscheln ein sehr guter Köder sind. Die Dose kann fast unbegrenzt aufbewahrt werden.
– Für den Planktonfang wird die Anschaffung eines speziellen Netzes empfohlen. Ist es groß genug, kann es auch als Treibanker verwendet werden.

f) Bordapotheke

Bordapotheken sollten ein möglichst großes Anwendungsspektrum haben. Eventuell an Bord von Rettungsflößen vorhandene Bordapotheken müssen vervollständigt werden. Folgende Aufstellung stellt nur eine Minimalausstattung dar:
– Hautsalben und Sonnenschutzlotion;
– Augentropfen, -salbe oder -puder;
– antiseptische Mittel und Sulfonamide für Störungen des Darmtraktes;
– Breitbandantibiotika, z. B. Tetracycline in Tablettenform;
– Zäpfchen gegen Seekrankheit (Tabletten können erbrochen werden, bevor ihre Wirkung eingesetzt hat);
– zwei aufblasbare Schienenverbände aus Kunststoff, davon einer für Arme und einer für Beine. Sie sind sehr nützlich, da sie auch anderweitig verwendet werden können (Wasserbehälter, Schwimmkörper usw.);
– Verbandmittel wie Heftpflaster, Mullbinden, Druckverbände usw. Viele der oben aufgeführten Medikamente sind in ihrer Haltbarkeit begrenzt. Ist das Verfalldatum überschritten, müssen sie erneuert werden.

g) verschiedenes Gerät

– *Mehrere Plastiktüten oder -taschen* in unterschiedlicher Größe und Tragfähigkeit;
– *Scheren aus rostfreiem Edelstahl,* mit denen man leicht Fische, Schildkröten oder Vögel zerlegen kann;
– *Ein oder zwei gute Mehrzweckmesser,* die gut eingefettet in einem wasserdichten Plastikbeutel aufbewahrt werden. Viele Klingen sind als kleine Werkzeuge ausgelegt, mit denen Holz, das Blech von Konservendosen und noch vieles mehr bearbeitet werden kann;
– *Eine Tauchermaske* bietet große Sicherheit beim Baden im Meer. Sie ist auch eine große Hilfe, wenn der unter der Wasserlinie liegende Teil des Floßes auf Undichtigkeiten oder kleine Risse untersucht werden soll. Reparaturen unter Wasser werden wesentlich erleichtert – wie auch das Abernten von Krusten- und Schalentieren oder Algen, die sich auf der Unterseite des Floßes festgesetzt haben. Setzt man die Tauchermaske auf und taucht nur mit dem Gesicht unter Wasser, sieht man die Fische besser, die man harpunieren oder fangen will. Bestreicht man die Innenseite der Scheibe mit Fisch- oder Schildkrötenblut, kann man die Tauchermaske als Sonnenbrille verwenden. Die Stärke der Tönung richtet sich dabei nach der Dicke des aufgetragenen Blutes;
– *Arbeitshandschuhe,* wie sie Gärtner verwenden, helfen Verwundungen beim Ausnehmen von Fischen sowie bei der Handhabung von Leuchtraketen oder Handfackeln vermeiden. Handschuhe schützen auch eine schlecht heilende Verwundung an der Hand vor Salzeinwirkung usw;
– *Eine Saftpresse* um Flüssigkeit aus Fischen herauszupressen;
– *Einige große Handtücher oder ein altes Laken.* Es hat sich gezeigt, daß sich Stoffstücke jeder Art bei vielen Gelegenheiten als sehr wertvoll erwiesen haben. So braucht man auch nicht, wie zuweilen in unseren Berichten geschehen, ein Hemd oder eine Hose opfern;
– *Ein kleines Reisenecessaire mit Nähzeug* (einige Nadeln und viel Garn und Zwirn);
– Alle kleinen Dinge können in einer Plastikdose, zum Beispiel von »Tupperware«, aufbewahrt werden, die dann wiederum eine andere Verwendung finden kann.

3) CHECKLISTE FÜR SCHIFFBRÜCHIGE

Unter dem Begriff »Checkliste« verstehen wir eine Auflistung all dessen, was innerhalb von wenigen Sekunden bei einem Schiffbruch zusammengerafft werden muß. Die Erfahrung hat gezeigt, daß selbst nicht in Panik geratene Schiffbrüchige dringend notwendige Gegenstände vergessen, aber hingegen andere, weniger wichtige Dinge mitnehmen. Wir verweisen nur auf das bereits schon einmal erwähnte Beispiel der Baileys, die ihr Angelzeug vergaßen, sich aber noch die Zeit nahmen, ein Foto der sinkenden *Auralyn* zu machen. Es ist nützlich, wenn man ständig einen »Waschzettel« aushängen hat, der folgende Stichworte aufführt:

– *Reservekanister für Wasser* stehen an erster Stelle. Viele umsichtige Seeleute haben sie bereits im Überlebenssack. Allerdings ziehen wir eher einige 20-Liter-Plastikkanister (mit einer Luftblase) vor, die mit einem starken Seil zusammengebunden sind. Das freie Seilende kann schnell ergriffen und am Floß verzurrt werden. Ein weiterer Vorschlag wäre, zwei 10-Liter-Kanister im Überlebenssack zu verstauen und zusätzlich noch einige größere Kanister – wie oben erwähnt – vorzubereiten. Ist an Bord des Floßes zu wenig Platz, können die großen Kanister ins Wasser gelassen und nachgeschleppt werden;
– *ein Behälter mit Lebensmitteln*
Verlädt der Skipper im Hafen seinen Proviant für die nächste Reise, ist es ratsam, wenn er gleich einen Teil des Proviants (ein wenig von allen nicht verderblichen Lebensmitteln) in einen gesonderten Behälter verstaut, der leicht und schnell zugänglich gelagert werden sollte. Der Inhalt dieses Behälters sollte auf See die allerletzte Notreserve sein. Ganz besonders umsichtig ist man, wenn man zwei große, leere Kanister seitwärts als Schwimmkörper anbringt, damit der Behälter mit den vielen zusätzlichen Lebensmitteln nicht gleich versinkt, wenn er in Eile über Bord geworfen wird. Er kann dann später in aller Ruhe aufgenommen werden;
– *eine Navigationstasche*
Hat der Leser die Ratschläge von David Lewis befolgt und sich schon im voraus all die Dinge besorgt, die er zur Navigation seines Rettungsfloßes benötigt, kann er dann sein sinkendes Schiff natürlich nicht verlassen, ohne ein Mindestmaß an Navigationsmittel mitzunehmen, mit denen er erst die Möglichkeiten seines Floßes voll ausschöpfen kann. Auf seiner Checkliste müssen also aufgeführt sein:
– Sextant;

- Kartenmaterial des Seegebietes (und zwar die Karten, die sich im Augenblick des Schiffbruchs auf seinem Kartentisch befinden und mit einem Handgriff mitgenommen werden können);
- Navigationsbücher, um Wind- und Strömungsverhältnisse genau zu kennen;
- Kompaß;
- Chronometer;
- Bleistifte usw.

Da man diese Gegenstände nicht in doppelter Ausführung hat, sollte sich neben dem Kartentisch eine kleine Holzkiste mit Fächern befinden, in denen man Sextant, Kompaß, Karten usw. schnell unterbringen kann. (Auch hier kann eine große Plastiktüte von großem Nutzen sein, um alles hermetisch abzudichten);

- *Kleidungsstücke*

Bekleidungsgegenstände werden oft vergessen. Viele Schiffbrüchige finden sich dann mit den Kleidern in ihrem Floß wieder, die sie im Augenblick des Schiffbruches gerade auf dem Leibe hatten. Glück haben diejenigen, die Ölzeug tragen, da sie nun andere Kleidungsstücke zusammensuchen können. Schiffbrüchige, die kein Ölzeug anhaben, müssen dieses sofort suchen. Jede Person sollte über mindestens eins verfügen. Ölzeug ist der beste Schutz gegen alle Arten von Sturm;

- *ein Unterwassergewehr mit einer oder mehreren Harpunen;*
- *ein Schnorchel* als Ergänzung zur Tauchermaske ist äußerst bequem. viele wurden durch den Schnorchel bei zahlreichen Gelegenheiten vor dem Tod durch Ertrinken gerettet;
- *Blitzlicht* von Fotoapparaten (der natürlich auch mitgenommen werden soll);
- *Bücher, Papier, Bleistifte*

Wenn man die moralische Unterstützung kennt, die bestimmte Bücher für Schiffbrüchige waren, kann man nur raten, welche mitzunehmen. Jeder dürfte wohl selber wissen, welche Autoren ihm bei seinem Leben als Schiffbrüchiger Gesellschaft leisten sollen;

- *ein batteriebetriebenes Funktelefon*

Hat man es an Bord, sollte man es selbstverständlich auch auf das Floß mitnehmen;

- für *batteriebetriebene Radiobojen* trifft das gleiche zu.

220

Anstelle eines Schlußwortes

Anstelle eines Schlußwortes zu diesem Buch, das wohl – wie wir freiwillig eingestehen – noch weitere zahlreiche Überlegungen enthalten könnte, will ich dem Leser lieber folgende Anekdote erzählen. Ich hatte mein Manuskript einem Freund, Doktor P. Chevailler, zu lesen gegeben, der sich gerade auf eine Atlantiküberquerung vorbereitete. Am Tag darauf erhielt ich morgens einen Anruf von ihm. Die ganze Nacht über träumte er, ein Schiffbrüchiger zu sein, und dies arbeitete so in ihm, daß er gleich seinen Traum niederschrieb. Hier ist sein Bericht:

».. . Mit einigen Schwierigkeiten gelingt es mir, die Taue zu kappen, mit denen der Behälter in seiner Lagerung befestigt ist. Ich verliere einige wertvolle Sekunden dadurch, daß ich in die Kabine zurück muß, um ein Messer zu holen. Alles, was normalerweise in Reichweite am Boot sein soll, ist auf wundersame Weise verschwunden. Unglücklicherweise habe ich beim Ablegen am Vorabend – und im Nebel des Alkohols – vergessen, die als Diebstahlsicherung gedachten Metallbänder zu entfernen, mit denen das Floß an der Brücke befestigt ist. Also noch ein zweitesmal runter und die Blechschere holen. Das Wasser steigt schnell und erreicht jetzt schon die Kojen. Nachdem die Sicherung gelöst ist, hebe ich das Floß aus seiner Lagerung, nicht ohne dabei mehrmals ‚Himmel, ist das schwer!‘ auszustoßen. An der Reling stelle ich mit Enttäuschung fest, daß ich es nicht unter das unterste Manntau hindurchschieben kann und daß mir die Kraft fehlt, es hinüberzuheben. Im Dunkel taste ich solange herum, bis ich die Blechschere finde, die wohl auf die andere Bootsseite gerutscht sein mußte. Dann schneide ich dieses verdammte Manntau durch. Im letzten Augenblick vor der Wasserung fällt mir noch erschreckt ein, daß ich das Zugtau nicht befestigt habe. Uff! Es ist im Wasser. So schnell wie möglich steige ich hinterher. Mit einem kurzen Ruck ziehe ich am Tau, genau wie auf den Fotos in der Anleitung. Einen Augenblick lang Spannung, dann bläst es sich auf.
Ohne lange zu warten, rackere ich mich ab – mindestens fünf Minuten, nein, nur vier, sage ich mir – um in das Bootsinnere zu gelangen. Hm, mal sehen. Der Überlebenssack? Rechts in der Schifferkoje. Das Wasser

steht mir bis zu den Schenkeln. Es wird noch weiter steigen. Ich greife nach dem Sack, aber der will nicht. Ach ja! Die Halterungsklammern müssen noch gelöst werden. Schnell! Eine, zwei, so, jetzt ist er los. Ich reiße ihn an mich, stelle ihn kurz auf dem Niedergang ab und befördere ihn ins Cockpit.

Und jetzt die Wasserkanister! Wo sind die Wasserkanister? Ach ja, zwei 10-Liter-Kanister sind da, wo der Sack war. Ich will sie an mich nehmen. Sie geben nicht nach. Sch. . .! Das Tau, mit dem sie zusammengebunden sind, hat sich verhakt. Mit den Armen im Wasser gelingt es mir, sie freizubekommen. Zack! Sie folgen dem Sack. Viel Zeit habe ich nicht mehr. Mal auf der Checkliste nachsehen. Was stand noch auf meiner Checkliste? Unmöglich im Dunkeln nachzulesen. Ach ja! Der wasserdichte Sack, der an den Fendern im Hinterpiek hängt. Gut! Aber erst später. Was kann ich noch von hier unten mitnehmen? Hm. . .! Kleider. . .? Die müssen doch jetzt schon alle durchnäßt sein. Mein Ölzeug im Wandschrank. Schnell! Navigationsunterlagen. . .? Wozu denn bloß! Die Taschenlampe fällt mir in die Hand. Ich mache sie an und leuchte die Kabine aus. Der Strahl trifft auf mein Fernglas. Ich weiß nicht warum, aber ich hänge es mir um den Hals. Der Elektroblitz, den ich auf jeden Fall mitnehmen wollte, ist schon unter Wasser. Hastig ziehe ich alle Schubladen auf, drehe sie um und schnappe nur nach einer halbleeren Cognacflasche, die im Wasser schwimmt. Hier ist nichts mehr zu holen. Jetzt raus, und zwar schnell!

Draußen greife ich mir im Achterpiek den wasserdichten Sack mit den Lebensmitteln. Die Fender schieben sich übereinander. Ganz klar! Im vorbei mache ich die Paddel für das aufblasbare Floß los. Mal sehen. . .! Jetzt bin ich im Cockpit. Das Wasser steht mir bis zu den Knien. Alles, was ich ins Cockpit geworfen habe, schwimmt um mich herum. Das Floß schaukelt gut vertäut draußen auf dem Wasser. Ich öffne die Segelkoje, hole einen Sack heraus und greife nach den anderen Fendern, an denen ich den Überlebenssack festbinde. Um die Fender binde ich die Ärmel des Ölzeuges. Himmel, ich habe ja noch nicht einmal eine Schwimmweste; Wahrscheinlich sind sie alle im Bug vorn – unerreichbar.

Ich bin wieder auf der Brücke, löse tastend den Knoten, der das Floß am Schiff festhält und ziehe mein Floß hart längsseits zum Heck. Zum Glück ist die See ziemlich ruhig. Was täte ich wohl mitten im Sturm??? Schnell, den Sack! Das Schiff sinkt!!! Himmel, ist der schwer hochzuheben und in das Floß zu balancieren. Ich bin ganz außer Atem. Mein Herzschlag·ist bestimmt auf 200. Die Wasserkanister schwimmen schon im Cockpit herum. Ich werfe sie rüber. Nur einer fällt ins Floß, der andere hängt längsseits über im Wasser. Gott sei Dank, daß ich sie zusammengebunden habe! Ein Paddel treibt mit der Strömung davon. Das Wasser reicht nun bis zur Brücke. Es ist Zeit, Abschied zu nehmen. Ich habe gerade noch Zeit, die Fender und das andere Paddel zu schnappen. Dann springe ich in das Floß.

Uff, geschafft!!! Ich hole tief Luft – und plötzlich: das Tau.??? Das Tau muß noch gekappt werden! Schnell, mein Messer! Ich hatte doch extra ein Messer dafür im Floß parat – aber wo? Das Tau spannt sich schon. Bin ich blöd; in meiner Tasche ist doch eins. Das, mit dem ich das Floß losgemacht habe. Rechts? Links? Nein! Ah, doch rechts. Jetzt das Messer öffnen. Meine Hände zittern. Der Nagel meines Daumens ist abgebrochen. Wann bloß? Mit dem anderen Daumennagel geht's. Ich suche tastend das Tau und, zack, schon ist's durch. Mensch, sage ich mir, als ich auf dem Boden des Floßes zusammensacke, ich hätte das Tau mitnehmen sollen...«

Wenn der Leser dieses Buch zugeklappt hat und dann auch einen solchen zwar unangenehmen, aber lehrreichen Alptraum intensiv durchlebt, habe ich das Ziel, das ich mir zu Beginn dieser Studie gesetzt habe, erreicht.

Deutsches Winkeralphabet

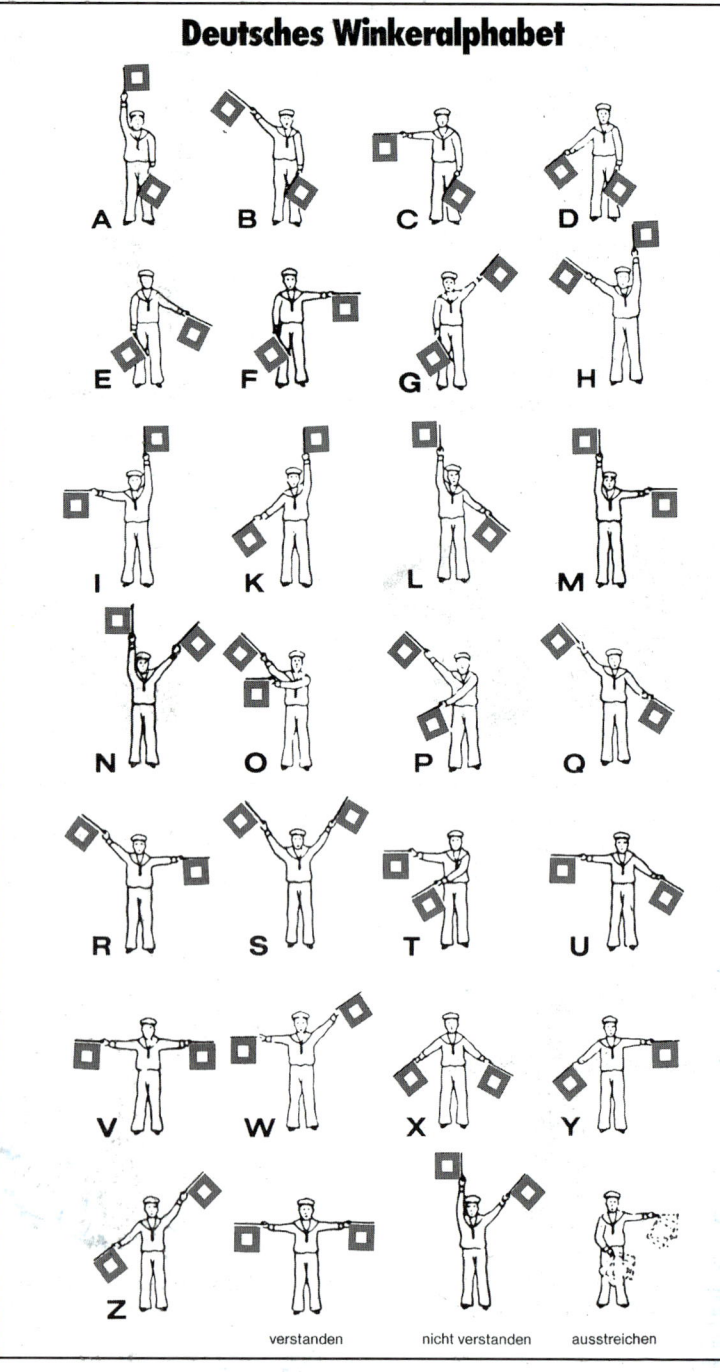

verstanden   nicht verstanden   ausstreichen